동양철학의 흐름
개정판

동양철학의 흐름
안종수

소강

개정판을 내면서

이 책의 초판을 낸 지도 어느덧 7년이 지나가고 있다. 그 동안 우리 사회도 많이 달라졌고 마찬가지로 세계도 변했다. 특히 중국은 7년 동안 엄청나게 발전해 이제는 다른 나라 사람들이 두려워하는 대상이 되었다. 미국 중심의 세계질서가 무너지고 중국 중심의 새로운 질서가 생겨나고 있다는 이야기가 공공연하게 떠돌고 있다.

앞으로 세계에서 중국이 차지하는 비중이 점점 높아지기 때문에 중국을 모르고는 미래를 생각할 수가 없다. 그리고 중국을 알기 위해서는 무엇보다도 중국철학을 공부하지 않으면 안 된다. 따라서 대학생들에게 중국철학을 소개하는 기회는 많으면 많을수록 좋을 것 같다.

그 동안 대학교에서 이 책을 중국철학의 교재로 사용하면서 부족하다고 생각한 부분은 보충하고 또 불필요하다고 생각한 부분은 과감하게 줄여 이번에 새롭게 개정판을 내게 되었다. 동양철학은 대체로 어렵다는 일반적인 선입견이 있기 때문에 최대한 풀어서 설명하려고 노력하였다.

 끝으로 여러모로 부족한 글을 꼼꼼히 읽어서 교정을 보고 출판하는 데 도움을 아끼지 않은 도서출판 소강의 김병성 사장께 고마움을 전한다.

2008년 11월 지은이 씀

머리말

　요즘에 와서 동양철학에 관심을 가진 학생들과 일반인들이 부쩍 많아졌다. 이러한 현상은 우리가 옛날보다 잘살게 되면서 뚜렷하게 나타났다. 아무리 훌륭한 철학이라 할지라도 먹고 살기에 바빠 여유가 없는 사람들에겐 큰 관심을 끌 수 없을 것이다.
　얼마 전에는 텔레비전 방송에서 노자와 공자의 철학 강의를 내보낼 정도로 우리 사회가 성숙하였다. 더욱이 그 방송이 온 나라의 이야깃거리가 될 정도로 인기가 있어 동양철학을 하는 사람들은 큰 기대를 가지기도 하였다. 동양철학에 대한 관심이 이 정도인 것을 보면 동양철학의 미래는 어둡지 않은 것 같다.
　그러나 아직 우리 사회에는 철학을 점치거나 관상 보는 일로 생각하는 사람이 많다. 이러한 오해는 점을 치는 점술가 혹은 무속인들이 철학관이라는 간판을 내걸고 영업을 하기 때문에 생긴 것이다. 어떻게 해서 그런 일이 벌어졌는지는 모르겠지만 그것

때문에 많은 사람이 철학이란 점을 치는 일과 연관이 있다고들 생각한다.

이 일을 좋게 해석한다면, 복잡하고 난해한 철학이 한국적인 철학으로 변화한 것이라고 할 수 있다. 이러한 경우를 우리는 역사적으로 인도의 복잡한 불교철학을 간단한 선(禪)으로 발전시킨 것에서 찾을 수 있다. 앞으로 철학이 발전하기 위해서는 난해한 철학을 한국인의 기질에 맞는 간단한 철학으로 만들 필요가 있다.

철학(哲學, philosophia)이라는 것은 원래 그리스에서 시작되었고 주로 유럽에서 발전한 독특한 학문의 형태이다. 철학은 모든 서양학문의 근원이 되기 때문에 학문의 가장 큰집이 된다고 할 수 있다. 다른 모든 학문은 이 철학 안에서 발생하였고, 성장한 후 분가하였다.

지금 우리가 사용하고 있는 철학(哲學)이라는 단어는 일본의 철학자 니시 아마네(西周, 1829~1879)가 서양의 philosophia라는 단어를 번역하기 위하여 만들었다. 원래 philosophia라는 말을 어원에 근거해서 번역한다면 애(愛, philos) + 지(智, sophia)라고 하는 것이 옳다. 그리고 순수하게 우리말을 사용해서 번역한다면 '슬기사랑'으로 하는 것이 바람직하다.

그렇지 않으면 번역하려 하지 말고 고유명사 그대로 '필로소피아'라고 부르는 것도 하나의 좋은 방법이 된다. 유학(儒學)을 서양에서 다른 말로 번역하려고 하지 않고 공부자(孔夫子)라는 말에서 온 Confucianism으로 부르는 것이 좋은 예이다.

철학이라는 번역어는 여러 가지로 우리를 혼란스럽게 만든다. 철학이라는 단어만 보고서 그것이 무엇을 하는 학문인지 전혀 알 수가 없다. 그래서 우리는 그 단어를 고유명사로 사용하지 않고 일반명사로 생각해서 동양철학이니 중국철학이니 한국철학이라는 말로 자연스럽게 사용하고 있다.

그리고 그때 그 말들의 의미도 중국과 한국에 있는 '필로소피아'가 아니라 중국이나 한국에서 발생하고 성장한 서양의 '필로소피아'에 해당하는 전통적인 학문을 말한다. 여기서 바로 문제가 생기게 된다.

한국의 종교라는 말과 한국의 기독교라는 말은 완전히 다른 것인데, 한국의 종교라는 말 대신 한국의 기독교라는 말을 했다면 뜻이 통할 수 없다. 마찬가지로 동양철학이나 중국철학 그리고 한국철학이라는 말들은 사실 정확하지 못해서 본래 전달하고자 하는 뜻을 효율적으로 전달할 수 없다.

그런데도 우리가 그런 말들을 사용하고자 한다면 동양철학이나 한국철학이 동양에 있는 서양의 필로소피아 그리고 한국에 있는 서양의 필로소피아를 의미하지 않음을 분명히 해 주어야 한다.

서양의 필로소피아에 해당하는 학문이 동양에도 있었지만 이는 서양의 그것과 상당히 다르다. 여기서 우리가 살펴보려는 것은 서양의 필로소피아에 해당하는 것으로 바로 이 동양에서 시작되고 성장한 전통적인 학문이다.

그런데 동양이라는 말이 또 문제가 된다. 동양이라는 말 속에는 아랍지역이나 인도도 포함되기 때문에 동양철학 안에는 아랍의 철학과 인도의 철학도 들어간다. 그러므로 동양철학을 모두 다루려고 하면 아랍의 철학과 인도의 철학을 포함해서 중국의 철학 그리고 한국의 철학 등을 다루어야 한다.

그러나 우리나라에서는 동양철학을 중국에서 시작되고 발전하여 주변의 나라들로 전파된 철학, 그리고 중국에서 발생하지는 않았지만 중국에 들어와서 크게 발전한 불교철학을 가리키는 말로 많이 사용하고 있다.

사실 아랍의 철학이나 인도의 철학을 모두 동양철학으로 분류해 서양철학과 대비하는 것은 바람직하지 않다. 서양철학이 하나의 동일한 문화권에서 발생하고 성장한 철학을 가리키는 데 견주어 동양철학은 이미 서로 다른 세 문화권에서 발생하고 성장한 철학들을 포함하기 때문이다.

그래서 우리가 철학을 합당하게 분류하려면 통상적으로 부르는 서양철학과 아랍철학, 인도철학 그리고 중국철학으로 좀더 구체적으로 나누는 것이 좋다. 우리를 중심으로 해서 생각한다면 당연히 중국철학과 한국철학 그리고 일본철학이 좁은 의미의 동양철학이 된다. 이것은 모두 중국문화권 안에서 발생하고 성장한 철학이기 때문에 하나의 철학으로 볼 수 있다.

동양철학에 관한 책들은 시중 서점가에 여러 가지가 나와 있어 동양철학에 관심을 가진 일반인들이나 학생들에게 많은 도움을 주고 있다. 그리고 중국철학에 대한 책들도 여러 가지가 나와 있다.

한동안 우리나라에서는 중국에서 나온 책들을 많이 번역하여 소개하였다. 중국에서 나온 책을 번역한 경우에는 철학사(哲學史)를 서술하는 관점에 문제가 있다. 근래 중국에서 나온 철학사 저작들은 대체로 철학사를 관념론(觀念論)과 유물론(唯物論)의 투쟁사로 보고 있는데, 이러한 철학사의 관점이 철학사를 지루한 것으로 만들어 버렸다. 다시 말해 철학사를 너무 단순화함으로써 복잡하고 심각한 철학의 발전에 대한 깊이 있는 반성이 부족하다. 그래서 이런 철학사들은 사람들에게 철학을 나쁜 학문으로 보게 만들어 철학의 발전을 오히려 저해할 수 있다.

그리고 사회주의나 공산주의만 옳고 다른 사상은 다 틀렸다는 식의 설명이기 때문에 도대체 철학사를 쓴 목적과 이유를 알 수 없다. 철학에 대한 이러한 태도는 돈이 되거나 실용적인 학문만 유용하고 그렇지 못한 학문은 다 쓸모가 없다는 식의 자본주의 원리와 다를 바 없다. 이러한 태도는 비판적인 안목으로 미래의 비전을 제시하는 철학의 역할을 축소시킴으로써 특정한 사람들의 일시적인 이익 추구에 도움을 줄 뿐이다. 우리는 진(秦)나라 때 진시황이 저지른 분서갱유(焚書坑儒)를 잘 알고 있다. 그 뒤에 진나라가 어떻게 되었는지는 역사가 잘 말해 주고 있다.

그런데 지금도 사회 일부에서는 실용과 효용을 강조하면서 마치 진시황이 저지른 짓과 똑같은 시행착오를 반복하고 있어 안타깝다. 철학은 눈앞의 이익을 위하여 무엇을 가르치는 것이 아니라 장기적으로 인류에게 도움이 되는 지혜를 가르친다.

이 책은 원래 대학생들에게 동양철학의 내용을 더욱 쉽게 소개하기 위하여 1997년부터 조금씩 준비해 온 내용을 엮은 것이다. 쉽게 설명한다는 것만을 염두에 두었기 때문에 다른 점들은 부족한 게 많다. 그 가운데 하나는 보충 설명을 각주 형태로 상세하게 달지 못한 점이다. 부족한 점은 차후에 다시 보충할 예정이다.

2001년 10월 지은이 씀

차 례

개정판을 내면서 ……… 5
머리말 ……………… 7
일러두기 …………… 15

제1장 유가 ……………………………… 17
공자 ……………………… 19
맹자 ……………………… 27
순자 ……………………… 34

제2장 도가 ……………………………… 43
노자 ……………………… 45
장자 ……………………… 57

제3장 묵가 ……………………………… 69
묵자 ……………………… 71
겸애설(兼愛說) ……………… 72
비공론(非攻論) ……………… 78
비명론(非命論) ……………… 82
절용설(節用說) ……………… 89

제4장 법가 ……………………………… 95
한비자 …………………… 97
법(法) …………………… 103
술(術) …………………… 110
세(勢) …………………… 116
역사발전론 ………………… 119

제5장 한대(漢代)의 철학 ·················· 125
금문학과 고문학 ············· 127
동중서 ···················· 130
- 천(天) / 131
- 천인감응(天人感應) / 136
- 음양오행설 / 144
- 역사철학 / 147

왕충 ····················· 150
- 천론(天論) / 151
- 천인감응설의 비판 / 153
- 원기설(元氣說) / 155
- 운명론 / 157

제6장 위진(魏晉)의 현학 ··················· 161
왕필 ···················· 164
- 무(無)의 철학 / 165
- 명교(名敎)와 자연 / 169
- 성인관(聖人觀) / 171

곽상 ···················· 174
- 무(無)와 유(有) / 174
- 만물의 독화(獨化) / 176
- 불가지론(不可知論) / 178
- 만물의 평등성 / 183
- 명교(名敎)와 자연 / 186
- 절대자유(絶對自由) / 187

제7장 도교와 장생술 ··················· 191
도교의 성립 ············· 193
장생술 ·················· 198
- 도인법(導引法) / 199
- 호흡법 / 202
- 방중술(房中術) / 207
- 연단술 / 211
- 선행(善行)의 실천 / 220

제8장 불교의 전래 ··· 223
　석가의 가르침 ······························· 225
　불교의 전개 ································· 230
　불교의 중국 전래 ··························· 238

제9장 중국불교 ··· 251
　천태종 ······································· 254
　화엄종 ······································· 259
　선종 ··· 266

제10장 신유학 ··· 281
　장재 ··· 285
　정호와 정이 ································· 291
　주희 ··· 296
　왕수인 ······································· 301

제11장 청대(淸代)의 고증학 ·· 307
　고염무 ······································· 310
　대진 ··· 318

제12장 역행파(力行派) ··· 333
　안원 ··· 335
　이공 ··· 350

제13장 공양학파(公羊學派) ··· 359
　강유위 ······································· 361
　담사동 ······································· 370
　양계초 ······································· 377

일러두기
- 『　』는 서명에 「　」는 편명에 사용하였다.
- (　)는 그 단어에 상응하는 한자나 외국어 또는 어떤 문구로 대신할 수 있는 글을 사용할 경우에 썼으며, [　]는 간단한 어귀를 한글이나 외국어, 한자로 바꿔도 될 경우에 사용하였고, <　>는 어떤 문구를 삽입하여 읽어도 무방할 경우에 사용하였다.
- "　"는 어떤 문구를 직접적으로 인용할 경우에 사용하였고, '　'는 어떤 문구나 단어를 인용 강조할 때 사용하였다.
- 철학 용어로서 氣의 상대어인 理가 단독으로 쓰일 때에는 독음에 있어 두음법칙을 무시하고 '리'로 기술하였다.
- 이 책에서는 한글전용을 원칙으로 하여 표기하였다.

제1장
유가
·
·
·
공자

맹자

순자

유가

공자

  그리스의 문명과 문화가 유럽 전체로 전파되었듯이 동양에서도 황하유역의 주나라(周, B.C. 1,027경~B.C. 221) 문명과 문화가 중국 전체와 주변의 다른 나라로 퍼져 나갔다. 그래서 서양철학의 시작이 그리스철학이듯 동양철학의 시작도 중국철학, 특히 춘추전국시대의 철학이라 할 수 있다.

  그리고 서양철학사에서 최초의 철학자를 탈레스(Thales, B.C. 624~B.C. 546경)로 보는 데는 별로 다른 의견이 없지만, 동양의 철학사에서 누구를 최초의 철학자로 보느냐 하는 문제에 대해서는 크게 관심을 가지지 않는 것 같다. 우리에게 알려진 역사적인 자료로 볼 때 틀림없이 공자(孔子, B.C. 551~B.C. 479)가 최초의 철학자이다.

우리는 공자가 살았던 시대를 춘추시대(春秋時代)라고 부르는데, 이 말은 공자가 편찬했다는 노(魯)나라의 역사서『춘추』(春秋)에서 유래했으며, 기원전 770년에서 기원전 476년까지를 가리킨다. 그 다음 시대에도 많은 철학자가 나오는데 사람들은 그 시대를 전국시대(戰國時代)라고 부른다.

전국시대란 말은『전국책』(戰國策)1)이란 책에서 유래했으며, 기원전 475년에서 기원전 221년까지를 말한다. 이 두 시대를 합쳐 사람들은 춘추전국시대라 부르는데, 주나라의 후반기에 해당하는 시대로 주왕실의 힘이 약하여 사회가 매우 혼란하던 때였다.

이 시대는 사회적으로 혼란했지만 학문의 활동이 자유로워 수많은 사상가가 나왔고 또 수많은 학파가 생겨났다. 이 사상가들과 학파들을 가리키는 말이 바로 제자백가(諸子百家)이다. 여기서는 100개의 학파만 말했지만 실제로 대략 189개 학파가 있었다고 하니 정말 놀랄 만하다.

이것을『사기』(史記)에서는 유가(儒家)·묵가(墨家)·법가(法家)·도가(道家)·음양가(陰陽家)·명가(名家) 등 대표적인 여섯 학파로 나누었다.『한서』(漢書)에서는 유가·도가·법가·묵가·음양가·명가·농가(農家)·종횡가(縱橫家)·잡가(雜家)·소설가(小說家)의 열 학파로 분류하였다.

이러한 많은 학파 가운데 후세까지 남아 있는 학파는 유가와

---

1) 전한(前漢)시대 유향(劉向)이 편찬한 책으로 주로 전국시대에 활약한 책사(策士)와 모사(謀士)들의 문장을 모은 것이고, 주나라 원왕(元王)에서 진(秦)나라 시황(始皇)까지 240여 년간 살았던 여러 인사의 주장이 실려 있다.

도가로 중국철학을 대표하고 있다. 불교는 원래 인도에서 발생한 종교지만 중국에 전해져 변화·발전하고 중국화(中國化)하여 중국의 종교가 되었다. 불교는 종교적인 내용만 있는 것이 아니라 심오한 철학이 있기 때문에 철학의 한 학파로 분류할 수 있다. 그래서 중국의 철학을 크게 분류하면 유가철학, 도가철학 그리고 불가철학 세 가지가 된다.

동양에서 최초의 철학자인 공자가 창시한 학파가 유가이다. 이 학파는 2,000년 이상 변화·발전하면서 이어져 오고 있고, 서양의 철학과 비교해 보면 종교의 성격이 더 강하다. 서양에서 철학의 한 학파가 2,000년 이상 유지된 예는 없다. 있다면 기독교가 종교로서 그 정도로 장수하고 있을 뿐이다.

그래서 유학(儒學)을 철학으로 보느냐 종교로 보느냐 하는 문제가 실제로 논란이 된다. 하지만 중국에서 종교와 철학이 그렇게 뚜렷하게 구분되어 발전하지 않았기 때문에 유학이 종교나 철학이냐를 따지는 논쟁은 큰 의미가 없다.

공자가 보다 좋은 사회를 만들기 위하여 제시한 덕목(德目)들은 많지만 가장 중요한 덕목은 인(仁)이라고 할 수 있다. 인은 하나의 덕목을 가리키는 개념이 아니라 상당히 포괄적인 덕(德)이라고 할 수 있는데, 그 핵심은 역시 남을 사랑하는 정신이다.

이 사랑의 정신은 먼저 부모와 형제를 사랑하는 효(孝)와 제(悌)에서 나타난다. 공자는 특히 부모를 사랑하는 효를 강조하고 있는데, 이것을 실천할 수 없으면 남을 사랑하는 일이 불가능하기 때문이다. 자기를 낳아 주고 길러 준 부모도 사랑하지 못하는 사람이 어떻게 남을 사랑할 수 있겠는가?

생물학적으로 볼 때 부모가 자식을 위하여 최선을 다하는 노력은 종족의 번성을 위하여 좋은 일이지만, 자식이 부모를 위하여 힘을 소비하는 일은 종족의 번성을 위하여 도움이 되지 않는다. 그래서 다 성장한 자식은 본능적으로 부모를 떠나게 된다.

그래서 부모를 사랑하는 효도는 이러한 생물학적 본능을 거역하는 행위이므로 쉽지가 않다. 이런 까닭으로 효는 바로 동물과 인간을 구분하는 경계선이 되고, 남을 생각하고 사랑할 수 있는 가능성을 키우는 시작이 될 수 있다.

가정에서는 부모에게 효도하고 형을 공경하는 일이 중요하고, 밖에 나가서는 나이 많은 사람을 공경하며 윗사람에게 충성하는 일이 중요하다. 또 윗사람은 사랑과 덕으로써 아랫사람을 대해야 아랫사람도 진정으로 따르게 된다.

특히 통치자가 백성을 사랑으로 다스리는 정치는 무엇보다 중요하다. 백성을 자식처럼 생각하고 보살펴야 한다는 점을 공자는 역설하고, 그것이 바로 세상을 평안하게 만드는 지름길이라고 생각하였다. 백성을 짐승처럼 생각해서 폭력과 형벌로써 다스려서는 안 되고, 인간적으로 대우하고 자식처럼 아껴야 함을 강조하였다.

그러나 이러한 그의 가르침은 당시의 통치계급에게 별로 설득력이 없었다. 어쩌면 공자의 주장은 현실과 너무나 먼 이상적인 이론이었는지 모른다. 실제로 지금까지 한 번도 공자가 생각한 이상이 실현된 적이 없다고 해도 과언이 아니니, 그의 주장은 사람들에게 너무 높은 수준을 요구하는지도 모른다.

공자는 인(仁)을 충서(忠恕)와 극기복례(克己復禮)로 설명하기도 하였다. 충(忠)은 적극적인 사랑이고, 서(恕)는 소극적인 사랑을 말한다. 내가 원하는 일을 남도 할 수 있도록 적극적으로 도와주려는 마음이 충(忠)이고, 내가 하기 싫은 일을 남에게 행하지 않으려는 마음이 서(恕)이다. 남을 배려하는 이러한 마음은 사회생활을 하는 데 없어서는 안 될 덕목이다.

어떤 사람들은 공자의 가르침이 2,000년 전의 사상이기 때문에 이제 더 이상 유효하지 않다고 쉽게 말한다. 이것은 공자의 가르침을 제대로 이해하지 못한 데서 나온 말이다. 공자의 가르침에는 보편적인 내용이 있고, 그것은 시대와 민족을 초월해서 항상 타당하다. 그런 것들 가운데 하나가 바로 공자가 가르친 서(恕)의 정신이다.

극기복례는 자신의 사사로운 욕심을 극복하고 예(禮)로 돌아가야 한다는 말이다. 이것 역시 자신보다는 남과 사회를 생각하는 마음을 길러야 함을 강조하는 가르침이다. 인간은 사회생활을 하지 않을 수 없고, 사회생활을 하는 데는 남을 배려하는 마음보다 중요한 것은 없다. 남을 생각하는 마음은 결국 사회의 규범을 잘 지키는 실천으로 나타난다.

그래서 공자는 예를 강조하였고 예에 따라 행동하라고 요구하였다. 공자가 염두에 두고 있는 예는 주공(周公)이 확립한 주나라의 예이다. 예는 사회의 규범으로 사회구성원들이 지켜야 하는 기본적인 형식이라 할 수 있다. 공자는 당시 사회가 이것을 지키지 않아 혼란하게 되었다고 진단하고, 예를 지켜 질서를 회복하는 일이 무엇보다 중요하다고 가르쳤다.

이것은 운전자들이 교통법규를 지키지 않았을 때 교통의 흐름에 혼란이 오는 것과 같은 이치이다. 만일 운전자들이 중앙선을 넘어가 달리거나 신호등을 무시하고 마구 달릴 경우 어떤 일이 일어날지를 생각해 본다면, 사회구성원들이 예를 지키지 않을 때 어떤 상황이 될지 짐작할 수 있다. 그래서 공자는 예가 아니면 보지도 말고, 예가 아니면 듣지도 말며, 예가 아니면 말하지도 말고, 예가 아니면 행동하지도 말라고 가르쳤다.[非禮勿視, 非禮勿聽, 非禮勿言, 非禮勿動 :『논어』(論語)「안연」(顔淵)]

예와 함께 중요한 덕목으로 공자가 강조한 개념은 의(義)이다. 보통 공자보다 맹자(孟子)가 의를 더 강조했다고 하지만 공자도 의를 상당히 중요하게 생각하였다. 의란 마땅함이나 옳음을 의미하는 개념이다.

공자가 만일 인만 말하고 의를 말하지 않았다면 일정한 기준이 없기 때문에 문제가 생길 수 있다. 아무런 기준 없이 사랑하라고만 한다면 우리는 어떻게 또 어디까지 사랑해야 할지 알 수 없다. 그것을 말해 주는 게 바로 의이다. 즉, 사랑에도 마땅한 사랑이 있고 마땅하지 못한 사랑이 있기 때문에 그것을 잘 가려서 실천할 필요가 있는데 그 기준이 의이다.

예컨대 부모가 자식을 사랑하는 마음은 아무도 말릴 수 없지만 거기에도 마땅한 사랑과 마땅하지 못한 사랑이 분명 있다. 자식을 너무 사랑한 나머지 자식이 원하는 것은 무엇이든 다 해 주어서 자립성이 없는 사람으로 키운다든지, 어려움을 몰라서 작은 일에도 쉽게 좌절하고 포기부터 하는 사람으로 키운다면 그것은 분명히 잘못되었다.

그러므로 남을 사랑하는 데도 의의 정신은 필요하다. 공자는 남을 사랑하라 했지만 남을 위하여 모든 것을 희생해야 한다고 가르치지는 않았다. 물론 그렇게 할 사람도 별로 없겠지만 또 그렇게 할 필요도 없다. 마찬가지로 다른 사람들의 잘못까지 덮어 주면서 사랑하라고 말하지도 않았다.

공자가 많은 덕목을 말했지만 그러한 덕도 모두 의에 맞아야만 진정한 덕이 될 수 있다. 공자는 부모에 대한 효도를 매우 강조하는데, 그럼 자식이 아버지를 위하여 목숨을 바치는 행동을 했다면 이것은 과연 의로운 일인가?

자식의 부모에 대한 효도 가운데 가장 중요한 것은 부모가 물려준 자신의 몸을 잘 보존하는 일이다. 그런데 이제 자식이 그 몸을 죽여 부모를 구한다면 분명히 부모는 기뻐하지 않으리라. 부모에게 행하는 효도도 지나치거나 부족하지 않아야 바로 의에 들어맞는 효가 될 수 있다.

마찬가지로 용기도 중요한 덕목이지만 모든 용기가 다 바람직하지는 않다. 의에 맞는 용기가 진정한 용기임은 말할 필요도 없다. 그래서 공자는 "군자가 용기만 있고 의가 없으면 난을 일으키고, 소인이 용기만 있고 의가 없으면 도둑이 될 수 있다 :『논어』「양화」(陽貨)23"라고 말했다.

그러면 미덕(美德)과 악덕(惡德)을 구분하는 역할을 하는 의란 구체적으로 무엇인가? 그것은 다른 게 아니라 모든 사람의 행위의 기준인 예이다. 예에 맞는 생활이 바로 의에 맞는 생활이라 할 수 있다. 공자시대에도 사실 예를 제대로 지키는 사람들이 적었기 때문에 사회가 혼란하였다. 초기에는 주공이 확립한 예를 잘 따랐지만 세월이 지나면서 그 정신이 희미해졌고 그와 함께 사회도 혼란해졌다. 공자는 예를 강조했기 때문에 예를 따르지 않는 행동은 결국 의에 맞지 않는다고 생각하였다.

또한 공자가 사람을 군자(君子)와 소인(小人)으로 구분한 방법은 커다란 의미를 갖는다. 이전까지 군자는 귀족을 가리키는 말이었고, 소인은 일반사람을 가리키는 말이었다. 공자는 이러한 전통적인 사람의 구분법을 완전히 고쳐 인격적인 사람을 군자라 하고, 그렇지 못한 사람을 소인이라 하였다. 다시 말해 사람을 평가하는 방법을 계급이 아니라 인격과 도덕성으로 바꾸었다.

이러한 인간의 이해는 오늘날에도 적용이 가능한데, 예를 들면 남녀 사이에서 남자인가 여자인가가 중요한 문제가 아니고 어떠한 인격을 가지고 있느냐가 중요하다. 그리고 인종문제에서도 흑인인가 백인인가가 중요한 점이 아니고 그 사람의 인격이 중요하다.

그러나 오늘의 현실을 보면 이러한 공자의 가르침과는 전혀 다르게 사람을 평가하는 척도로 그 사람의 사회적인 지위나 부(富) 그리고 능력 따위를 먼저 생각한다. 특히 자본주의사회에서는 돈을 버는 능력이 그 사람을 평가하는 가장 중요한 잣대가 되었다. 그래서 사람이 인격적인지 그렇지 않은지는 다음 문제고, 돈을 잘 버느냐 그렇지 못하냐가 중요하게 되었다.

끝으로 공자의 가르침은 형이상학적인 문제보다는 주로 현실적인 문제에 관심을 두는 특징이 있다. 예컨대 제자 계로(季路)가 귀신을 섬기는 문제와 죽음에 대해 질문했을 때 공자는 살아 있는 사람이나 잘 섬기라고 말했고, 죽음보다는 삶에 대해서 잘 알아야 한다고 대답하였다. 공자가 괴력난신(怪力亂神)에 대해 말하지 않았다는 데에서 우리는 그의 현실적이고 합리적인 생각을 잘 볼 수 있다. 자공(子貢)이 선생님이 성(性)과 천도(天道)를 말하는 것을 듣지 못했다고 한 말에서도 우리는 공자가 형이상학적인 문제에는 별로 관심이 없었음을 엿볼 수 있다.

맹자(孟子)

공자의 주장을 긍정하고, 그것을 이어서 발전시킨 인물이 맹자(孟子, B.C. 372~B.C. 289)이다. 맹자의 주장도 공자의 주장과 크게 다를 것은 없는데, 독특한 점은 인간의 본성을 깊이 탐구했다는 사실이다.

공자가 좋은 말을 많이 했지만 인간이 어떤 존재인지 모른다면 그 좋은 가르침이 제대로 실현될 수 없다. 예컨대 나는 남을 사랑할 수 있는 존재인지, 남들은 또 내가 사랑할 만한 존재인가를 먼저 생각해 봐야 한다.

인간이 본래부터 남을 사랑할 수 있는 존재가 못 된다면 아무리 남을 사랑하라고 말해 봐야 아무 소용이 없다. 그리고 백성이 짐승보다 못해서 사랑과 말보다 폭력과 위협으로 다스리는 게 더 잘 통한다면 굳이 사랑하라고 말할 필요도 없다. 내가 진정으로 남을 사랑한다 해도 그 사람이 아무때나 나를 배반하고, 또 늘 나를 해칠 궁리만 한다면 사랑을 강조한 공자의 가르침은 엉터리에 불과할 뿐이다.

맹자는 사단(四端)[2]을 말하였는데, 우물에 빠지는 어린아이를

---

[2] 사람이 가지고 있는 선한 마음의 실마리로 동정심, 자신의 잘못을 부끄러워하고 남의 잘못을 미워하는 마음, 양보하는 마음, 옳고 그른 것을 가리는 마음 등이다.

보면 모든 사람이 이해관계를 떠나서 그 아이를 구하려 한다는 사실을 근거로 인간의 본성은 원래 선(善)하다고 주장하였다. 인간의 본성이 선하다는 맹자의 주장은 그 이후 유학에서 정통(正統) 이론으로 인정되었다.

사실 무엇이 선한지 악한지를 판단하려면 기준이 있어야 하는데, 막연하게 인간의 본성이 선한지 악한지를 묻는다면 의미 없는 질문이 될 수 있다. 다시 말해 인간은 무엇보다도 선하고 무엇보다도 악하다고 말할 수 있지만 그냥 인간이 선하냐 악하냐라는 질문은 아무런 의미가 없다.

그러나 맹자가 해결하려고 했던 문제가 무엇이었던가를 생각해 보면 그 기준을 쉽게 찾을 수 있다. 먼저 우리가 남을 사랑할 수 있는 능력이 있고 현실적으로 남을 사랑한다는 사실이 바로 그 기준이 된다. 그리고 우리가 남을 사랑했을 때 그 사람이 나의 사랑을 받아들이고 또 사랑으로 보답한다는 사실도 중요하다. 이러한 인간의 능력 때문에 맹자는 인간의 본성이 선하다고 보았고, 또 공자의 이론이 옳다고 믿었다.

맹자는 인간의 본성이 선하다고 보았기 때문에 백성들을 덕으로 다스리는 방법이 옳다고 생각하였다. 우리는 경험을 통해 힘으로 다스리는 방법은 짧은 기간 동안 효과가 있을지 모르지만, 장기적으로는 결코 효과적이지 못함을 잘 알기 때문에 맹자의 주장에 공감한다. 다른 사람들과의 관계에서도 우리가 진심으로 상대방을 위할 때 상대방도 진심으로 우리를 위해 준다. 물론 공자와 맹자는 보답을 바라고 선한 행위를 해서는 안 된다고 했지만 궁극적으로 좋은 결과가 나옴을 부정할 필요는 없다.

그리고 맹자가 인간의 본성이 선하다고 했지만 인간이 천사와 같이 선하다는 말은 결코 아님을 알아야 한다. 맹자는 단지 선으로 갈 수 있는 싹이 인간에게 있다고 했을 뿐이다. 그것을 잘 키우면 한층 더 선에 가까워지고 그렇지 못하면 한층 더 악에 가까워진다. 인간은 천사가 아니기 때문에 인간적 차원에서 선할 뿐이지 완전하게 선할 수는 없다. 생존을 위하여 필요한 최소한의 행위조차 악으로 본다면, 이것은 기준을 너무 높게 잡은 인간의 평가여서 타당하지 않다.

예컨대 적이 침입해 오는데 가만히 순한 양처럼 당하는 행동을 선하다고 생각해서는 안 된다. 그리고 인간에게 선의 싹이 있기 때문에 가만히 있어도 저절로 선한 인간이 된다고 맹자는 말하지 않았다. 끊임없이 노력해야만 선한 인간이 될 수 있다고 말함으로써 교육이 왜 필요한지를 잘 보여 주었다.

맹자는 인간의 본성을 깊게 연구했지만 자연과 인간의 관계도 다소 언급하여 그의 자연관을 짐작할 수 있게 해 준다. 자연과 인간의 관계는 현대를 사는 우리에게 아주 중요한 주제로 등장했기 때문에 맹자의 자연관을 살펴보는 일이 다른 문제들보다 더 시급하다.

우리가 오늘날 맹자를 알아야 하는 이유는 다른 데 있는 게 아니라 맹자에게 무엇인가를 배워 우리 문제를 해결하기 위해서이다. 맹자의 자연관은 우리가 생각하는 정도보다 적극적이고 또 구체적이다. 여기서는 그 가운데 한 가지만 다루려고 한다.

요(堯)임금 때에는 천하가 아직 태평하지 못하였으니, 홍수가 나서 천하에 범람하고 초목이 울창하게 자라고 금수가 번성하였고 오곡은 여물지 않고 금수가 사람에게 달려들고 짐승의 발굽과 새의 발자국이 난 길이 나라 한복판에 얽혀 있었소. 요임금이 홀로 그것을 근심하여 순(舜)을 등용하여 다스리게 하였소. 순은 익(益)을 시켜 불을 맡아보게 하였는데, 익이 산과 못에 불을 질러 초목을 태워 버리니 금수가 도망쳐 숨어 버렸소. 우(禹)는 아홉 강물을 제대로 흐르게 하고, 제수(濟水)와 탑수(漯水)를 다스려 바다로 빠지게 하고, 여수(汝水)와 한수(漢水)를 파 뚫고, 회수(淮水)와 사수(泗水)를 쳐내어 장강(長江)으로 빠지게 하였소. 그렇게 한 뒤에야 나라 안이 먹고 살 수 있게 되었소. [『맹자』「등문공상」(滕文公上)4]

이것은 맹자가 진상(陳相)이라는 사람에게 허행(許行)이 잘못되었음을 설명하는 과정에서 나온 이야기이다. 진상은 허행을 추종하는 사람이고, 허행은 농가(農家)로서 모든 사람이 똑같이 농사를 지으며 생활해야 한다고 주장하고 그것을 실천한 사람이다. 허행의 주장은 다시 원시공동사회(原始共同社會)로 돌아가자는 것으로 반문명적(反文明的)인 색채가 농후하다.

맹자는 이런 사상을 비판하면서 직업의 분화와 분업 등은 당연할 뿐만 아니라 더 생산적이라고 주장하였다. 그리고 모든 것의 평등과 동일을 주장하는 허행을 비판하고 차별과 차등이 없을 수 없음을 강조하였다.

허행은 문명의 진보를 좋지 않다고 보았으나 맹자는 문명의 진보를 좋은 것으로 생각하였다. 여기서 맹자가 요임금과 순임금 그리고 우임금을 이야기한 의도는 바로 그들 덕택에 사람들이 원시적인 상태의 생활에서 벗어날 수 있었다고 보았기 때문이다.

맹자에 따르면 요임금 때에는 자연 그대로의 상태라 사람이 살기에 불편했는데, 요임금이 순임금을 시켜 불로써 금수와 초목을 다스리고, 다시 우임금이 물을 다스려서 살기 좋게 되었다. 물론 이와 같은 내용은 『상서』(尙書)에도 나오니, 맹자가 만들어낸 이야기는 아니다. 「등문공하」(滕文公下) 9장에도 다시 같은 내용이 나오는데 순임금이 나오지 않는 점이 다르다.

우리는 맹자의 이야기를 다시 세 부분으로 나눌 수 있다. 첫째는 요임금 시대에는 아직 사람들이 살기에 적합한 자연환경이 존재하지 않았다는 내용이다. 홍수를 막지 못했고 초목은 너무 울창했으며 짐승들이 사람을 해치는 그런 상황이었다. 사람들이 자연의 힘 앞에서 무력했던 때였음을 알 수 있다.

둘째는 순임금이 나와 익(益)이라는 사람을 시켜 불로써 초목을 태우고 금수를 쫓아 버렸다는 내용이다. 사람들이 불을 사용해서 어느 정도 자연을 통제할 수 있었던 시대였음을 알 수 있다.

셋째는 우임금이 홍수를 완전히 다스렸다는 부분이다. 제방을 쌓는다든지 인공 수로(水路)로써 홍수를 막아 사람들이 살기가 좋아졌다는 내용이다. 물을 다스렸다는 말은 결국 자연을 다스렸다는 뜻으로 생각할 수 있다.

중국의 역사에 대한 맹자의 이 전설적인 이야기는 태고시대(太古時代)를 낙원으로 묘사하고 있지 않은 점이 특이하다. 오히려 강조되고 있는 점은 태고시대는 사람이 살기에 무척 힘이 들었다는 사실이다. 다시 말해서 사람의 힘을 가하지 않은 자연환경은 사람이 살기에 매우 불편하였다. 그래서 사람이 살기에 알맞게 자연을 변화시키는 것이 여기서는 당연하고 바람직한 일로 묘사되었다.

홍수를 막기 위하여 강둑을 쌓거나 인위적으로 새로운 물길을 만드는 공사는 자연을 개조하는 일이고 인간의 힘으로 자연을 제압하는 일이다. 요임금과 순임금 시대에 이미 이와 같이 자연의 힘을 제압하여 인간의 힘 안에 두고자 하는 노력이 있었으니 그 역사는 장구하다 할 수 있다. 불을 사용해서 울창한 숲을 태우고 농지를 개간하는 것 역시 자연을 변형하여 인간이 원하는 모양으로 만드는 일이다. 새롭게 길을 만들고 인간에게 유해한 동식물의 제거하는 것 또한 자연을 사람이 능동적으로 바꾸는 일이다.

인간이 수동적으로 단순히 적응하고 순응하려고만 하지 않고 능동적으로 자연을 변형하려는 생각을 하게 되었으니 놀랍다. 인간이 그런 생각을 할 수 있게 되기까지는 오랜 세월이 필요했다. 우리는 인류에게 역사다운 역사가 시작되는 시점이 바로 인간이 자연을 능동적으로 변형하는 때부터라는 사실을 맹자의 말을 통해 알 수 있다. 곧 맹자는 중국 역사가 시작되는 때를 요임금과 순임금의 시대로 보면서, 바로 그때부터 인간이 자연을 본격적으로 변형하기 시작했다고 설명하고 있다.

사람들이 자연을 인간의 삶에 적절한 모양으로 만드는 일을 하고 나서부터, 자연이란 원래 있는 그대로의 자연이 아니라 이미 인간의 손에 의해 변화되고 또 어느 정도 인간이 생활하기에 적당한 환경을 의미하게 되었다. 순수한 의미의 자연이란 이미 존재하지 않고 인간이 끊임없이 간섭한 자연이 존재할 뿐이다. 우리는 순임금과 우임금의 이야기에서 이 사실을 분명히 알 수 있다. 이 이야기는 인간에 의해서 자연이 엄청나게 변형되었음을 잘 말해 주고, 또 중국사람의 자연에 대한 적극적인 태도를 잘 보여 준다.

맹자에게 있어 자연이란 이미 인간에 의해 통제를 받아야 하는 환경, 그리고 이미 통제를 받아 본래의 모습에서 변형된 환경을 의미한다. 자연의 본래 모습은 인간에게 결코 우호적이지 못했기 때문에 자연을 통제·간섭하는 인간의 행위는 정당화될 수 있다. 만일 본래의 자연이 인간에게 좋은 환경이었다면 자연을 통제하고 변형할 필요는 없었으리라.

그래서 우리가 말하고 또 경험할 수 있는 자연은 인간이 변형하지 않은 본래 모습의 자연이 아니라 이미 변형된 자연이다. 인간에 의해서 영향 받지 않은 순수한 자연이란 이미 존재하지 않는다고 할 수 있다. 물론 아직도 인간의 힘이 닿지 않는 곳도 있고, 본래의 모습을 지니고 있는 곳도 있을 수 있다. 그러나 그런 곳은 갈수록 줄어들고 있고 또 그 곳조차도 간접적으로 인간의 영향을 받는다.

이러한 맹자의 자연관을 받아들인다면 오늘날 크게 문제가 되고 있는 자연 파괴라는 것도 순수한 본래의 자연을 파괴했다는 의미가 아니라 인간에 의해 영향을 받아 생겨난 자연의 파괴라고 볼 수 있다. 자연이라고 하면 흔히 인간과는 별개라고 생각하기 쉽다. 그래서 인간이 오랫동안 살기 좋도록 계속해서 바꾸고 가꾼 결과라는 사실을 깨닫지 못한다. 자연은 사람이 만든 논밭과 같기 때문에 자연의 파괴는 논과 밭을 못쓰게 만드는 행위와 같다.

맹자도 이미 호수와 못에 사는 물고기를 마구 잡지 말아야 한다고 가르쳤고, 산의 나무를 마구 베어내지 말라고 말하였다. 옛날 사람들도 자연을 어떻게 관리해야 하는지에 대해 잘 알고 있었고 또 그것을 실천했음을 알 수 있다. 이것을 미루어서 생각하면 오늘날 우리가 어떻게 자연을 보호해야 할지를 짐작할 수 있다.

순자

인간의 본성에 대해 맹자와는 정반대의 주장을 한 사람이 순자(荀子, 약 B.C. 298~B.C. 238)이다. 그는 인간의 본성이 악하다고 했는데, 그 근거로 인간은 이익을 좋아하고 감각적 쾌락을 추구하려 하며 본래 남을 미워하는 성질을 가지고 있다고 하였다. 그러한 타고난 성질 때문에 세상의 악이 생겨나므로 인간의 본성은 악하다고 보았다. 그리고 인간이 악하지 않다면 처음부터 교육이 필요 없다고 말하기도 하였다.

순자는 이러한 악한 인간을 선한 존재로 만드는 데 필요한 방법이 바로 예(禮)의 교육이라고 하였다. 사실 인간의 본성이 선하냐 또는 악하냐 하는 문제는 그 기준을 어디로 정하고 판단하느냐에 따라 달라질 수밖에 없다. 순자는 그 기준을 너무 높게 잡고 있다는 생각이 든다. 인간도 생존을 위해 가지고 있는 기본적인 욕구가 없을 수 없는데 그것을 악에 가까운 본성으로 평가한다면 인간의 생존 자체가 악일 수밖에 없다. 그리고 교육도 인간이 본래 악하기 때문이 아니라 교육을 통해 보다 높은 단계의 인간이 되기 위한 수단일 뿐이라고 볼 수도 있다.

그러나 우리는 살아가면서 인간의 악한 모습을 많이 경험하기 때문에 현실적으로 인간이 악하다는 생각도 하게 된다. 동물들은 자신의 생존에 필요한 최소한의 먹이만 있으면 더 이상 욕심을 내지 않아 먹이가 옆에 있어도 해치지 않는다. 그런데 인간의 욕심은 한이 없어서 배가 불러도 계속해서 자신의 소유물을 늘리려 혈안이다. 자신뿐만 아니라 자손을 위해서도 재물을 모으는 게 인간이고 단지 쌓아 놓기 위해서도 재물을 원한다.

 이러한 욕심은 한이 없는데 이것 때문에 재산이 없는 사람들은 계속해서 빈곤에 허덕이지 않을 수 없게 된다. 부(富)의 편중은 개인들 사이에도 존재하지만, 국가와 국가 사이에도 이러한 부의 편중이 심화되고 있는 실정이다. 잘사는 나라의 사람들은 엄청난 돈을 살 빼는 데 쓰는가 하면 못사는 나라의 사람들은 굶어 죽고 있다. 그러면서도 가진 사람들과 가진 나라들은 한층 더 많은 부를 차지하려고 수단과 방법을 가리지 않고 있다.

 인간의 이러한 잘못은 자연에 대해서도 마찬가지로 행해지고 있다. 인간의 끝없는 욕망은 자연을 단순히 이용하는 차원을 넘어 죽이는 단계까지 와 있는 게 오늘의 현실이다. 수많은 식물과 동물이 이 지구상에서 인간으로 말미암아 영원히 사라져 버렸다. 머지않아 사라져 버린 생물들의 종류가 남아 있는 종류보다 많아지리라.

 이것은 모두 인간이 자연을 무분별하게 파괴한 결과이다. 그런데 문제는 이러한 자연의 파괴가 인간에게도 결코 이롭지 않다는 데 있다. 자연의 파괴와 환경의 오염은 인간을 점차 약(弱)하게 만들고, 약하게 된 인간은 돌발적인 자연의 변화에 적응할 수 없어 결국 살아 남을 수 없을지도 모른다. 그래서 인간은 인간에게도 악한 존재이고 다른 생명들에게도 악한 존재이고 나아가 자연에게도 악한 존재가 아닌가 하는 생각도 해 볼 수 있다.

인간이 악하다는 순자의 주장은 맹자의 생각에 밀려 유가의 정통이 되지는 못했지만 우리 자신을 되돌아보게 한다. 우리의 악함에 우리가 눈을 돌리고 조심하지 않는다면 결국 엄청난 재앙을 맞이할 수도 있다.
　우리의 잘못을 감추면서, 인간은 선한 존재라고 자위할 수만은 없다. 더욱 겸허하게 우리의 나쁜 면을 바로 보고 그것을 고치겠다는 마음가짐을 가져야 한다. 우리의 장점에 눈을 돌리기보다는 우리의 약점에 눈을 돌리고 스스로의 잘못을 올바로 인식하고 인정할 필요가 있다. 이런 면에서 순자의 성악설은 분명히 우리에게 가르치는 바가 매우 크다.
　기독교에서 인간을 원죄를 지은 죄인이라고 하듯이 순자는 인간을 원래부터 악으로 가기 쉬운 존재로 파악하였다. 우리가 스스로 우리의 잘못을 깨닫고 인정하는 일은 매우 큰 의미가 있다. 인간은 살기 위해 남을 속여야 하고, 살기 위해 다른 생명들을 죽여야 하고, 살기 위해 끊임없이 자연을 파괴하고 있다. 그리고 알게 모르게 남에게 잘못을 저지르고 남의 마음을 아프게 하고 남을 슬프게 하는 존재이다. 이것을 스스로 깨닫지 못한다면 인간의 죄악은 더욱 커질 수밖에 없다.
　또 하나의 중요한 학설로 순자는 자연과 인간을 완전히 분리해서 생각해야 한다고 주장하였다. 그는 하늘이 의도적으로 인간사(人間事)에 간섭할 수 있다는 생각을 단호히 거부한다. 그는 하늘은 일정한 법칙에 따라 움직일 따름이고 인간이 잘한다고 복을 주고 못한다고 벌을 내리지는 않는다고 하였다. 즉, 인간의 일은 인간에서 끝나므로 스스로 잘하면 잘되고 못하면 못된다는 것이다. 그는 하늘을 인격적인 존재로 여겼던 종래의 관점을 거부하고 과감하게 하늘을 비인격적인 존재로 간주하였다.

물론 이러한 생각은 노자(老子)와 장자(莊子)로부터 왔다고 할 수 있지만 자연에 대한 적극적인 태도를 강조한 점은 그들과 다르다. 자연의 일과 인간의 일을 완전히 분리함으로써 인간이 죄의식 없이 자연을 이용할 수 있도록 한 그의 사상은 선구적이다. 순자는 이렇게 말하였다.

> 제방과 다리를 건설하거나 보수하고 전답 사이의 용수로를 깊이 쳐내어 빗물이 잘 빠지게 하고 저수(貯水)의 안전을 기하고 적당한 때에 수문을 열고 닫아 비록 기후가 괴이하여 홍수나 한발이 있더라도 농민의 경작지를 보호하는 것은 사공(司空)의 일이다. [『순자』「왕제」(王制)]

> 하늘을 위대하게 여기고 사모만 하는 것이 어찌 만물을 축적하여 그것을 제재하는 것과 같으랴. 하늘에 순종하여 찬양하는 것이 어찌 천명(天命)을 제어하여 이용하는 것과 같으랴. 때를 바라보고 기다리기만 하는 것이 어찌 때에 적응하여 그것을 이용하는 것과 같으랴. [『순자』「천론」(天論)]

어떤 학자들은 농업을 주로 하는 사람들이 자연에 소극적인 태도를 보인다고 주장한다. 농업이 자연에 많은 영향을 받는다는 설명은 사실이지만 농사를 짓는 데도 자연에 도전하고 자연을 이용하려는 적극적인 자세가 필요하다.

우선 자연을 변형하지 않고서는 농업이 가능하지 않다. 즉, 자연 그대로의 땅에서 농사를 짓는 일은 거의 불가능하다. 풀과 나무를 제거하고 돌들을 치우고 땅을 부드럽게 만들어야 곡식을 심을 수 있고 적당하게 땅이 수분을 품도록 배수로를 만들거나 물을 대 주어야 한다. 끊임없이 잡초를 제거하고 햇볕이 잘 들도록 논과 밭 주변에 있는 큰 나무들을 없애야 한다. 농작물에 해를 끼치는 벌레를 막아야 하고 날짐승과 길짐승들을 없애거나 쫓아야 한다. 비가 오지 않을 때를 대비하여 저수지를 만들고 수로를 만들어야 하며 비가 많이 올 때를 대비하여 강이나 물이 흘러가는 주위에 높은 둑을 쌓아야 한다.

그리고 농업에는 자연현상에 대한 정밀한 관찰과 앞으로 일어날 일에 대한 정확한 예측이 필요하다. 계절의 변화를 정확히 모르고는 농사를 지을 수 없기 때문에 태양의 움직임과 달의 움직임, 그리고 별의 움직임을 끊임없이 관찰하고 계산해야 한다. 농사가 기상의 변화에 영향을 많이 받기 때문에 기상의 변화를 관찰하고 예측하는 일도 중요하다. 또 식물의 특성을 알아야 하고 해충들을 막기 위해서는 해충의 성질도 파악해야 한다. 이 밖에도 농업을 위한 필요한 지식들은 수없이 많다.

엄청난 자연의 파괴 없이 농업은 불가능하다. 높은 곳은 낮게 만들어야 하고 낮은 곳은 높게 해야 하며, 나쁜 땅은 좋은 땅으로 만들어야 하고, 늪지대는 흙으로 메워야 한다. 오늘날의 세계적인 농경지도 옛날에는 아프리카의 초원이나 늪지대와 같았다. 그런 자연 그대로의 땅을 비옥한 땅으로 만드는 개간은 자연을 엄청나게 변형하는 일인 동시에 자연을 파괴하는 일이다. 인간의 생활은 기본적으로 자연의 변형과 파괴를 전제로 하고 있다.

　이러한 자연의 변형과 파괴가 아무런 장애 없이 이루어진 일이 아님을 우리는 잘 알고 있다. 얼마 전까지만 하더라도 시골 어른들은 지맥(地脈)을 끊는다는 이유로 산을 깎아 만드는 도로 건설에 반대했다. 이 어른들의 생각은 긍정적인 면도 있고 부정적인 측면도 있다. 자연에 가하는 무리한 변형은 인간의 삶에 나쁜 영향을 끼칠 수 있기 때문에 그것을 조금이나마 방지해야 한다는 면에서 보면 그들의 주장은 옳다.

　그러나 자연에 대한 지나친 두려움 때문에 적극적인 개발을 하지 못하면 사회의 발전은 그만큼 늦어지게 된다. 도로의 건설이나 철도의 건설은 산업 발전에 없어서는 안 될 기본 전제 조건인데, 자연에 대한 두려움으로 인해 그것을 제대로 하지 못한다면 엄청난 손실이 아닐 수 없다.

　순자가 인간과 자연을 엄격히 분리한 것은 이러한 측면에서 커다란 의미가 있다. 그는 인간을 자연과 분리시킴으로써, 자연에 대한 소극적인 태도를 벗어나 적극적으로 자연을 이용하고 제어할 수 있도록 하였다. 또 자연이 의지가 없는 비인격적인 존재임을 강조함으로써 사람들이 자연에 대해 가질 수 있는 두려움을 감소시켜 주었다.

　인간은 본능적으로 자연을 두려워하기 때문에 감히 자연을 거스르는 일을 하려고 들지 않는다. 예컨대 우리는 천둥과 번개를 겁내고 깊은 물을 두려워하며 높은 산을 경외하고 큰 나무만 보아도 감히 함부로 대하지 못하는 경향이 있다. 이러한 것은 어느 정도 긍정적인 면이 있지만 그것이 지나치면 발전을 막아 한층 더 나은 인간의 삶을 이루는 데 방해가 될 수 있다. 순자는 바로 이런 점을 알았기에 자연의 일을 두려워할 필요가 없음을 강조했으리라.

순자의 이러한 자연에 대한 적극적인 태도와 자연과 인간을 분리해서 생각해야 된다는 주장은 자칫 자연의 파괴로 이어지고, 또 자연의 파괴를 정당화하는 게 아닌가 하는 의문을 일으킨다. 하지만 순자가 살았던 당시를 생각해 보면 순자의 이러한 주장은 원시적인 사유를 벗어나야 한다는 계몽의 차원이지 요즘 우리가 직면하고 있는 과도한 자연의 파괴를 옹호하는 건 아니다. 그는 이미 당시에 자연의 보호를 역설하고 있을 정도로 합리적인 자연의 이용을 중요하게 생각하였다.

> 풀과 나무의 개화기와 성장기에 도끼를 들고 산림에 들어가지 못하게 하는 것은 풀과 나무를 일찍 죽게 하거나 성장을 멈추지 않게 하기 위함이다. 자라·악어·미꾸라지·상어 등 모든 물고기가 알을 가졌을 때나 어린 물고기가 다 자라기 전에 어망이나 독약을 가지고 못에 들어가지 못하게 하는 것은 물고기를 일찍 죽게 하거나 그 성장을 끊어 버리지 않게 하기 위함이다. [『순자』「왕제」]

> 산과 늪지대를 태우는 법령문을 바로잡고, 산림과 늪에 있는 초목·물고기·여러 가지 채소를 기르고, 때에 따라 금지하고 개방하여서 국가의 재용을 넉넉히 하여 재물이 떨어지지 않게 하는 것은 우사(虞師)의 일이다. (『순자』「왕제」)

첫째 인용문은 성왕(聖王)이 나라를 다스리는 방법 가운데 풀이나 나무 그리고 물고기를 어떻게 보호해야 하는가에 대한 순자의 설명이고, 둘째 인용문은 국가의 관직에 어떤 종류가 있는가를 논하는 순자의 말 가운데 나온 것이다.

첫째 인용문에는 풀이나 나무 그리고 물고기를 보호하기 위하여 시기를 정해 풀과 나무를 베고 물고기를 잡게 해야 한다는 내용이 나오고, 둘째 인용문에는 산과 늪지대를 태우는 법령에 대한 문제가 하나 더 나온다. 여기서 우리가 알 수 있는 사실은 순자의 자연보호와 이용에 대한 관심이다. 그리고 자연을 보호하는 목적이 다른 데 있지 않고 백성이 경제적으로 넉넉한 생활을 하도록 하는 데 있음도 알 수 있다. 순자의 이러한 생각은 완전히 독창적인 내용이 아니고 이미 당시에 시행되고 있었던 제도를 잘 반영한 것이다.

순자는 자연의 산물은 사람들이 사용하고 남을 만큼 넉넉하다고 주장했지만, 그것은 저절로 보장되는 게 아니라 사람들의 노력이 뒤따라야만 가능하다는 사실을 이 두 인용문에서 볼 수 있다. 자연이 아무리 좋은 생산력이 있다 하더라도 그것을 효율적으로 관리하고 이용하지 않는다면 사람들이 풍족하게 생활할 수 없음을 옛날 사람들도 잘 알고 있었다. 그냥 자연 그대로 방임하지 않고 사람들이 세심하게 보호하고 관리해야만 자연은 그 풍부한 생산력을 발휘할 수 있고 사람들은 풍족한 생활을 할 수가 있다.

이러한 생각은 인간의 본성이 악하기 때문에 선하게 만드는 인위적인 교육이 필요하다는 주장과도 밀접하게 연관되어 있다. 도가(道家)는 인간이 될 수 있으면 자연에 간섭하지 않는 게 가장 바람직하다고 주장했지만, 순자는 인간이 자연을 그대로 가만히 내버려두지 않고 적극적으로 간섭해야 바람직한 결과를 얻을 수 있다고 보았다.

자연의 보호도 이러한 적극적인 간섭의 일종이라 할 수 있다. 자연의 보호와 관리는 자연을 있는 그대로 보존하는 데 그 목적이 있지 않고, 보다 효율적으로 그리고 보다 풍족하게 이용하기 위해서이다.

그런데 도가는 사람들도 그냥 자연스럽게 살도록 규제하지 말고 다스리지 말라고 주장한다. 사람들을 가만히 그냥 두면 그들이 과연 효율적으로 자연을 보호하고 이용할 수 있을까가 또 문제이다. 현실적으로 가만히 두었을 때 바람직한 결과가 나오기를 기대하기는 힘이 든다. 그렇기 때문에 순자는 적극적인 관리를 생각했고 그러한 생각은 상당히 설득력이 있다.

우리는 자연보호와 환경문제 등의 역사를 서양 중심적으로 생각하는 경우를 자주 본다. 그래서 자연과 환경의 파괴는 서양의 과학기술문명의 소산이고, 동양은 그런 일과는 무관하다고 주장하기도 한다.

그러나 순자의 말을 보면 자연의 파괴와 보호 그리고 환경문제 등은 서양만의 문제가 아니라 이미 동양에서도 고대부터 중요하게 생각했던 문제였음을 알 수 있다. 동양에서 자연이 비교적 덜 파괴되었다면, 그것은 자연을 파괴하는 원인이 근본적으로 없어서가 아니라 제도적으로 파괴하는 행위를 막았기 때문이다.

제2장
도가

·
·
·

노자

장자

도가

노자

  도가(道家)의 시조는 노자(老子)라는 철학자이지만 이 사람을 알 수 있는 자료는 거의 없다. 그가 썼다는 『도덕경』(道德經)이라는 책 한 권만 남아 있는데 우리는 이 책을 통해 그의 사상을 짐작할 수 있을 뿐이다.
  그는 당시에 이미 인간이 만든 문명과 문화에 대해서 부정적이었기 때문에 그것을 적극 비판하였다. 그는 가장 자연스러운 인간의 삶을 이상적이라고 여겼는데 아마 그 본보기는 동물의 삶이었던 것 같다. 산과 들에서 자연에 순응하면서 살아가고 자연의 순환을 거스르지 않는 동물들은 이 세상에 왔다 가지만 흔적을 남기지 않는다.
  거기에 비해 인간의 생활은 자연의 흐름에 역행하는 면들이 너무나 많다. 인간이 사는 곳의 환경은 파괴되고 자연의 흐름은 단절되며 더러운 흔적이 그대로 남는다. 즉, 거대한 집을 짓고 마을을 만들며 도시를 만들고 성곽을 쌓기도 한다. 또 길을 닦고 수로를 만들며 농토를 개간하기도 하는데 아름다운 산림은 파괴되고 풍경은 삭막하게 된다.

그뿐만 아니라 동물들은 온갖 제도와 도덕이 없어도 잘만 사는데, 인간은 끊임없이 제도를 만들고 도덕을 내세우지만 그 사는 모습은 항상 복잡하고 싸움은 그치지 않고 문제는 더욱 많아질 뿐이다. 그래서 노자는 인간이 만들어 놓은 제도와 가치체계들을 비판하고, 그것들이 오히려 모든 문제를 불러일으킨다고 주장하였다.

원래 자연에는 가치가 없었는데 인간이 임의로 그것을 만들어 그것을 기준으로 모든 것을 평가하고, 또 좋은 쪽을 추구하고 좋지 않은 쪽을 천시함으로써 자연상태가 깨어지고 온갖 혼란이 생기게 되었다.

자연은 의지가 없는 비인격적인 존재이기에 무엇을 좋아하거나 싫어하지 않으니 가치와는 무관하다. 자연은 다만 일정한 법칙에 따라 한결같이 움직일 뿐이다. 자연의 일부를 이루고 있는 인간의 바람직한 삶도 자연의 법칙에 따라 사는 게 가장 좋고 그렇지 않으면 불행해질 수 있다.

우리는 사람들이 임의로 만들어 놓은 가치가 실재(實在)한다고 착각하고 거기에 얽매여서 자유롭지 못하게 살고 있다. 완전한 자유를 누리려면 이러한 미몽(迷夢)에서 과감하게 벗어나야 한다. 그의 이러한 생각은 어떤 면에서 타당하고 우리의 좁은 식견을 타파하여 준다. 그리고 사람들의 싸움과 갈등도 모두 이러한 가치들 때문에 발생한다면 그 가치가 실재하지 않음을 깨닫게 해 줌으로써 문제를 해결할 수도 있다.

예컨대 아름다운 미인을 두고 다투는 사람들에게 미인의 아름다움이란 인간이 만들어 낸 허상에 불과하고 실제로 그런 게 없음을 보여 줌으로써 그 싸움을 해결할 수 있다. 실재하지도 않는 가치의 체계를 만들었기 때문에 사람들은 거기에 현혹되어 욕심을 갖게 되고 욕심에 눈이 어두워 악한 행위를 하게 된다. 그러므로 인위적인 가치들에 현혹되지 않고 우리의 본성 그대로 살아가는 삶이 가장 바람직하다.

노자의 학설 가운데 가장 중요한 개념은 바로 도(道)이다. 그는 이것을 무(無)라 하였고 만물의 근원이라 하였다. 그러나 도는 이 만물의 근원에 붙인 임시적인 이름에 불과하다. 만물의 근원은 언어를 초월하기 때문에 그것에 이름을 붙이는 일은 의미가 없다. 그래서 "말할 수 있는 도는 항상 변하지 않는 도가 아니요, 부를 수 있는 이름은 항상 변하지 않는 이름이 아니다. 이름이 없는 것이 천지의 시작이요, 이름이 있는 것이 만물의 어머니가 된다"[道可道非常道, 名可名非常名. 無名天地之始, 有名萬物之母 : 『도덕경』 제1장]라고 하였다.

도는 한정되지 않는 실재이기 때문에 개념으로 나타낼 수 없다. 그럼에도 노자는 이 실재를 여러 가지 다른 이름으로 불렀다. 대(大)·허(虛)·무(無)·무극(無極)·곡신(谷神)·현빈(玄牝) 등이 곧 그것이다. 이렇게 여러 가지 이름을 붙였지만 그것들은 모두 우리의 감각이나 사고로 알 수 없는 만물의 근원을 나타내기 위한 방편일 뿐이다.

　여기서 특히 눈에 띄는 부분은 노자가 도를 없음, 즉 무로 보고 있다는 점이다. 그는 여러 곳에서 도를 허와 무로 표현하면서 만물의 근원이 텅 비어 있음을 반복하여 강조하였다. 하지만 그가 말한 무는 단순한 없음이 아니라 보이는 세계의 뿌리가 될 뿐만 아니라 보이는 세계의 참된 모습이기도 하다. 그리고 그 무는 상대적인 존재가 아니라 유와 무의 구분을 초월하는 절대적인 존재이다.

　노자는 도를 만물의 근원이라 하였지만 의지를 가진 존재로 보지 않았다. 말하자면 이 세계는 저절로 운동하고 변화하며 그것의 배후에 의지를 가진 초월자는 없다. 도는 세계의 일에 간섭하지 않고 의지를 가지지도 않았다. 이러한 노자의 생각은 유가(儒家)의 가르침과 다르고 신(神)이 세계를 창조하고 계속하여 돌본다는 기독교의 교리와도 다르다.

　노자가 생각한 자연은 현대 과학자들이 말하는 자연과 유사한 점이 있다. 이것을 그는 "천지는 어질지 않아서 만물을 추구(芻狗)와 같이 생각한다"[天地不仁, 以萬物爲芻狗 : 『도덕경』 제5장]라고 설명하였다. 추구란 짚으로 만든 개로 제사 때 쓰고는 그냥 버리기 때문에 사람들이 애정 없이 대하는 물건이다.

　유가는 하늘을 의지를 가진 존재로 생각하였는데 그들이 보기에 하늘은 사람을 미워할 수도 있고 좋아할 수도 있다. 그러면 사람들은 하늘의 눈치를 보지 않을 수 없고, 하늘의 사랑을 받기 위하여 노력하지 않을 수 없다. 결국 하늘의 사랑을 받고 보복을 당하지 않기 위하여 착하게 살아가야만 한다. 노자의 생각은 이러한 유가에 대한 비판에서 나왔다.

그는 또한 유가의 윤리적인 덕목들에 대해서도 강한 불만을 나타내었다. 그래서 말하기를 "그러므로 도(道)를 잃어버린 후에야 덕(德)이 있고, 덕을 잃어버린 후에야 인(仁)이 있으며, 인을 잃어버린 후에야 의(義)가 있고, 의를 잃어버린 후에야 예(禮)가 있으니, 무릇 예라는 것은 충신(忠信)이 희박해져서 나타난 것이니 어지러움의 시작이다 :『도덕경』제38장"라고 하였다.

노자에 따르면 유가에서 말하는 여러 가지 덕목을 내세우는 일 자체가 이미 인간이 순수함을 상실했음을 분명하게 보여 준다. 만일 모든 사람이 순수하고 사회에 아무런 문제가 없다면 구태여 그러한 덕목들을 내세워 세상을 교화하려 할 필요가 없다. 예를 들면 정직함을 요란하게 강조하는 사회는 대체로 정직하지 못한 사회라고 보면 틀림이 없다. 이미 정직한 사회라면 그러한 덕목을 굳이 강조할 이유가 없는 것이다.

그런데 노자의 비판은 이런 문제점만을 지적하려는 것 같지가 않다. 어떤 사람들은 이러한 덕목을 이용하여 자신의 지위를 확고히 하고 다른 사람을 억압한다. 다시 말해 지배계층의 기득권을 이러한 덕목으로 더욱 확고히 하고 피지배계층을 억압할 수가 있다.

이러한 일은 현대사회에서도 실제로 많이 일어나고 있다. 사회적으로 지도급에 있는 사람들은 엄청난 부정을 저질러도 법망을 교묘하게 빠져 나가지만 힘없는 사람들은 조금만 잘못해도 엄한 처벌을 받아야 한다.

윤리적인 방면에서도 마찬가지 현상이 발생하고 있다. 권력을 가진 사람들이 비윤리적인 행위를 했을 때 권력이 없는 사람들은 아무런 제재도 가할 수 없다. 하지만 권력이 없는 사람들이 작은 잘못이라도 하게 되면 그들은 혹독한 비난을 받게 된다.

　문제는 이것으로 끝나지 않는다. 새로운 덕목들이 생김으로 해서 위선자들의 줄서기가 요란하게 된다. 윤리적인 덕목들이 생긴 일 자체가 이미 잘못되었음을 말하는데 이제 그러한 덕목을 가지고 서로들 자기가 훌륭하다고 다투니 한심하다. 이것은 도적들이 앉아서 서로 자신이 더 도덕적임을 자랑하는 행동과 마찬가지이다.

　도(道)는 의지를 가지지 않았기 때문에 윤리적인 덕목들을 초월하고, 또한 만물을 지배하지 않고 가만히 저절로 생성·변화하도록 그냥 둔다. 이것을 노자는 무위(無爲)라고 표현하고 있는데, 의도적으로 무엇을 하지 않는다는 의미이다. 그래서 그는 "도는 언제나 아무 일도 함이 없으면서 하지 못하는 일이 없다"[道常無爲而無不爲 : 『도덕경』 제37장]라고 설명하였다. 의지를 가진 존재가 없어도 이 세계는 스스로 잘 운행될 수 있다는 낙관적인 견해이다.

　도에 대한 이러한 견해는 바로 인간의 일을 설명하는 데 그대로 적용된다. 통치자가 나서서 백성들의 일에 간섭하지 않아도 백성들은 스스로 잘 살아갈 수 있다. 성인의 정치란 바로 도의 무위를 그대로 본받는 정치이다. 이것을 노자는 이렇게 설명하였다.

　　그러므로 성인이 말하기를 "내가 무위(無爲)하니 백성들이 스스로 화육하고, 내가 허정(虛靜)을 좋아하니 백성들은 스스로 바르게 되고, 내가 일을 만들지 않으니 백성들이 스스로

부유해지고, 내가 욕심이 없으니 백성들이 스스로 소박하게 되었다"라고 하였다. (『도덕경』 제57장)

통치자들은 자신들이 백성을 위하여 대단한 일을 한다고 착각하는 경우가 많다. 그래서 그들은 백성의 부모로 자처하고 나서면서 자신들이 없으면 당장 백성이 살 수 없다고 말한다. 과연 통치자들은 백성을 위하여 부모처럼 많은 일을 하는가? 노자는 그러한 위정자들의 생각을 부정하고 나섰다. 오히려 통치자들이 백성을 가만히 두면 그들의 삶은 더욱 편하고 윤택해질 수 있다고 하였다.

역사적으로 보면 간혹 훌륭한 통치자들도 있었지만 대부분은 오히려 백성들의 짐이 되었다. 스스로는 대단히 현명하다고 생각하지만 그 정도의 현명함은 사실 누구나 다 가지고 있다. 그들이 생각하는 정도는 누구나 할 수 있기 때문에 그 자리에 누가 앉아 있어도 결과는 마찬가지이다. 그런데 문제는 통치자들의 착각인데, 이들은 자신이 대단히 유능하다고 생각하여 백성들을 엉뚱한 방향으로 끌고 감으로써 백성들이 쓸데없는 고생을 엄청나게 하는 경우가 대부분이다.

그래서 노자는 솔직하게 통치자들에게 제발 가만히 있으라고 조언하고 있다. 성인도 가만히 있는데 성인도 못되는 평범한 지도자들이 함부로 나서 백성들의 삶에 부담을 주지 말라고 가르쳤다. 그렇게 하면 백성들은 각자 다들 알아서 잘 산다.

통치자들은 또한 욕심을 버려야 하는데 공적인 욕심과 사적인 욕심을 다 버려야 한다. 국가와 민족을 위하여 무엇을 해 보겠다는 욕심도 백성을 힘들게 하므로 버려야 하고, 호화로운 생활도 백성에게 피해를 많이 주니 피해야 한다.

　임금이 욕심을 가지고 있으면 그것이 백성에게 영향을 주어서 백성은 그 순박함을 상실하고 만다. 위에 있는 사람들이 욕심을 가져 백성을 속이면 백성은 점차 순박함을 잃어 영악해지고 결국 인심은 사나워지게 된다.

　노자는 여러 가지 면에서 적극적인 삶보다는 소극적인 삶을 선호하였고 강한 자가 아니라 약한 자를 칭송하였다. 그리고 남성보다는 여성을 더 높이 보아 도(道)를 여성적인 존재로 생각하였다. 이것을 노자는 이렇게 표현하고 있다.

> 곡신(谷神)은 죽지 않으니 이것을 현빈(玄牝)이라 한다. 현빈의 문이 바로 천지의 근원이니 면면히 있는 듯 없는 듯 오직 작용만은 무궁무진하구나. (『도덕경』 제6장)

　끊임없이 생겨나는 이 세상의 생명체를 보고 노자는 도(道)의 왕성한 생산력을 생각하였다. 그는 이러한 도의 작용은 암컷의 생산력과 같으며, 만물의 근원은 도이고 그것이 만물을 생산하는 모습은 암컷이 새끼를 낳는 것과 같다고 보았다.

　여성은 생산력을 가지고 있을 뿐만 아니라 부드러움을 가진 존재이기도 하다. 부드러움을 말하면 우리는 물을 생각하게 되는데, 노자도 물의 덕을 칭송하였다. 그는 부드러운 물이 단단한 바위도 이길 수 있다고 하였다.

　그래서 "천하에 가장 유약한 것은 천하에 가장 견고한 것도 마음대로 부릴 수 있다 :『도덕경』 제43장"라고 말하였고, "천하에

물보다도 더 부드럽고 약한 것은 없다. 그런데 굳고 강한 자를 공격하는 데는 아무도 그를 이길 수가 없다 :『도덕경』제78장"라고도 하였다.

강한 물체는 부서지거나 부러지기 쉽지만 부드러운 물체는 쉽게 부서지거나 부러지지 않는다. 물은 부드러움을 가지고 있을 뿐만 아니라 모든 것을 포용하면서 항상 낮은 곳에 처하는 겸손의 미덕을 가지고 있다. 그는 물의 미덕을 "최고의 선(善)은 물과 같다. 물은 만물을 아주 이롭게 해 주면서도 다투지 않고 여러 사람이 싫어하는 곳에 머문다 :『도덕경』제8장"라고 칭송하였다.

물의 좋은 점은 부드러움과 겸손함에 있다. 겸손을 강조하는 노자는 인생의 이치를 깊이 들여다 본 사람임에 틀림이 없다. 그의 여러 가지 말은 세상을 오래 산 노인들의 지혜와 같은 것들이 많은데 실제로 중국인이나 동양인의 삶의 태도와 경험을 잘 보여 주고 있다.

예컨대 "두들겨 뾰족하게 하면 오래 보존할 수 없다 :『도덕경』제9장"라는 말이나 "폭풍은 아침을 넘기지 못하고 소나기는 하루를 다하지 못한다 :『도덕경』제23장"라는 말은 일상생활의 경험에서 나왔지만 세상의 깊은 이치를 잘 보여 주고 있다.

날카로운 칼날은 오래가지 못하듯이 성격이 너무 예민하면 건강을 해치기 쉽다. 그리고 긴장한 상태를 계속 유지하기도 쉽지 않다. 기계도 너무 정밀하고 복잡하면 쉽게 고장이 나기 때문에 관리하기가 어렵다. 우리는 바닷가나 강가에서 둥글둥글한 돌들을 보는데 그것들이 이 세상을 살아가는 지혜를 잘 보여 준다.

그리고 인생에서 좋은 일만 계속되는 게 아니듯 나쁜 일만 계속되지도 않는다. 어려운 일이 있으면 좋은 일이 있고 행복한 때가 있으면 불행한 때도 있다. 어려운 일이 닥쳐도 그것이 언제까지나 계속되지는 않기 때문에 조금만 참고 견디면 좋은 때가 다시 온다. 이러한 사실은 세상을 오래 산 사람들이라면 쉽게 알 수 있다.

그는 이렇게 좋은 말들을 많이 하면서도 백성들이 너무 많이 알아서는 안 된다고 주장하였다. 많이 아는 게 도리어 그들을 영악하게 만들고 더 많은 욕심을 가지도록 하기 때문이다. 욕심이 많아지면 자연 불만이 많아지고 결국 스스로를 불행하게 만든다. 그래서 그는 "옛날의 도를 지키고 나라를 다스린 사람은 백성들을 영악하게 만들지 않고 도리어 우둔 소박하게 만들었다. 백성들을 다스리기 어려운 까닭은 그들이 지나치게 영악하기 때문이다. 그러므로 지모(智謀)로 나라를 다스리는 것은 나라를 해치는 것이요, 지모로 나라를 다스리지 않는 것은 복이다 :『도덕경』제65장"라고 말했다.

오늘날 자본주의사회는 이러한 노자의 가르침과 정반대로 나가고 있으니 그 결과가 두려울 뿐이다. 사람의 욕망을 끊임없이 자극해서 상품을 팔려고 하기 때문에 현대사회에서는 광고가 중요하다. 광고의 홍수에 그리고 온갖 감각을 자극하는 유혹에 현대인들은 그대로 노출되어 있다. 그러한 자극들로부터 우리를 보호하는 방법은 감각을 무디게 하는 수밖에 없다. 그렇게 하지 않으면 우리는 살아가기가 어렵다.

사람들의 감각이 점차 무디게 되기 때문에 날이 갈수록 더욱 자극적인 선전이나 광고를 해야만 그나마 약간의 효과라도 거둘 수 있다. 그래서 좀더 강한 자극을 주기 위해 광고와 선전은 더욱 자극적이고 충격적인 방법을 사용하고 있다.

노자는 통치자는 무위로 정치하는 나라 그리고 백성은 소박하고 욕심이 없는 나라를 이상적인 국가라 생각하였다. 이러한 정치가 실현되려면 나라의 규모가 커서는 곤란하다. 그리고 문명이 발달해서도 안 되고 백성이 너무 많이 알아서도 안 된다. 문명의 발달이 문제를 해결하는 게 아니라 오히려 문제를 더욱 복잡하게 만들기 때문에 그것을 포기해야 한다.

나라는 작고 백성은 적으니 편리한 기계가 많아도 사용하지 않게 하고, 백성들로 하여금 죽음을 중히 여겨 멀리 옮겨 다니지 않도록 한다. 배와 수레가 있지만 그것을 탈 일이 없고 병장기가 있지만 그것을 쓸 일이 없다. 사람들로 하여금 다시 새끼를 엮어 쓰게 하고 그 음식을 달게 여기고 그 옷을 아름답게 여기며 그 사는 곳을 편안히 여기고 그 풍속을 즐거워 하게 하니 이웃 나라가 서로 바라보이고 닭 울고 개 짖는 소리가 서로 들릴 정도로 가까워도 백성들은 늙어 죽을 때까지 서로 왕래하지 않는다. (『도덕경』 제80장)

이 글을 읽으면 사람들이 한가롭고 평화롭게 살아가는 모습이 떠오른다. 아마 지금도 아프리카의 어떤 부족들과 아메리카의 일부 인디언들이 이런 모습으로 살아가고 있을 것 같다. 지금도 그런 부족이 있으니 옛날로 갈수록 이런 사람들의 수는 더 많았으리라. 그러나 전세계가 문명화되면서 이렇게 원시적인 삶을 사는 사람들의 수는 급격히 줄어들어 이제는 아주 희귀하게 되어 버렸다.
  노자는 이렇게 한가롭고 평화롭게 살고 있는 어떤 부족들의 생활을 직접 보았을지도 모른다. 지금도 중국의 오지에는 실제로 이렇게 살고 있는 소수 민족들이 있다고 한다. 그러한 사람들의 삶을 모델로 해서 노자는 이상국가의 모습을 생각한 건 아닐까?
  특히 주목할 만한 부분은 문명의 이기가 있지만 그것을 사용해야 할 필요성을 느끼지 못하여 사용하지 않는다는 말이다. 문명의 이기들을 만들지 못해서 사용하지 못한다는 건 쉽게 이해가 되지만 그러한 이기들이 있지만 필요가 없어서 사용하지 않는다는 설명은 이해하기가 쉽지 않다.
  노자가 생각한 이상국가는 원래부터 원시적인 형태로 살고 있는 사람들을 위한 나라가 아니라 지금 문명의 혜택을 충분히 누리고 있는 사람들을 위한 나라이다. 사람들이 자신이 이용하고 있는 문명의 이기들을 포기하고 다시 순박한 생활로 돌아갔을 때 이상사회가 가능하다.
  하지만 노자의 이상사회는 현실적으로 실현이 불가능하다. 사람의 생활은 개인 사이의 경쟁, 집단 사이의 경쟁, 국가 사이의 경쟁으로부터 자유로울 수 없는데, 어떤 집단이 경쟁을 포기하면 그들은 금방 다른 집단에 의해 무너지고 만다. 아무리 좋은 의도를 가진 사회라 하더라도 생존경쟁에서 지게 되면 그것은 아무런 결과를 가져올 수가 없다.
  사람들의 생존경쟁은 치열하고 그러한 생존경쟁은 나날이 새로운 경쟁의 도구들을 만들게 하고 보다 조직적인 집단을 만들게 한다. 이러한 경쟁은 인류의 생존이 계속되는 한 끝나지 않으리라.

인간이 다른 동물들과는 다르게 도구를 만들게 됨으로써 경쟁의 정도는 더욱 치열하게 되었고 싸움은 더욱 잔인하게 되어 버렸다. 다른 어떤 동물도 총이나 폭탄을 만들지 않는다. 그것들은 자신의 몸에 자연적으로 있는 무기만을 사용한다. 그런데 인간은 싸우는 방법을 엄청나게 많이 개발하여 적뿐만 아니라 자신의 생활환경 전체를 파괴할 수 있는 무기들을 만들어 놓고 있다.

인류가 이러한 삶의 방식을 포기하지 않는다면 이러한 무기나 다른 문명의 이기로 말미암아 오히려 파멸할 가능성이 가장 큰 것 같다. 혹 이것이 위대한 조물주나 자연의 계획은 아닐까? 자신의 능력이 마지막에는 자기를 파괴하도록 만들었을 수가 있다. 조물주와 자연은 한 종류의 생물이 이 세상에 영원히 생존할 수 있는 특권을 허용하지 않는지도 모른다.

만일 어떤 생물이 멸종하지 않고 영원히 생존한다면 그것은 형평성의 원칙에 어긋난다. 다른 종류의 생물에게도 똑같은 기회를 주기 위해서는 한정된 시간만을 허용할 수밖에 없다. 자연은 어떤 생명체에게도 완전성을 부여하여 영원히 살게 하지는 않을 것이다. 일정한 시간이 지나면 자동으로 소멸되게 함으로써 자연의 질서와 형평성을 유지하고자 하리라. 어쩌면 자연은 가장 완벽한 방법으로 자연의 질서를 유지하고 있는지도 모른다.

장자

노자 이후의 사람으로 생각되는 장자(莊子, B.C. 369~B.C. 286)는 노자의 생각을 이어받아 그것을 몸소 실천한 철학자이다.

노자는 사람들이 임의로 정한 가치들을 부정했지만 장자는 인식의 상대성을 주장함으로써 객관적이고 절대적인 앎도 없고 가치도 없다고 하였다.

사람들의 불행은 상대적인 가치나 지식을 절대적이고 객관적이라고 믿는 데서 시작된다. 이러한 상대성을 제대로 알게 되면 우리는 특정한 가치나 지식을 맹목적으로 추구함으로써 일어나는 문제에서 벗어날 수 있다. 실제로 장자는 초(楚)나라 왕이 그를 재상으로 초빙을 했을 때 단호하게 거절하면서 그러한 지위는 자기에게 굴레에 불과하다고 말하였다.

> 초나라의 왕이 장주(莊周)가 현명하다는 것을 듣고 사람을 보내어 후한 재물로써 영접코자 하니 부디 재상이 되어 달라고 청하였다. 장주는 웃으며 초나라 사신에게 이렇게 말하였다. 천금(千金)은 큰 재물이며 경상(卿相)은 존귀한 지위입니다. 그러나 당신은 교제(郊祭) 때 희생되는 소를 보지 못했습니까? 수년 동안 잘 먹여 키워서 수놓은 비단옷을 입혀 태묘(太廟)에 들여보내니 그때에 이르러서는 비록 자유로운 돼지가 되고자 하나 어찌 될 수 있겠습니까? 그대는 더 이상 나를 모욕하지 말고 곧바로 돌아가시오. 차라리 이 더러운 도랑에서 즐거이 노닐지언정 통치자의 굴레에 매이지 않겠소. 죽는 날까지 벼슬하지 않음을 기꺼이 내 뜻으로 삼겠소. [『사기』(史記)권 63, 「노자한비열전」(老子韓非列傳)]

장자는 대부분의 사람이 부러워하는 재물과 벼슬을 거추장스러운 굴레로 보았다. 그러므로 그는 그것을 단호하게 거절하고 아무런 속박 없이 자유롭게 살고자 하였다. 어떤 사람들은 그 자리를 차지하지 못해서 안달하지만 그러한 지위와 명예도 다른 관점에서 보면 참기 힘든 속박일 뿐이다.

그런데 그러한 굴레를 쓰지 못해서 안달이라면 얼마나 한심한 일인가? 사람들은 그것을 차지하기 위하여 죽을 힘을 다하고 또 그것을 차지하지 못하면 실망하고 괴로워하기도 한다. 또한 그러한 지위를 차지하기 위하여 가슴 조이며 생활하고 밤잠을 못 자며 불안해하고, 윗사람의 눈치 보기에 바쁘고 남의 눈치를 살피기에 바쁘다. 우리가 그러한 가치들을 추구하는 모습은 마치 부나방이 자신이 타서 죽는 줄도 모르고 불 속으로 뛰어들고, 물고기가 죽는 줄도 모르고 낚싯바늘의 미끼를 서로 차지하겠다고 덤비는 행동과 같다.

이러한 한심한 삶은 우리가 진실을 제대로 알지 못하기 때문에 발생한다고 장자는 생각하였다. 우리가 추구하는 가치들이 진정한 가치가 아니라는 사실을 깨닫게 되면 우리는 그러한 가치들에 연연하여 끌려 다니지 않아도 된다.

부와 권력을 추구하다 자신의 신세를 망친 사람이 한두 사람이 아니다. 어떻게 보면 부와 권력 그리고 명예는 마약과도 같다. 거기에 한번 빠지면 벗어나기 힘든데, 그것은 사람의 가치판단 능력을 마비시키기 때문에 수단과 방법을 가리지 않고 그것을 추구하게 마련이다.

자기의 경쟁자들을 모함하고 남을 속이며 자신이 어떤 짓을 하는지에 대해서도 반성하지 않는다. 그런 사람은 실제로 마약에 중독된 사람과 동일한 증세를 보인다. 그래서 옛날부터 현인들이 부와 권력을 그렇게 경계했던 이유는 그것이 사람을 그만큼 나쁘게 만들 가능성이 많기 때문이다.

　사실 우리는 보다 자유롭기 위해서 부와 권력을 추구한다. 돈을 많이 가지고 있으면 사고 싶은 물건을 자유롭게 살 수 있고 남을 마음대로 부릴 수 있다. 권력도 마찬가지이다. 남이 할 수 없는 일을 할 수 있고 또 남을 부릴 수 있기 때문에 자신은 그만큼 자유를 더 가질 수 있다.

　그러나 그러한 자유를 가지는 데는 대가가 없을 수 없다. 돈과 권력을 추구하는 사람은 많고 그것은 제한되어 있기 때문에 서로 차지하기 위하여 경쟁하게 된다. 부와 권력을 서로 차지하기 위한 경쟁 자체가 이미 우리를 자유롭지 못하게 만든다. 또한 우리는 끊임없이 그것을 염두에 두지 않을 수 없기 때문에 자유롭지 못하다. 그것을 차지했다 하더라도 그것을 남에게 빼앗기지 않으려고 언제나 전전긍긍해야 하므로 역시 자유롭다 할 수 없다.

　뿐만 아니라 윗사람의 마음에 들기 위하여 언제나 신경을 써야 하고 또 아랫사람에게 나쁜 소리를 듣지 않기 위해서도 조심해야만 한다. 이 때문에 우리가 그렇게 가지고자 한 부귀가 우리를 자유롭게 하기보다는 자유를 송두리째 앗아가 버린다. 그래서 부와 권력의 노예가 되어 자신의 삶을 살지 못하고 결국은 남의 삶을 살고 만다.

　이렇게 장자는 보통사람들이 아무런 의심 없이 믿는 가치들에 대해 그것이 사실은 그렇지 않음을 밝힘으로써 참모습을 제대로 보라고 가르쳐 주었다. 그는 사람들에게 세상을 거꾸로 보라고 가르친다. 세상을 거꾸로 보게 되면 우리를 속박했던 족쇄로부터 자유롭게 되고 또 두려움으로부터도 자유롭게 될 수 있다.

여희(麗姬)는 애(艾)의 국경을 지키는 관리의 딸이었지. 진(晉)나라에서 그녀를 데려 왔을 때 처음에는 눈물로 옷깃을 적셨으나, 급기야 진왕의 처소로 들어가 왕과 침상을 같이하고 육미(肉味)를 맛본 뒤로는 전날에 울었던 것을 후회했다고 하네. 그러니 저 죽은 이가 죽기 전에 살기를 바랐던 것을 죽어서 후회하지 않겠는가? [『장자』「제물론」(齊物論)]

사람들은 모두 삶을 좋아하고 죽음을 싫어한다. 우리가 죽음을 두려워하는 모습은 마치 여희가 진나라에 들어가는 일을 두려워한 행동과 같을지도 모른다. 여희가 진나라에 들어가기를 두려워했던 이유는 진나라에 들어가서 어떤 일이 벌어질지 몰랐기 때문이다.

마찬가지로 우리는 죽은 다음에 어떤 일이 벌어질지 모르기 때문에 죽음을 두려워한다. 여희는 진나라에 들어가서 행복한 생활을 하게 되자 곧 과거에 자신이 울었던 일을 후회했다. 마찬가지로 우리도 살아 있을 때는 죽음을 두려워하지만 막상 죽음을 경험하고 나면 죽음을 오히려 더 좋아할지도 모른다.

물론 죽은 다음에 무슨 일이 일어날지 아무도 모르기 때문에 거기에 대한 언급은 큰 의미가 없다. 하지만 장자가 말한 뜻은 우리가 평소에 강하게 믿고 집착하는 신념들에 대해 한번 의심해 보고 또 생각을 바꾸면 우리는 한결 편안해지고 자유로워진다는 점이다.

삶에 대한 우리의 집착은 너무나 강하기 때문에 평소에 다른 생각을 거의 할 수가 없다. 그러한 집착은 우리를 고통스럽게 하고 또 자유롭지 못하게 한다. 그러한 고통과 속박으로부터 벗어나는 방법은 삶이 무조건 좋다고 하는 생각을 바꾸는 길밖에 없다. 살아가면서 겪는 사람들의 대부분의 고통은 이러한 집착에서 발생한다.

장자의 세상 거꾸로 보기는 여기서 끝나지 않는다. 그는 무용지용(無用之用)도 가르쳤다. 일반사람들이 바라는 것인 능력 있고 쓸모 있음이 오히려 화(禍)가 될 수 있다고 보았다. 모든 사람은 능력 있는 사람을 선망하며 재주 있는 사람이 되기를 바라고 어느 누구도 능력 없고 쓸모없는 사람이 되기를 바라지는 않는다. 그러나 장자는 역(逆)으로 능력 없고 쓸모없는 점이 오히려 장점이 될 수 있다고 말한다.

장석(長石)이 제(齊)나라로 가다가 곡원(曲轅)에 이르러 그곳 사당 앞에 서 있는 상수리나무를 보았다. 그 나무의 크기는 수천의 소를 가릴 만하고, 재어 보니 백 아름이나 되며, 그 높이는 산을 굽어볼 정도이고, 열 길이나 올라가야 가지가 있으며, 배를 만들 수 있는 정도의 나무 가지도 여남은 개나 되었다. 때마침 구경꾼들이 장을 이루고 있었다. 그러나 장석은 그 나무를 돌아보지도 않고 자꾸 가기만 했다. 그의 제자들은 실컷 구경을 하고 나서 장석을 뒤쫓아 달려가 물었다. "저희가 도끼를 잡고서 선생님을 따른 후로 여태껏 이렇게 좋은 재목을 보지 못했는데, 선생님은 보시지도 않고 자꾸 가기만 하시니 어째서입니까?" "그만두어라. 더 말하지 마라. 그것은 쓸 데 없는 나무이다. 그것으로 배를 만들면 가라앉을 것이고, 그것으로 관을 만들면 쉬 썩을 것이며, 그것으로 그릇을 만들면 속히 깨질 것이고, 그것으로 문을 만들면 진이 흐를 것이며, 그것으로 기둥을 만들면 좀이 먹을 것이다. 이것이야말로 재목이 될 수 없는 나무로서 아무 쓸 데가 없다. 그래서 이렇게 수명이 긴 것이란다." [『장자』「인간세」(人間世)]

곡원에 있는 상수리나무가 그렇게 거대하게 자랄 때까지 사람들의 톱과 도끼를 피할 수 있었던 이유는 그것이 아무런 쓸모가 없었기 때문이다. 그 나무가 어디에 조금이라도 쓸 데가 있었다면 벌써 사람들이 베어 가고 말았을 것이다. 그렇다면 쓸모가 있음은 자신에게 도움이 되지 않고 오히려 화가 될 수 있다. 사람들의 경우에도 쓸모 있음이 언제나 좋은 일은 아니다. 오히려 화가 될 수 있다는 사실을 장자는 이 상수리나무의 예로써 설명하였다.

이러한 장자의 가르침은 유용함만을 강조하고 모두 그것에 집착할 때 우리의 관점을 완전히 바꾸어 보라고 권유한다. 그렇게 하면 우리는 지금까지 본 세상과는 전혀 다른 세상을 경험할 수 있다. 이때 우리가 경험하는 세계는 지금까지 우리가 가졌던 고정관념을 모두 바꾸어야 하는 그런 곳이다.

장자의 이러한 세상 거꾸로 보기는 우리에게 많은 것을 가르쳐 준다. 다른 사람보다 많은 재주를 가졌다고 자랑스러워할 필요도 없고 또 다른 사람보다 적은 재주를 지녔다고 실망할 필요도 없다.

특히 능력이 없는 사람들은 능력 있는 사람들을 지나칠 정도로 부러워하고 자기 자신에 대하여 실망하게 마련인데 이런 사람들에게는 장자의 충고가 좋은 치유책이 될 수 있다.

 세상을 살아가는 일도 쉽지가 않은데 능력 있는 사람들에 대한 부러움이 너무 지나치면 큰 스트레스가 된다. 이러한 고통과 속박으로부터 해방되려면 생각을 완전히 고치지 않으면 안 된다.

 이렇게 생각을 완전히 고쳐야 하는 이유는 우리가 이미 세상의 가치관에 깊게 물들어 있기 때문이다. 세상 사람들의 일상적인 가치관은 우리로 하여금 세상을 잘못 보게 만든다. 장자에 의하면 원래 이 세상에는 가치란 존재하지 않는다. 그것은 모두 인간이 제멋대로 만들어 낸 헛것이고 또 거기에 현혹되어 세계의 참모습을 바로 볼 수 없게 되었다.

 장자는 이러한 인위적인 가치 전체를 부정하고 있다. 완전한 자연상태를 동경하는 그가 생각하는 이상적인 사회란 어쩌면 가장 원시적이거나 거의 동물적인 생활이리라. 동물적인 생활을 벗어나자마자 인간은 자신들의 종말을 재촉하였고 다른 생물들의 종말 또한 재촉하였다.

 인간이 편리를 위해 기계를 만들면 만들수록 자원의 고갈은 빨라지고 자연과 환경의 파괴는 더욱 심해지기 때문에 결국은 종말이 올 것이다. 이것은 밀폐된 공간에서 움직이면 움직일수록 빨리 질식하는 원리와 같다. 그래서 무위자연(無爲自然)을 강조하는 장자의 가르침이 오늘날 더욱 우리의 가슴에 와 닿는다. 그는 자연을 잘못 다루면 좋지 않은 결과가 올 수 있음을 다음과 같이 설명한다.

남해(南海)의 임금을 숙(儵)이라 하고, 북해(北海)의 임금을 홀(忽)이라 하며, 중앙의 임금을 혼돈(混沌)이라 하였다. 숙과 홀이 어느 날 혼돈의 땅에서 만났을 때 혼돈이 그들을 잘 대접했다. 그래서 숙과 홀이 상의하여 혼돈의 덕을 갚으려 했다. "사람들은 모두 일곱 구멍이 있어 그것으로 보고, 듣고, 먹고, 숨쉬는데 이 분만 홀로 없으니 시험 삼아 뚫어 주자" 하고 하루에 한 구멍씩 뚫어 7일이 되니 혼돈이 죽고 말았다.
[『장자』「응제왕」(應帝王)]

장자는 자연을 완전한 존재로 보았음이 틀림없다. 자연의 모든 존재는 그 나름대로 완전하기 때문에 더 보태거나 뺄 필요가 없다. 그런데 이제 사람들이 주관적으로 판단하여 부족한 부분을 보태고 남는 부분을 덜어 낸다면 오히려 그 완전성이 파괴되고 만다. 그러니 자연을 변형하는 일은 모두 잘못되었다.

이러한 견해는 그의 무위자연사상과 곧바로 연결된다. 인위는 바로 자연을 변형하는 일과 같기 때문에 옳지 않다. 따라서 무위자연이란 바로 있는 그대로를 완전하게 여기고 가만히 그냥 두는 방임(放任)이다.

자연을 완전하다고 보는 장자의 자연관은 확실히 맹자의 관점과는 다르다. 사람들이 인위적으로 자연을 변형하는 이유는 좀더 살기 좋은 환경을 만들기 위해서이다. 이것은 곧 자연의 있는 그대로의 모습이 인간이 살아가는 데 언제나 유리한 것만은 아니었음을 말한다. 그래서 살기에 편하도록 하기 위하여 사람들은 끊임없이 자연을 변형하여 왔다.

그런데 장자에 의하면 이러한 자연의 변형은 결국 파멸을 몰고 올 뿐이다. 실제로 자연은 수억 년의 기간을 두고 서서히 변화했고 또 수많은 생물은 이 자연의 변화에 적응하면서 아주 느리게 진화를 거듭해 환경에 가장 잘 적응할 수 있는 형태가 되었다.

그런데 이러한 진화와 적응을 무시하고 갑자기 환경을 바꾸면 생물들은 심한 충격을 받게 된다. 그래서 오늘날의 자연 파괴와 환경오염은 인간은 물론 다른 모든 생물에게도 심한 충격이라고 할 수 있다.

또한 장자는 이상적인 사람에 대해서도 말하였다. 이 이상적인 사람은 보통사람들이 가지고 있는 인식의 제한성과 진리를 깨달았기 때문에 절대자유(絶對自由)를 획득하였는데, 이러한 사람을 그는 지인(至人)·신인(神人)·진인(眞人)이라 불렀다. 이러한 사람은 인간이 임의로 만든 가치를 초월하였기 때문에 쓸데없는 욕망에 속박되지 않을 수 있고, 인간의 인식이 제한적임을 알기 때문에 일상적인 지식을 추구하지도 않고 거기에 구속되지도 않는다.

장자는 노자와 마찬가지로 이러한 일상적인 지식을 버리라고 가르쳤다. 그것을 버림으로써 오히려 본래의 자기를 회복할 수 있다. 이렇게 본래적인 자아를 회복한 사람이 지인이나 신인이고 이들은 완전히 자유로운 사람이다. 그리고 이들의 인식은 참다운 앎 곧 도이다.

노자와 장자의 이러한 가르침은 순수하게 전해지기보다는 중국 사람의 기질에 맞게 실용적으로 변화되어 전해졌다. 특히 도교(道敎)라는 형태의 종교로 발전되면서 무위자연을 강조한 원래의 가르침은 신선(神仙)이나 불로장생(不老長生)의 방법으로 변질되었다.

 삶과 죽음의 구분을 초월하라는 그들의 가르침이 불로장생의 방법으로 변질되는 모습을 보면 고상한 철학만으로 일반인을 만족시킬 수 없음을 알게 된다. 그리고 현실에서 일반인에게 너무 높은 수준을 기대할 수 없다는 사실도 알 수 있다. 노자와 장자의 가르침은 보통사람들에게 너무 많은 능력을 요구하는지도 모른다. 대부분의 사람은 부유하게 살기를 원하고 또 늙지 않고 오래 살기를 바란다. 내세에 다시 살 수 있다는 보장이 없다면 현세에서라도 오래오래 살기를 바란다.

 과도한 문명의 발전을 경계하는 내용이 도가철학의 핵심이라고 할 수 있는데, 실제로 이 사상은 중국인에게 엄청난 영향을 끼쳤다. 근대에 와서 중국은 서양에 뒤지게 된 일을 대단히 안타까워하였다. 새로운 도전자가 나타남으로써 중국이라는 세계에 일반화되어 있던 가치관도 변하지 않을 수 없게 되었다. 그래서 전통적인 가치관을 비판하는 일이 학자들의 임무처럼 되어 버렸다. 빨리 발전해서 서양을 따라가야 하고 나아가서는 서양을 이겨야 한다고 생각한다.

 물론 서양에 지는 것을 좋아할 사람은 아무도 없다. 하지만 지금의 경쟁은 옛날의 경쟁과 완전히 다르다. 인구는 많아져 이들이 소모하는 자원은 옛날 지구상에 인구가 적었을 때와는 비교할 수 없게 되었다. 경쟁을 부추기다가는 인류의 공멸을 자초할 수도 있기에 조심하지 않을 수 없다.

 예컨대 중국인들이 자가용을 미국인들만큼 가지게 되었다고 상상해 보자. 그러면 인류가 쓸 수 있는 석유는 굉장히 빠른 속도로 줄어들어 곧 바닥을 드러내고 말 것이다. 그 결과를 우리는 어느 정도 상상할 수 있지만 누구도 거기서 발생할 재난에 대비하지는 않는다.

　많은 중국인은 앞으로 서양만큼 잘살 수 있기 위해 과학기술의 발전이 필요하다고 생각한다. 그러나 지금처럼 중국이 서양의 잘못을 그대로 모방할 경우 인류는 견디기 어려운 미래를 맞이하게 될 수도 있다.

제3장
묵가
· · ·
묵자

겸애설(兼愛說)

비공론(非攻論)

비명론(非命論)

절용설(節用說)

묵가

묵자

　묵자(墨子)의 이름은 적(翟)인데 송(宋)나라 사람이라는 설도 있고 노(魯)나라 사람이라는 설도 있다. 양계초(梁啓超, 1873~1929)는 그가 노나라 사람이라 주장하였다. 그의 생존 연대는 확실하지 않으나 대체로 기원전 479~381년으로 추정하고 있다.
　그는 원래 유학(儒學)을 공부했으나 그것이 세상의 어지러움을 해결할 수 없다고 생각하여 보다 적극적인 해결책을 제시하게 되었다. 그래서 묵자는 유학을 비판하지만 그의 학설은 공자의 학설을 바탕으로 하고 있다. 그는 공자가 주장한 인(仁)과 의(義)를 인정하였지만 한 걸음 더 나아가 무차별적인 사랑인 겸애(兼愛)를 가르쳤다.
　묵자가 말한 사랑은 추상적이지 않고 매우 구체적이라는 점에 주목할 필요가 있다. 그는 사랑을 정의하면서 그것이 구체적으로 남을 이롭게 하는 행동이라고 밝혔다. 사랑은 다른 게 아니라 남을 이롭게 하는 행동이나 일이다. 눈에 보이지 않는 사랑을 눈에 보이는 구체적인 내용으로 바꾸어 놓은 그의 생각이 돋보인다.

그가 말한 구체적인 내용을 보면, "힘있는 사람은 열심히 남을 돕고, 재산이 있는 사람은 힘써 남에게 나누어 주며, 도를 지닌 사람은 부지런히 남을 가르치는"[『묵자』「상현」(尙賢)하] 일 등이 있다.

그의 학설은 당시 많은 사람의 호응을 얻어 유학과 대등한 위치에 이르렀지만 한대(漢代) 이후 유학에 흡수되고 말았다. 묵자의 주장은 지나치게 이상적이라 할 정도로 시대를 앞서는 것이었다.

겸애설(兼愛說)

묵자도 인(仁)을 강조하지만 공자가 말하는 인과는 의미가 다르다. 그에 따르면 공자가 말하는 인은 차별적인 사랑이기 때문에 문제를 해결하는 게 아니라 오히려 문제를 일으키는 근본적인 원인이다.

사회의 모든 문제는 자기와 가까운 사람과 먼 사람을 갈라 가까운 사람은 더 사랑하고 먼 사람은 덜 사랑하기 때문에 발생한다. 그래서 모든 사람이 모든 사람을 동등하게 사랑한다면 갈등과 싸움은 멈추고 평화로운 세상이 될 수 있다.

실제로 공자의 인은 차등이 있는 사랑이라서 먼저 사랑할 사람이 있고 나중에 사랑할 사람이 있으며 많이 사랑해야 할 사람이 있고 또 적게 사랑해야 할 사람이 있다. 자기의 부모를 먼저 사랑하고 남의 부모를 나중에 사랑하며 자기의 부모를 더 많이 사랑하고 남의 부모를 덜 사랑하는 게 인이라 할 수 있다.

 자기와 가까운 사람을 사랑하는 데에는 문제가 발생하지 않는다. 그러나 가까운 사람을 사랑하다 보면 자기와 먼 사람을 미워하게 되는데 바로 거기서 문제가 발생한다. 남을 미워하면 손해를 입히게 되고 심하면 싸움이나 전쟁까지 일으키게 된다.

> 대부들이 집안을 서로 어지럽히고 제후들이 나라를 서로 공격하는 것 역시 그렇다. 대부들은 각자 자기 집안을 아끼고 남의 집안을 아끼지 않는다. 그러므로 남의 집안을 어지럽혀 자기 집안을 이롭게 한다. 제후들은 각기 자기 나라를 아끼고 다른 나라를 아끼지 않는다. 그러므로 다른 나라를 공격하여 자기 나라를 이롭게 한다. (『묵자』「겸애」상)

 일반적으로 사람들은 자기편과 남의 편을 가르는 경향이 있다. 그리고 남의 편에 대해 맹목적으로 적대감을 나타낸다. 여기서 바로 싸움이 일어나고 전쟁이 발생하게 된다. 집안에서도 부자(父子)가 싸우고 형제가 다투기도 하며 며느리와 시어머니가 서로 미워한다.

 실제로 이 세상에서 가장 가까운 아버지와 아들 사이에도 권력 때문에 그리고 재산 때문에 싸움이 일어나는 경우가 흔히 있다. 심한 경우 자식이나 아버지를 살해하는 일까지 있으니 인간의 악함이 어디서 끝나는지 알 수 없다.

이런 문제를 해결하려면 서로 사랑해야 한다. 부자가 서로 사랑하고 형제가 서로 사랑하며 며느리와 시어머니가 서로 사랑해야 한다. 마찬가지로 다른 나라 사람들도 우리나라 사람과 동일하게 사랑해야 한다.

만약 세상 사람들로 하여금 서로 사랑하게 하여 남을 마치 자기 몸 아끼듯 아껴 준다면 그래도 효도하지 않는 사람이 있겠는가? 아버지와 형님 그리고 임금을 자기 몸처럼 생각하면 어떻게 불효를 하겠는가? 어찌 자애롭지 못한 사람이 있겠는가? 동생과 아들 그리고 신하를 자기 몸처럼 돌보면 어떻게 자애롭지 않겠는가? 불효자와 자애롭지 못한 사람이 없는데 어찌 도적이 있겠는가? 남의 방을 자기 방처럼 여긴다면 누가 훔치겠는가? 남을 자기 몸처럼 여긴다면 누가 남을 해치겠는가? (『묵자』「겸애」상)

다른 사람을 자기의 몸처럼 생각한다면 모든 싸움은 사라지고 도둑도 사라지게 된다. 마찬가지로 남을 미워하는 마음이나 시기하는 마음도 함께 사라진다. 그야말로 이런 사회는 이상사회라 할 수 있다. 묵자의 겸애를 실천하면 곧바로 이상사회가 이루어진다고 볼 수 있다.
묵자는 극단적으로 남을 자기와 같이 보라고 가르치고 있다. 처음부터 남과 나를 구분하지 않아야 모든 혼란과 싸움이 없어진다. 이것은 대단히 어려운 일이겠지만 일단 성공할 수 있다면 엄청난 효과가 있을 것 같다.

그러나 묵자의 요구는 현실성이 부족하다는 느낌이 든다. 그는 사람들에게 너무 높은 수준을 요구하는 것 같다. 과연 우리가 나와 남을 동일하게 볼 수 있을까? 남의 배고픔을 나의 배고픔으로 생각할 수 있는가? 남의 고통을 나의 고통으로 느낄 수 있는가?

이미 당시의 지식인들도 묵자의 겸애를 실천하는 일이 현실성이 없다고 생각했던 모양이다. 그래서 묵자는 선대의 성왕(聖王)들이 이미 실천한 적이 있다는 역사적인 사실을 근거로 제시하면서 현실적으로 실천이 가능하다고 주장하였다.

무차별적인 사랑이 현실성이 없다고 주장하는 지식인들은 대체로 공자의 유학을 옹호하는 사람들이었을 것이다. 묵자는 그들에게 요임금이나 순임금 등의 예를 보여 줌으로써 자신의 견해를 정당화하려고 하였다.

물론 유가의 이러한 생각도 일종의 선입관에서 나온 결과일 수 있다. 어쩌면 우리가 공자의 생각이 더 현실성이 있다고 믿는 이유도 이미 공자의 가르침에 길들여졌기 때문인지 모른다. 우리는 어릴 때부터 나와 가까운 사람과 그렇지 않은 사람들을 구분하여 대하는 교육을 받아 왔기 때문에 그것이 옳다고 여길 수도 있다.

지금 우리가 믿고 있는 앎이 어쩌면 진리가 아닐 수도 있다. 동물들의 경우 어미가 양육하는 기간이 지나면 혈족관계가 그들의 생활에 아무런 영향도 끼치지 못한다. 유교에서는 오히려 그것이 동물과 인간의 차이라고 가르쳤다. 그러나 인간의 그러한 능력이 꼭 긍정적이고 바람직하다는 보장은 없다. 묵자는 그 폐단을 잘 지적하고 그것을 해결하려 하였다.

그렇다면 우리가 지금 이렇게 하는 행동은 잘못된 교육의 결과란 말인가? 특히 중국을 중심으로 한 동양사회는 가족 사랑의 마음이 유달리 강하다. 다른 곳에서는 이렇게까지 혈연의식이 강한 것 같지 않다. 한국의 고아들을 오히려 서양에서 많이 입양하는 사실을 보아도 그것을 알 수 있다.

유달리 혈연을 강조하는 사람들이 중국인이고 한국인이기 때문에 공자의 생각에 우리가 동조하는가? 아니면 공자의 가르침을 너무 오랫동안 받아 와서 그런 정신이 강하게 나타나는가? 여기에 대한 답을 찾아내는 일은 쉽지가 않을 것이다. 이 문제의 답이 어느 쪽이든 묵자가 주장한 겸애의 실천은 분명히 혈연관계를 초월해야만 가능하다.

그럼 우리가 그것을 실천할 능력은 있는가? 그런 능력이 없다고 단정할 수 없는 여러 가지 사례를 우리는 경험한다. 그렇다면 묵자의 주장을 그렇게 단순하게 해석해서는 안 된다. 인간이 어떤 본성을 가지고 있느냐 하는 문제를 놓고 많은 철학자가 논쟁을 벌여 왔지만 어느 한 쪽이 완전히 승리하지는 못했다.

묵자의 겸애설과 관련하여 우리는 두 가지 경우를 생각해 볼 수 있다. 먼저 인간에게 일정한 본성이 없는 경우이다. 이 경우 사람들은 겸애의 교육을 통해 겸애를 실천하도록 만들 수 있다. 예컨대 아기들을 공동으로 키우고 교육시키면서 처음부터 부모와 자식의 관계를 없애 버리는 방법이다.

실제로 이런 방법에 대해 이미 몇몇 철학자가 주장한 적이 있고, 유토피아를 생각하는 사람들도 이러한 육아법에 대해 말하였다. 그러나 이 방법 역시 인간의 자연스러운 생활양식과는 거리가 있어 실천에는 어려움이 많다.

다음으로 사람의 본성에 겸애할 수 있는 능력을 갖춘 경우를 생각해 볼 수 있다. 이때는 묵자의 겸애를 실천하는 일이 그렇게 어렵지 않다. 많은 사람이 감추어진 이 본성을 회복한다면 얼마든지 겸애를 실천할 수 있다. 아마 묵자의 이론은 이러한 인간관에 기초하고 있는 것 같다.

묵자를 반대하는 사람들은 겸애의 실천이 정말 사회에 이익을 주는지에 대해서도 의문을 품을 수 있다. 묵자는 사람들이 겸애를 실천하게 되면 분명히 그 결과가 좋다고 확신하였지만 그의 주장이 모두 검증된 것은 아니다. 혹 모든 사람이 겸애를 실천하게 되면 그 결과가 좋게 되지 않고 오히려 나쁘게 될 수도 있지 않을까?

맹자는 묵자의 주장에 대해 당장 부모를 없애는 나쁜 이론이라고 비판하기도 하였다. 평생 애써 키운 자식이 겸애를 앞세워 다른 사람에게 더 잘한다면 정말 원통한 일이 아닐 수 없다. 먹이고 입히고 교육시켰더니 부모는 무시하고 장인과 장모에게 더 잘한다면 부모의 마음은 어떠할까?

묵자는 자기의 주장은 논증하려고 할 때 언제나 세 가지의 표준을 제시하였다. 본지자(本之者), 원지자(原之者) 그리고 용지자(用之者)가 곧 그것이다. 묵자는 이 세 가지 표준을 삼표(三表)라고 불렀다.

본지자는 우리가 어떤 이론을 세울 때 하늘과 귀신의 뜻과 선대의 왕의 일에 근거해야 한다는 표준이다. 원지자란 우리의 이론은 반드시 선왕의 글과 백성들이 직접 보고 들은 사실에 근거해야 한다는 표준이다. 용지자는 우리의 이론이 백성들의 이익에 부합해야 한다는 표준이다. 묵자에 의하면 겸애하라는 자신의 주장은 이러한 세 가지 표준에 비추어 볼 때 타당하다.

비공론(非攻論)

동서양을 막론하고 최초로 상세하게 전쟁의 폐해를 나열하면서 전쟁을 반대하는 이론을 전개한 사람이 바로 묵자이다. 묵자가 살던 시대는 전국시대로 유독 전쟁이 많던 때였다. 당시 그는 전쟁의 피해를 그 누구보다도 잘 경험하였기 때문에 전쟁을 반대하는 데 앞장섰을 것이다. 그의 겸애설도 사실은 전쟁을 막기 위한 하나의 방법이라 할 수 있다.

옛날부터 사람들은 전쟁의 무서움을 잘 알면서도 어쩔 수 없는 일로 생각하거나 필요한 악으로 생각하였다. 경우에 따라서는 더욱 적극적으로 전쟁을 국민들이 잘살기 위하여 필요한 일로 생각하기도 했다. 그래서 전쟁을 미화하거나 전쟁에서 용감히 싸운 사람을 훌륭한 영웅으로 찬양하였다. 적군의 목숨은 많이 없애면 없앨수록 좋다는 생각이 거의 모든 사람에게 당연한 것으로 여겨졌다.

전시에 적군을 죽이는 살인이 어떻게 정당화될 수 있는가? 묵자에 의하면 그것은 우리나라 사람과 남의 나라 사람을 구별하고서 우리나라 사람은 사랑하고 남의 나라 사람은 사랑하지 않기 때문이며, 결국 전쟁이 일어나는 이유는 겸애를 실천하지 않기 때문이다. 모든 사람을 동등하게 사랑하면 전쟁이 정당화될 수도 없고 또 일어날 수도 없다. 그래서 묵자는 이 세상에서 최대의 악이라고 할 수 있는 전쟁을 없애는 최선의 방법으로 겸애를 제시하였다.

사람들이 이성적으로 생각할 때는 전쟁이 가장 심각한 악이라는 사실을 모두 잘 알지만 분노의 감정이나 욕심이 앞서게 되면 엄청나게 잔인하게 행동할 수도 있다. 인간의 그러한 비이성적인 면이 없었다면 인류의 역사상 수많은 전쟁과 잔인한 일들은 일어나지 않았을 것이다.

역사적인 사실에서 보면 인간은 분명히 선한 면과 악한 면을 가지고 있다. 그래서 좋은 일도 할 수 있고 또 악한 일도 할 수 있다. 전쟁은 분명히 악에 속하는 일이다. 만일 우리가 이러한 인간의 두 가지 면을 다 인정해서 좋은 일도 가능하고 나쁜 일도 어쩔 수 없다고 한다면 전쟁도 어쩔 수 없는 일로 인정할 수밖에 없다.

왜냐하면 우리가 기뻐하기도 하고 슬퍼하기도 하는 것처럼 평화롭게 살 수도 있고 또 전쟁을 할 수도 있기 때문이다. 사람이 언제나 기뻐하면서 살 수 없듯이 언제나 평화롭게 살 수만은 없다고 생각할 수도 있다.

죽음이 좋지 않다고 해서 우리가 완전히 피할 수는 없듯이 전쟁도 그렇게 피할 수 없는 일이라고 체념하는 사람도 있으리라. 묵자는 물론 이러한 입장에 대해 단호하게 반대하였다. 전쟁은 피할 수 있는 재앙이고 반드시 막아야만 하는 불행이라고 생각하였다.

전쟁을 반드시 인간 본성의 악과 연관시켜서 생각할 필요는 없다. 늘 전쟁이 인간의 본성이 악하기 때문에 일어나는 것은 아니기 때문이다. 예컨대 식량이 없어 전쟁을 하는 경우라면 인간 본성의 악함과는 별로 상관이 없다. 식량이 없어 굶어 죽는 상태가 되어도 싸우지 말고 조용히 있다가 그냥 죽으라고 가르치는 사람이 있을 수도 있겠지만 그것은 지나친 요구이다.

  사실 옛날부터 경제적인 문제가 전쟁의 중요한 원인이었다. 당하는 쪽에서는 약탈로 인해 피해를 입지만 약탈하는 쪽에서 보면 생존을 위한 최후의 수단일 경우도 있었다. 척박한 땅에서 살고 또한 나쁜 기후로 인하여 식량을 제대로 생산할 수 없는 경우가 생겼을 때 쉽게 생각할 수 있는 방법이 바로 전쟁과 약탈이다. 굶어 죽기 싫어서, 처자식이 굶어 죽는 모습을 차마 볼 수 없어 이웃 나라에 쳐들어가 식량을 약탈했다면 우리는 과연 그들을 비난할 수 있는가?

  이러한 경우에도 묵자의 대답은 간단하다. 만일 우리가 모든 사람을 동등하게 사랑한다면 그래서 내 자식을 사랑하는 정도로 남의 자식을 사랑한다면 남의 자식을 죽여 내 자식을 살리려고 하지 않을 것이다. 이 경우에도 우리는 남의 자식이 잘먹는 모습을 보면서 마치 자기 자식이 잘먹고 있는 것처럼 생각해야 한다.

  이 대답에 대해 어떤 사람은 이렇게 반론할지도 모른다. 그렇다면 내 자식을 먹이고 남의 자식은 굶주려도 아무런 문제가 없지 않은가? 왜냐하면 내 자식이 굶주리든 남의 자식이 굶주리든 아무런 차이가 없을 테니까. 이러한 반론에 묵자는 별로 할 말이 많지 않을 것 같다.

  이러한 생존을 위한 전쟁보다는 통치자들의 욕심 때문에 일어나는 전쟁이 더 많을 것 같다. 묵자는 특히 이런 통치자들의 욕심 때문에 일어나는 전쟁에 대해서 할 말이 많았다. 이것이야말로 불필요한 전쟁이고 또 충분히 피할 수 있는 전쟁이기 때문이다. 영토를 확장하고 세력을 키우며 재물과 많은 노동력을 확보할 수 있는 좋은 방법이 바로 전쟁이라고 생각하는 통치자들이 많았다. 그런 사람들에게 묵자는 전쟁으로 입는 손해가 이익보다 많다는 사실을 가르쳐 주려고 노력하였다.

전쟁을 통해 이득을 얻을 수 있다고 생각하는 통치자들에게 조목조목 따져 계산을 해 보면 결국 손해가 더 많다는 점을 가르쳤다. 이렇게 따지는 묵자의 태도에서 우리는 한 사람의 철저한 공리주의자(功利主義者)를 보게 된다. 철저히 계산해서 이익이 되면 하고 이익이 없으면 하지 않아야 한다는 생각이다.

역시 문제는 인간이 언제나 공리주의 원칙에 입각해서 행동을 할 수 있느냐 하는 점이다. 어쩌면 전쟁도 공리주의의 원칙에 입각해서 일어난 일이 아니라 단순히 인간의 감정에 의해서 발생할 수도 있을 것이다. 예컨대 증오심이나 복수심 또는 승리에 대한 지나친 집착 등이 그 원인이 되는 경우도 있다.

많은 경우 사람들은 실제로 이성적인 행동이 아닌 감성적인 행동을 한다. 그래서 우리는 이성적인 행동을 해야 한다고 남에게 말하고 스스로도 다짐 한다. 마찬가지로 이익이 되는 행동을 해야 하지만 모든 사람이 철저히 계산해서 이익이 되는 행동을 하지는 않는다. 그리고 얼른 생각했을 때는 이익이 될 줄 알았는데 결과가 전혀 다르게 되는 경우도 있다.

어쨌든 전쟁을 반대한 묵자의 정신은 참으로 우리가 깊이 생각하고 또 실천하려고 노력해야 한다. 전쟁을 통해 이익이 생기든 생기지 않든 전쟁은 우리가 최대한 피해야 하는 재앙이다.

비명론(非命論)

  묵자의 가르침에는 시대를 초월하는 내용이 상당히 많은데 그 가운데 하나가 바로 인생에는 정해진 운명이 없다는 비명론이다. 정해진 운명이 있다는 사람이 있는가 하면 정해진 운명은 없다고 주장하는 사람도 있다. 그 가운데 어느 쪽이 옳은지를 판단하기란 쉽지 않다.

  운명이 있다는 말은 무슨 의미인가? 여기에 대해 묵자는 "부자가 될 운명이면 부자가 되고 가난하게 될 운명이면 가난하게 된다. 국가의 경우, 인구가 많아질 운명이면 많아지고 적어질 운명이면 적어지며 다스려질 운명이면 다스려지고 어지러워질 운명이면 어지러워진다. 수명도 그러해서 장수할 운명이면 장수하고 요절할 운명이면 요절하게 마련이다. 힘이 비록 세다 한들 무슨 도움이 되겠는가? : 『묵자』「비명」상(非命上)"라고 말하였다.

  묵자의 이 설명에 따르면 운명이 있다는 말은 우리의 인생길이 이미 결정되어 있다는 뜻이다. 부자의 운명을 타고난 사람은 부자가 되고 가난할 운명을 타고 난 사람은 가난하게 된다. 운명론자들의 이러한 주장은 과연 어떤 의미가 있는가?

  우선 "부자가 될 운명을 타고난 사람은 부자가 된다"라는 주장에 대해 좀더 생각해 보자. 운명론자에 의하면 모든 부자는 부자가 될 운명을 이미 타고난 사람이다. 그래서 그 말은 사실 "부자는 부자이다"라는 동어반복일 뿐이다. 마찬가지로 "가난한 사람은 가난하다"라는 주장도 동어반복이라 무의미하다. 그런 말을 할 수는 있지만 그것이 우리에게 말해 주는 새로운 사실은 전혀 없다.

운명론의 매력은 역시 결과를 보지 않았을 때 어떤 결과를 예측하는 데 있다. 예컨대 어떤 점쟁이가 어떤 어린아이를 보고서 이 아이는 장차 부자가 되고 높은 벼슬을 하고 또 장수할 운명이라고 예언했다고 가정해 보자. 이 경우 우리는 쉽게 그 아이의 운명이 정해져 있다고 생각하기 쉽다.

그러나 이 경우에도 문제가 그렇게 간단하지 않다. 왜냐하면 그 점쟁이가 본 그 아이의 미래도 미리 정해진 경우도 있고 또 유동적인 경우도 있기 때문이다. 결정되어 있는 미래를 예측할 수도 있지만 유동적인 미래도 예측이 가능하다. 그래서 그 점쟁이가 결정되어 있지 않은 그 아이의 미래를 예측했다면 사실은 운명이란 없다.

그런데 대부분의 점쟁이가 믿고 있는 쪽은 정해진 운명이 있다는 이론이다. 그래서 그 정해진 운명을 알아보려고 생각하는 사람들도 많고 또 그렇기 때문에 그러한 수요에 호응하여 그 운명을 알 수 있다고 주장하는 사람들도 많아졌고 여러 가지 방법도 연구되었다. 뿐만 아니라 그 운명을 바꾸는 방법까지도 나타나게 되었다.

운명론의 종류도 다양하지만 그 가운데 하나는 인간의 운명을 인간보다 더 위대한 신이나 초월자가 미리 정해 놓았다는 이론이다. 신이 어떤 사람의 운명을 부자가 되는 방향으로 미래 정해 두었다면 결국 그 사람은 부자가 될 수 있다는 것이다.

또한 중국에는 사람이 태어나는 때에 따라서 운명이 결정된다는 이론이 널리 퍼져 있었다. 이 이론은 우리나라에서도 널리 받아들여졌다. 그래서 어떤 사람이 태어난 때를 보고서 그 사람의 운명을 알 수 있다고 생각하며 실제로 태어난 때를 보고 미래나 과거의 일을 맞추기도 한다.

　운명론의 핵심은 역시 그것이 정상적인 인과론을 받아들이지 않는다는 데 있다. 예컨대 부지런히 일하면 부자가 된다는 방식의 설명이 아니라 그런 노력과는 아무런 상관없이 부자가 될 운명을 타고난 사람은 부자가 된다는 식이다. 마찬가지로 건강에 유의해 생활하고 운동하는 사람은 장수한다는 식의 설명이 아니라 장수할 운명을 타고난 사람은 그런 노력과 상관없이 장수한다고 말한다.

　그래서 운명론을 받아들이는 사람은 정상적인 인과론을 부정하기 때문에 엉뚱한 행동을 할 수밖에 없다. 모든 사람이 장수를 원하지만 운명을 믿게 되면 건강을 위하여 아무런 노력도 하지 않으면서 건강하기를 바라고 또 그래서 단명하면 그 사람의 운명이 원래 그렇다고 말해 버리고 만다.

　개인적으로 운명을 믿게 되면 노력하지 않으면서 성공하기를 바라고 또 노력을 해도 성공할 수 있다는 확신을 가지지 못하기 때문에 노력도 하지 않아 마침내 불행하게 되고 만다. 그리고 국가적으로도 그러한 사상이 만연하면 통치가 어렵게 되어 혼란과 무질서가 난무하다가 결국 망하게 된다.

　운명이 있다고 주장하는 사람들은 말한다. 윗사람이 상을 주는 것은 본시 상을 타는 운명이었기 때문이지 현명하기 때문에 상을 받는 것은 아니다. 그러므로 들어가서는 부모에게 효도하지 않게 되고 나아가서는 마을 어른들을 공경하지 않으며 들어앉아 있어도 법도에 맞지 않고, 나들이 하는 것도 절도가 없으며 남자와 여자들은 분별이 없게 된다. (『묵자』

「비명」상)

일을 잘하는 사람에게 상을 주고 잘못을 저지르는 사람은 벌함으로써 국가의 기강이 바로 서고 사회는 안정될 수 있다. 그런데 이제 사람들이 잘하고 못하고는 아무런 상관도 없이 운명에 의해 상을 받거나 벌을 받는다고 생각하면 누가 상을 받기 위해 노력하며, 누가 벌을 피하기 위해 죄를 범하지 않겠는가? 이것이 바로 사회를 혼란하게 만드는 첩경이다. 그래서 묵자는 적극적으로 운명론이 옳지 않다고 가르쳤다.

운명론이 우세한 사회는 실제로 정상적인 인과론이 통하지 않는 사회일 경우가 많다. 아무리 열심히 일해도 잘살지 못하는 사회구조를 가지고 있는 사회가 있다. 그리고 아무리 노력해도 그것이 통하지 않는 사회도 있다.

예컨대 회사에서 열심히 일하고 능력 있는 사원이 있는 데도 막상 승진심사에서 엉뚱하게 별로 능력도 없고 노력도 하지 않은 사람이 고위층의 힘과 집안의 배경으로 승진을 했다면 정상적인 인과론이 통하지 않는 회사라 할 수 있다. 이럴 경우 이것을 정당화하기 위하여 운명이 그렇게 정해져 있다고 설명한다.

이런 경우 힘있는 사람도 운명을 가지고 자신의 행동을 합리화하려고 하고 또 피해를 본 사람도 위안으로 삼을 수 있는 방법은 운명이 그렇다거나 팔자가 그렇다거나 하는 설명밖에 없다. 그래서 미개한 사회일수록 운명론이 우세하다. 합리적인 사회가 될수록 정상적인 인과론이 통하기 때문에 운명의 힘이 끼어들 틈이 그만큼 줄어든다.

물론 우연한 일이 발생하지 않는 그런 사회는 없다. 인간의 힘으로는 어쩔 수 없는 일은 언제나 일어난다. 건강에 유의한다고 해서 반드시 장수한다는 보장은 할 수 없다. 그리고 열심히 일한다고 해서 반드시 부자가 된다는 보장은 없다. 그러나 정상적인 인과율이 통할 수 있는 비율을 분명히 높일 수는 있다.

모든 사람이 운명을 말하면서 불합리한 사회구조의 개선을 위하여 노력하지 않는다면 그 사회는 퇴보하고 끝내 망하고 만다. 그러므로 묵자는 "지금 천하의 군자들이 진실로 천하의 이익을 일으키고 천하의 피해를 없애 버리려고 한다면 운명이 있다고 주장하는 자들의 말 같은 것은 힘써 부정하지 않으면 안 된다『묵자』「비명」상"라고 말했던 것이다.

특히 사회의 지도층이 운명을 말한다면 그 사회는 문제가 많은 사회임에 틀림없다. 그들은 사회의 부조리를 운명이라는 이름으로 덮어 버리고 자신들의 이익을 챙기는 데만 급급하기 때문이다. 그리고 그들은 자신들의 부와 권력을 운명의 힘이라고 생각하기 때문에 부정을 저지르면서도 죄의식을 느끼지 않는다.

그렇게 되면 그 사회의 혼란과 부조리는 더욱 늘어나고 퇴보하게 된다. 그렇기 때문에 운명을 말하는 것은 사회의 건전한 정신을 좀먹는 행동이라 할 수 있다. 묵자가 일찍이 운명론의 폐해를 잘 지적한 일은 시대를 초월하는 탁월한 공헌이다.

그러나 공자가 말한 천명(天命)이나 명(命)은 운명을 말한 것이지만 거기에는 또 다른 의미가 있다. 그것은 다른 게 아니라 인간능력의 한계를 알아야 한다는 가르침이다. 여러 가지 면에서 인간은 제한된 능력을 가지고 있기 때문에 어쩔 수 없는 상황을 만나게 된다. 그럴 경우 그것을 인정하고 마음을 편하게 가지는 태도가 좋지, 안 되는 일을 억지로 이루려고 하는 태도는 자신뿐 아니라 다른 사람까지 불행하게 만들 수 있다.

해마다 많은 사람이 판사나 검사가 되기 위하여 사법시험을 친다. 워낙 많은 사람이 응시하기 때문에 그 시험에 합격하는 행운은 그야말로 하늘의 별 따기라 할 수 있다. 그래서 많은 사람은 몇 번 시험을 쳐 보고 합격하지 못하면 그것을 포기하고 다른 직장을 찾는다.

그런데 그 가운데는 여러 번 실패를 했으면서도 포기를 못하는 사람들이 있다. 그들은 끝까지 미련을 버리지 못하고 거기에 집착한다. 심한 경우에는 열 번 이상 응시하는 사람도 있다. 이들은 칠전팔기(七顚八起)라는 말을 책상 앞에 써 붙여 놓고 다시 사법시험에 응시한다.

그러나 그렇게 하는 동안 주변의 여러 사람에게 많은 피해를 주게 된다. 먼저 부모에게 물질적인 피해와 정신적인 피해를 준다. 그리고 그 자신에게도 엄청난 피해를 주어 심하게 되면 폐인이 되는 경우도 많다.

또한 많은 젊은이가 그렇게 시간을 낭비함으로써 사회적으로도 손실이 여간 많지 않다. 그러한 사람들이 많으면 많을수록 그 사회는 활력을 잃고 창조성을 상실하게 된다. 그러므로 사법시험에 뜻을 두었더라도 몇 번 시도해 보고 잘 안 되면 과감하게 포기하는 방법이 최선이다.

어떤 사람은 자식을 좋은 대학에 넣기 위하여 수단과 방법을 가리지 않는 경우도 있다. 자기 자식이 능력이 없거나 노력하지 않아서 좋은 대학에 갈 수 없다면 그 능력에 맞는 대학교에 보내면 된다. 그런데 그것을 인정하지 않고 억지로 좋은 대학에 보내려고 하기 때문에 여러 가지 문제가 발생한다.

그리고 능력이 안 되는 사람들이 억지를 써서 높은 자리를 차지하고 있는 경우 그 자신은 물론 다른 사람들에게도 엄청난 피해를 끼치게 된다. 이러한 경우 우리는 공자가 말한 명(命)의 의미를 다시 한번 생각해야 한다.

우리가 세상을 살다 보면 도저히 인정할 수 없는 경우를 만나기도 한다. 예컨대 어떤 사람은 한평생 착하게 살았지만 고생만 하고 좋은 결과를 보지 못하고 인생을 마치는 경우가 있는가 하면 또 어떤 사람은 한평생 나쁜 행동만 했는데도 잘사는 경우가 있다.

특히 착한 사람들이 아주 불행한 일을 당하는 경우를 보면 하늘이 원망스럽다. 그래서 어떤 사람들은 이런 일을 보고서 신(神)은 없다고 단정하기도 한다. 선한 신이 있다면 착한 사람이 그렇게 이 세상에서 고생을 하거나 고통을 당하지는 않을 것이기 때문이다.

사실 유학은 이 점에 대하여 시원하게 말해 주지 못한다. 거기에 비해 기독교는 착하게 살았는데 이 세상에서 보상을 다 받지 못했다면 죽은 후에라도 그 보상을 받을 수 있다고 가르친다. 그것은 다른 것이 아니라 천당에 갈 수 있다는 약속이다.

그러나 유학은 착한 행위에 대한 보상을 약속하지 않는다. 오히려 보상을 받기 위한 선행은 진정한 선행이 아니라고 말한다. 착한 일은 그냥 그것이 착하기 때문에 무조건 해야 한다고 가르친다. 여기서 바로 명(命)이라는 개념이 등장하게 된다.

착한 일을 많이 했으나 자신은 매우 불행하게 살 수도 있는데 이것을 운명으로 받아들이는 수밖에 없다고 말한다. 사실 이것은 대단히 무책임한 이론이라는 생각이 든다. 실제로 이 세상이 그렇다 하더라도 이것을 인정하기란 쉽지 않다.

절용설(節用說)

모든 백성이 잘살기 위해서는 아껴 쓰는 정신이 중요함은 두 말 할 필요도 없다. 이 평범한 진리를 누구보다도 강조하고 실천한 사람이 바로 묵자이다. 철저하게 실용주의적인 관점에서 사치와 낭비를 경계하였다.

사람들이 화려한 물건을 좋아하고 자랑하려는 마음을 가지고 있음은 예나 지금이나 마찬가지인 모양이다. 그래서 사치와 낭비를 하게 되는데 그렇게 했을 때 국가와 백성은 가난하게 된다는 데 문제가 있다.

한 국가의 지도자들이 사치하고 낭비를 일삼으면 백성들은 괴롭고 국가는 가난해지고, 한 개인이 사치와 낭비를 일삼으면 곧 그 집안이 가난해진다. 묵자는 실생활에 꼭 필요한 일만 하고 그 이상은 하지 말라고 가르친다. 그는 옛날의 성인이 행했던 일을 예로 들면서 구체적으로 설명하였다.

그들이 옷이나 갑옷을 지을 때는 어찌하였는가? 그것으로써 겨울에는 추위를 막고 여름에는 더위를 막는다. 모든 옷을 만드는 방법은 겨울에는 더 따뜻하게 하고 여름에는 더욱 시원하게 하는 것이다. 화려하기만 하고 사용에 편리하지 않은 것은 제거해 버린다. 그들이 집을 지을 적에는 어찌하였는가? 그것으로써 겨울에는 바람과 추위를 막고 여름에는 더위와 비를 막으며 도적이 있기 때문에 더욱 튼튼하게 만든다. 화려하기만 하고 사용에 편리하지 않은 것은 제거해 버린다. [『묵자』「절용」상(節用上)]

묵자의 말은 오늘날 우리에게 더 잘 맞는다. 옛날보다 좀 잘살게 되었다고 요즘은 사람들의 사치와 낭비가 엄청 심하다. 현대의 자본주의 경제체제는 소비를 권하는 사회이기 때문에 절약이나 검소와는 원래 거리가 멀다. 기업이 살아 남으려면 한층 더 많은 제품을 만들어야 하고 또 팔아야만 하기 때문에 끊임없이 소비를 권장하지 않을 수 없다.

그래서 현대사회는 선전과 광고에 엄청난 투자를 하고 있는 반면 근검절약을 말하는 사람은 드물다. 많이 생산해서 많이 쓰는 것이 미덕이지 적게 생산하고 적게 쓰는 것이 미덕이 아닌 시대가 되었다. 물론 많이 생산해서 편하고 넉넉하게 쓰는 생활은 얼른 보면 좋다. 그러나 이렇게 풍족하게 쓰면서 살 수 있는 것이 언제까지나 계속될 수 있을까?

지구상에 있는 자원은 한정되어 있는데 그것을 사용하는 인구는 나날이 늘어가고 또 그것을 사용하는 양도 급격히 늘어나기 때문에 얼마 되지 않아 자원은 고갈되고 만다. 그렇게 되었을 때 대체자원을 찾아 내어야 하는데 그것이 여의치 못하면 인류는 엄청난 재앙을 맞이하게 될 것이다. 그러한 비극적인 종말을 조금이라도 늦추는 방법은 될 수 있으면 자원을 절약해서 소비하는 수밖에 없다.

그리고 엄청난 소비가 가지고 오는 부작용으로 심각한 공해와 환경오염 및 쓰레기 처리문제 등이 있다. 많은 제품을 생산하는데는 그만큼 더 많은 오염물질도 따라 나오게 마련이고 또 그것을 소비하다보니 쓰레기도 많이 나오게 된다. 자연의 자기정화 능력을 초과하는 오염물질과 쓰레기들 때문에 주변은 점차 온통 쓰레기장으로 변해 가고 있다. 그것은 토양의 생산력을 떨어뜨리고 건강에 직접적인 영향을 끼친다.
　묵자는 생활에 필요한 제품을 만들 때 그것의 목적이 무엇인가를 잘 생각해서 그 목적에 가장 잘 맞도록 만들고 목적과는 상관없는 장식을 첨가하지 말라고 가르쳤다. 그런 장식은 모두 사치와 낭비일 뿐이다. 예를 들어 옷을 만들 때 지나치게 화려한 옷이나 실용성이 전혀 없는 옷을 만들지 말아야 한다.
　사실 사람들이 옷을 입은 역사는 매우 길겠지만 어느 사이에 옷은 단순히 추위와 더위를 막아 주는 본래의 목적을 위한 물건이 아니라 남의 눈에 좋게 보이기 위하여 그리고 남에게 자신을 과시하기 위한 물건으로 변했다. 아마 묵자의 시대에도 이러한 현상이 심했던 모양이다.
　특히 통치자들은 자신의 힘을 과시하기 위해 온갖 장식을 한 옷을 입었는데, 그것은 일반 백성이 한평생 일해도 모을 수 없을 정도의 비용이 드는 옷이었다. 그것을 본받아 조금 힘이 있다는 사람들은 너도나도 다 그렇게 하려고 했으니 그 낭비와 사치를 짐작할 수 있다.
　요즘 우리 주변에도 그런 현상이 많이 나타나고 있다. 여자들은 겨울이면 너도나도 모피코트와 가죽코트를 입고 다니는데 그것을 입지 않는 사람이 없을 정도이다. 옛날에는 일부 돈 있는 집 여자들이나 입었는데 요즘은 너도나도 다 입고 다니니 그 사치와 낭비가 일반화되었다.

낭비도 낭비지만 모피코트를 입기 위해서는 야생동물을 사냥하거나 아니면 사육이라도 해서 모피를 얻어야 하는데, 이는 잔인할 뿐만 아니라 동물들의 멸종을 재촉하는 일이다. 모피코트를 입는 목적은 실용에 있지 않고 자신을 과시하기 위한 데 있다.

사치는 옷에만 한정되지 않고 집을 장식하는 데나 취미생활 등 어디서나 찾을 수 있다. 자동차를 사용하는 일도 마찬가지이다. 혼자서 커다란 자가용을 타고 복잡한 거리를 더욱 복잡하게 만들고, 할 일도 없으면서 차를 몰고 이 거리 저 거리를 기웃거리는 행동도 문제다.

묵자 당시에도 이미 귀족들은 사치스러운 취미생활을 즐겼다. 그런 취미도 묵자가 보기에 다 낭비이고 사치였다. 그래서 그는 "귀족들이 구슬·옥·새·짐승·개·말 같은 것을 모으는 취미를 버리고 그것으로 옷·집·갑옷·방패·다섯 가지 병기·배·수레 같은 물건의 수를 늘이게 한다면 그러한 것의 숫자는 두 배로 늘 것이다 : 『묵자』「절용」상"라고 말해 귀족의 사치스러운 생활을 비판하였다.

이러한 취미의 문제도 그 역사가 상당히 길다는 사실을 묵자의 말을 통해 확인할 수 있다. 귀족들은 취미생활에 엄청난 돈을 쓰는데 하층의 빈민들은 굶주리고 병들어 죽어가는 현상을 어떻게 설명해야 할까? 묵자는 분명히 통치자들이나 그 밖의 사람들이 근검하고 절약함으로써 보다 많은 사람이 잘사는 사회를 만들 수 있다고 믿었다.

　지금도 잘사는 사람들은 여가를 즐기기 위해 해외여행을 하고 있는데 가난한 사람들은 끼니 걱정을 하거나 엄동설한에도 추위에 떨며 밤낮없이 일하지 않으면 안 된다. 그리고 잘사는 나라의 애완동물들은 너무 잘먹어 비만에 걸리는데 아프리카의 수많은 사람은 굶어 죽어가고 있다. 요즘 많은 사람은 비만 때문에 큰 걱정을 하지만 지구상의 어디선가엔 그만큼 많은 사람이 또 굶주리고 있다.

　그것은 어쩔 수 없는 일이기 때문에 생각할 필요가 없다고 하는 사람도 있을 수 있다. 묵자는 이 문제를 해결하려고 열심히 노력했던 실천가이다. 모든 사람이 겸애를 실천하고 절약한다면 모든 사람이 잘사는 세상이 될 수 있다고 그는 믿었다.

　그의 절용설도 사실은 겸애를 실천하는 한 가지 방법이다. 말로만 하는 사랑이 아니라 사랑하는 사람들이 굶주리지 않게 하는 실천이 바로 겸애이다. 내가 낭비와 사치를 하면 그만큼 다른 사람들이 가난하게 되고 굶는다는 사실을 알고 될 수 있으면 검소한 생활을 해야 한다.

제4장
법가

· · ·

한비자

법(法)

술(術)

세(勢)

역사발전론

법가

한비자

　법가(法家)에 속하는 인물로는 상앙(商鞅), 신불해(申不害), 신도(愼到), 한비자(韓非子, B.C. 280~B.C.233) 등이 있지만 한비자가 법가사상을 종합했기 때문에 여기서는 그의 사상만 주로 살펴보려 한다.

　한비자는 한(韓)나라의 귀족 출신으로 순자의 제자이다. 진(秦)나라 왕, 정(政)이 그의 글을 보고 탄복하여 그를 초빙하였다. 그는 진나라로 갔으나 순자에게 같이 배웠던 이사(李斯)의 모함을 받아 옥중에서 독살되었다. 그는 순자의 성악설을 믿어 인간을 악한 존재로 보았는데 결국 그러한 인간에게 자신의 목숨을 잃고 말았다.

　왕에게 늑대와 같은 악한 신하를 다루는 다양한 방법을 냉정하게 조언했던 한비자가 자신의 친구에게 모함을 받아 죽었다는 사실은 우리에게 시사하는 바가 크다. 과연 인간은 사악한 존재인가? 자기의 이익을 위해 친구까지도 모함할 수 있는 존재인가? 한비자는 그런 걸 다 알고 있었을 텐데 어떻게 친구에게 당했을까?

사람도 여러 종류가 있기 때문에 모든 사람을 통틀어 선하다 혹은 악하다고 단정할 수는 없다. 인간이 악한지 선한지는 판단하기 힘들지만 자신의 이익을 위해 친구를 배반하거나 모함하는 사람은 많다. 이사가 한비자를 모함한 일이 바로 하나의 예라 할 수 있다.

한비자의 경우를 보면 우리는 친구를 모함할 수도 있고 또 모함을 받아 손해를 입을 수도 있다. 그러므로 친구라고 너무 믿으면 안 된다. 우리는 사람을 믿으라고 배웠고 또 그렇게 가르치고 있다. 그래서 우리는 사람에 대한 믿음은 좋은 일이고 또 당연히 그렇게 해야 한다고 생각한다.

하지만 현실적으로 그것이 반드시 좋은 결과로 끝나지 않는 경우도 많다. 그럼에도 불구하고 사람을 믿으라고만 가르치는 교육은 뭔가 잘못되었다. 어떻게 되어야만 한다는 이상과 현실에서 일어나는 일은 서로 다르다. 그러므로 현실에 입각해서 우리는 사람을 믿어서 좋을 때도 있고 사람을 잘못 믿으면 좋지 않은 결과가 생길 수 있다고 가르쳐야 하지 않을까?

가장 가까운 친구로부터도 피해를 입을 수 있으므로 친구가 아니거나 낯선 사람이라면 더욱 조심해야 한다. 그러면 우리는 누구도 믿지 말아야 하는가? 이것도 그렇게 간단한 문제가 아니다. 왜냐하면 이미 말한 바와 같이 사람마다 그 됨됨이가 다 다르기 때문이다. 그리고 인간이란 시대와 환경에 따라 또 변한다. 사람을 믿을 수 있는 시대와 환경이 있는가 하면 세상이 험악해서 믿을 수 없는 때도 있다.

대체로 사회가 안정되고 살기 좋은 환경에 사는 사람들은 순진하지만 살기 힘든 환경에서는 사악해지는 경향이 있다. 그래서 우리가 어떤 시대에 살고 있는지를 알고 싶으면 우리가 사람들을 얼마나 신뢰할 수 있는가를 보면 된다. 한비자가 인간을 악하다고 단정한 것은 그가 살았던 시대가 험난하였기 때문이리라. 그래서 다른 시대를 산 사람들은 한비자가 인간을 잘못 보았다고 평가할 수도 있다.

이렇게 인간을 악한 존재로 생각한 한비자는 악한 존재를 효율적으로 통치하는 방법에 대해 집중적으로 연구하였다. 순자가 악한 인간을 선한 존재로 만들려고 노력했던 태도와는 대조를 이룬다. 악한 인간을 선하게 만드는 일은 어쩌면 까마귀를 백조로 만드는 일보다 더 어려울지도 모른다.

그것을 바꾸려고 노력할 필요 없이 그러한 본성을 그대로 둔 채 악한 인간을 잘 부리기만 하면 그만 아닌가? 모든 사람이 성인이 되기를 기다릴 수는 없다. 그러나 모든 사람이 심각한 범죄를 저지르지 않게 할 수는 있다. 한비자는 인간을 다스리는 데 오히려 인간의 악한 면을 적극 활용하였다. 한비자는 인간을 단순한 동기에 따라서 움직이는 존재로 파악하였다.

그에 따르면 인간이란 자기의 이익을 좇고 손해를 피하는 그런 존재이다. 이것을 그는 "뱀장어는 뱀과 비슷하고 누에는 나비의 애벌레와 비슷합니다. 사람은 뱀을 보면 놀라고 나비의 애벌레를 보면 전율합니다. 그러나 부녀자들은 태연히 누에를 치고 어부는 뱀장어를 손으로 잡습니다. 이와 같이 이익이 있으면 누구나 싫은 것을 잊고 맹분(孟賁)과 같은 용자가 되는 것입니다 : 『한비자』 「내저설」상」(內儲說上) 칠술(七術)"라고 설명하였다.

한비자는 인간이 이기적인 존재라는 점을 특히 강조하였다. 인간이 이기적인 존재라는 주장은 사실 그의 이론에서 가장 중요한 부분이다. 사람들이 실제로 이기적인 행동을 많이 하기 때문에 그의 주장에 어느 정도 공감이 가기도 한다.

그러나 이기적이라고 판단하는 근거에 대해 우리는 좀더 생각해 볼 필요가 있다. 배가 고픈 사람이 자기의 주린 배를 채우기 위해 옆에 있는 사람을 돌볼 여유가 없다면 그 행동을 이기적이라고 비난할 수는 없다. 그것이 아니라 자기는 이미 배가 부른데도 불구하고 배고픈 사람을 돌보지 않는다면 이것은 분명히 이기적인 행동이다.

사람에 따라 조금의 차이는 있겠지만 사람은 모두 자신을 먼저 생각한다. 하지만 그것이 지나치면 문제가 생기고 다른 사람에게도 피해를 주게 된다. 한비자는 사람이 이익을 위해 얼마나 용감한지를 앞의 예로써 잘 보여 주었다.

하지만 생계를 유지하기 위해 열심히 일하는 사람까지도 이익을 위해 일한다고 말한다면 문제가 있다. 우리는 생계를 유지하기 위하여 일하지 않으면 안 된다. 사람들은 여러 가지 방법으로 밥벌이를 하는데 그 가운데는 쉬운 일도 있고 또 어려운 일도 있으며 좀 깨끗한 일도 있고 좀 더러운 일도 있다. 누구나 힘들고 더러운 일은 하기를 꺼린다. 그러다보니 여유가 있는 사람들은 자연 힘들고 더러운 일은 하지 않게 되고 어려운 사람들이 그런 일을 하게 된다.

먹고 사는 일은 사실 엄청나게 힘이 들고 또한 경쟁도 치열하다. 그리고 사회에는 늘 생존을 위한 냉정한 싸움이 일어난다. 모두들 재산을 모으기 위해 그리고 자식을 위해 물불을 가리지 않고 열심히 일한다. 이렇게 살기 위해 열심히 노력하는 사람들을 이기적인 존재로 매도할 수는 없다.

물론 이러한 과정에서 노력이 지나치게 되어 남에게 피해를 주는 데까지 갈 수는 있다. 한비자도 이러한 지나친 행동을 보고 사람들이 이기적이라고 생각하지 않았을까? 그런데 그는 사회의 경제구조 때문에 어쩔 수 없이 사람들이 이기적인 행동을 할 수밖에 없는 점을 이미 잘 지적하였다. 이런 경우 사실 인간의 본성이 그렇게 중요한 역할을 하지 못한다.

의원이 환자의 상처를 빨아 그 고름을 입에 담는 것은, 환자와의 사이에 부모 형제와 같은 골육의 정이 있어서가 아니라 이익이 있기 때문이다. 즉 그렇게 하여 병을 고쳐 주면 사례를 받고 많은 사람을 단골로 삼을 수 있기 때문에 싫지만 어쩔 수 없이 하는 것이다. 때문에 수레 제조자는 많은 사람이 부자가 되기를 바라고, 장의사는 관을 만들면서 많은 사람이 죽기를 바란다. 이것은 수레 제조자가 인자하고 장의사가 잔인하기 때문이 아니라, 사람이 부유하지 않으면 수레가 팔리지 않을 것이고, 사람이 죽지 않으면 관이 팔리지 않을 것이기 때문이다. 장의사가 결코 사람을 미워하는 것은 아니지만 사람이 죽어야만 그에게 이익이 있기 때문에 어쩔 수 없이 사람들이 죽기를 바란다. [『한비자』「비내」(備內)]

여기서 한비자가 말하는 내용을 보면 인간의 이기적인 본성이 문제가 아니라 직업의 종류가 문제가 되고 있다. 의원이 선한 마음을 가져 환자를 치료하는 것도 아니고 장의사가 악한 마음을 가져 사람이 많이 죽기를 바라는 것도 아니다. 단지 그들의 직업이 그들을 그렇게 만들었을 뿐이다.

하지만 한비자는 이 인용문을 통해 사람들이 자신의 이익을 위해 맹목적으로 행동하는 모습을 강조하려고 하였다. 마치 부나방이 어쩔 수 없이 불을 향해 움직이듯 인간은 이익을 향해 어쩔 수 없이 움직이는 존재이다. 그러나 한비자는 그런 인간을 탓하지 않는다. 마치 부나방이 왜 꼭 불을 향해 움직이느냐고 나무랄 수 없는 것과 마찬가지이다.

그런데 일단 인간이 어떠한 존재인지가 파악되면 그러한 인간을 다스리는 일은 의외로 간단할 수 있다. 우리는 부나방의 본성을 알기 때문에 부나방을 모아 죽일 수 있는 방법도 알고 있다. 이제 한비자는 인간이 이익을 추구하는 존재로 파악했으니 이러한 인간을 다스리는 방법을 찾는 일은 그리 어렵지 않다.

이익을 좇는 인간을 다스리는 방법으로 한비자가 제시한 두 가지는 바로 상(賞)과 벌(罰)이다. 상이라는 이익을 위해 사람들은 군주가 시키는 일을 하고, 벌이라는 손해를 피하기 위해 군주가 금지한 일을 하지 않을 것이다. 그는 이 두 가지 방법이 모든 문제를 해결할 수 있다고 믿었다.

법(法)

 한비자는 법을 강조했기 때문에 법가라고 하는데 유가의 도와 비교할 수 있는 개념이다. 법은 군주에게서 나온다. 군주에게서 법이 나온다고 해도 법이 아무렇게나 나오고 또 제멋대로 변한다고 생각해서는 안 된다. 한비자에 의하면 법은 몇 가지 원칙에 반드시 맞아야만 한다.
 첫째는 이해득실을 고려하는 공리성(功利性)이 있어야 한다. 다시 말해 국가와 백성의 이익에 도움이 되는 법이라야 한다. 둘째로 시대의 요구에 부응해야 한다. 셋째로 통일성이 있어야 한다. 넷째로 인간의 기본적인 본성과 감정에 들어맞아야 한다. 다섯째로 분명하고 명확해야 한다. 여섯째로 상은 두텁게 하고 벌은 엄중하게 해야 한다.
 한비자에 의하면 법은 군주가 국가를 통치하는 기준이고 일반 백성들이 나아가야 할 길[道]이라 할 수 있다. 그래서 그는 이렇게 말하였다.

 법으로써 나라를 다스리지 않고 군주가 마음 내키는 대로 나라를 다스린다면 요(堯)와 같은 성인이라도 한 나라를 바르게 다스리지 못할 것이며, 자[尺]나 그림쇠를 버리고 함부로 눈짐작만으로 측량을 하면 해중(奚中)과 같은 수레의 명공(名工)이라도 한 개의 수레바퀴도 만들지 못할 것이다. 잣대를 버리고 길고 짧음을 비교하면 왕이(王爾) 같은 능숙한 사람이라도 길이의 반을 정확히 알지 못할 것이다. 그런데 평범한 군주로 하여금 법술을 지키게 하고, 또 졸렬한 직공으로 하여금 잣대나 그림쇠를 사용하게 한다면 절대로 실수하지 않을 것이다. 그러므로 군주된 사람은 현명하고 솜씨 좋은 사람도 능히 해낼 수 없는 방법을 버리고 평범한 자나 졸렬한 자도 절대로 실패하는 일이 없는 법술을 지킨다면, 신하의 힘을 모두 활용할 수 있어 공명을 세울 수 있다. [『한비자』「용인」(用人)]

군주는 법으로써 국가를 통치하고 백성은 법에 따라 행동한다면 그렇게 어렵지 않게 사회를 안정시키고 혼란을 사라지게 할 수 있다. 백성들을 다스리는 데 일정한 기준을 마련하고 또 백성들이 행동하는 데 일정한 기준이 있어야 한다는 생각은 이미 공자와 순자의 예(禮)의 강조에서 잘 나타나 있다. 법의 강조와 예의 강조는 그 근본에 있어 취지가 같다.

하지만 한비자는 이러한 근소한 차이에서 출발해서 공자나 순자와는 상당히 다른 결론에 도달하였다. 유가의 입장에서는 한비자를 비판할 수 있지만 그가 주장한 법도 실제로는 예와 크게 다르지 않다. 한비자는 좀더 구속력이 강한 법을 국가 통치 방법으로 제시하였을 뿐이다. 그가 말하는 법은 국가를 통치하는 저울이나 잣대라고 할 수 있다.

만일에 정육점 주인이 고기를 파는 데 저울을 사용하지 않는다면 어떤 일이 벌어질까? 주인이 대충 어림잡아서 손님들에게 고기를 판다면 아무래도 일정하지 않을 것이다. 아주 숙달되면 어느 정도는 정확하게 고기를 팔 수 있겠지만 손님들이 과연 그것을 믿어 주겠는가? 그리고 주인이 잠시 자리를 비우는 경우가 생기면 어떻게 고기를 팔아야 하나? 가게 문을 닫고 주인이 올 때까지 기다려야 하나? 아니면 다른 사람이 대충 잘라서 파는 수밖에 없나?

저울은 정확하지만 사람은 그만큼 정확할 수 없다. 아버지가 손님들에게 주는 고기의 양과 아들이 손님들에게 주는 고기의 양이 정확하게 같을 수 없다. 뿐만 아니라 같은 주인이라도 아침에 주는 고기의 양과 저녁에 주는 고기의 양이 항상 일정하다는 보장도 없다. 그러나 저울로 달아서 고기를 팔면 이러한 문제들은 금방 사라지게 된다. 이것이 바로 저울의 위대한 힘이다. 이때 우리는 저울의 고마움을 절실하게 느끼게 된다.

나라를 다스리는 데 있어 저울에 해당하는 수단이 바로 법이다. 법을 만들어 놓고 그것에 따라 백성을 다스리면 공정할 수 있다. 법을 잘 만들어 놓고 거기에 따라 국가를 통치하면 아버지가 다스리나 아들이 다스리나 똑같이 공정할 수 있고, 옛날과 오늘의 다스림이 한결같을 수 있다. 군주가 기분이 좋을 때 나라를 다스리거나 기분이 나쁠 때 나라를 다스리거나 똑같을 수 있으니 백성들은 군주의 기분을 살필 필요도 없다.

정육점에 좋은 저울이 있으면 숙련된 아버지가 반드시 자리를 지켜야 할 필요가 없다. 그의 부인이나 아들만 있어도 고기를 공정하게 팔 수 있다. 고기를 잘라 저울에 올려놓고 저울의 눈금을 보고 더 주거나 덜어내어 정확한 양을 손님에게 주면 된다.

이와 마찬가지로 좋은 법이 있으면 유가에서 말하는 것처럼 국가를 통치하는 데 반드시 성인이 있어야 할 필요가 없다. 법에 따라 나라를 다스리는 데는 별다른 능력이 요구되지 않기 때문에 보통사람이라도 가능하다. 이로써 한비자는 유가의 아주 어려운 문제를 해결했다고 믿었다.
　유가에서 말하는 성인은 되기도 어렵고 또 찾기도 어렵기 때문에 현실적으로 성인이 정치를 하는 일은 불가능하다. 우선 성인이 되는 일이 가능한가? 그리고 사람들이 성인을 알 수 있는 방법은 있는가? 또 성인이 나라를 다스리는 데 흥미가 있을지 없을지도 알 수 없다. 이렇게 기대하기 어려운 일이 이루어지기를 기다리지 말고 현실적으로 가능한 일을 해야 한다는 게 한비자의 생각이다.
　이미 이천년 전에 법의 중요함을 역설한 철학자가 있었다는 사실은 오늘을 사는 우리를 부끄럽게 만든다. 좋은 법은 다 만들어 두었지만 그 법을 지키는 일은 아직 제대로 실현되지 않고 있다. 우리나라의 법도 다른 여러 나라에 비하여 전혀 손색이 없다. 그러나 그 법을 지키는 데는 아직 문제가 많다.
　현대사회는 그 어느 때보다 법의 중요성이 커졌다. 그만큼 사회가 복잡해졌기 때문이다. 그래서 그 시스템이 제대로 작동하기 위해서는 구성원들이 보다 정교하게 움직일 필요가 있다. 이것은 차가 많아지면 모든 운전자가 더욱 철저히 교통법규를 지켜야 하는 것과 마찬가지이다. 옛날에 차가 드물 때는 교통법규도 필요 없었고 또 그것을 지키지 않아도 그렇게 문제가 되지 않았다. 그러나 오늘날 차가 많아졌는데도 옛날식으로 교통법규를 지키지 않으면 교통은 엉망이 되고 만다.
　우리 사회를 보면 지금 시대가 변했는데도 법에 대한 생각이 아직 옛날에 머물고 있는 사람이 많다. 우리 사회에는 교묘하게 법망을 빠져 나가는 사람이 많은데, 그런 사람들이 또 늘 남들보다 앞서 가기 때문에 법을 지키는 사람들이 허탈감에 빠지게 된다.

그러니까 순진한 사람들은 법을 지키고 교활한 사람들은 법을 지키지 않음으로써 사회질서가 혼란해진다.

누구는 법을 지키고 누구는 법을 지키지 않아도 된다면 그것은 이미 법이 법으로서의 권위를 잃은 것이다. 정의로운 사회를 위해 법을 만들었지만 그 법이 오히려 불공정을 초래하는 것이다. 한비자는 법의 공정성에 대해 이렇게 말하였다.

> 그러므로 훌륭한 군주는 상(賞)을 분명히 하고 공(功)이 있는 자에게는 이익을 준다는 제도를 만들어 백성들에게 선(善)을 권하고 공을 세우도록 장려해야 한다. 백성을 부림에 있어 공로에 따라 포상하고 인의(仁義)로 은혜를 베풀지 말고 형벌을 엄하게 해서 죄를 금지시켜야 한다. 죄를 지은 사람은 반드시 벌을 주고, 자애라는 미명 아래 죄 있는 자를 용서해서는 안 된다. 그렇게 하면 공이 없는 자는 아예 상을 바라지 않을 것이며, 죄가 있는 자는 요행히 죄를 면할 수 있게 되기를 기대하지 못하게 될 것이다. [『한비자』「간겁시신」(姦劫弑臣)]

법의 생명은 역시 공정성에 있다. 그런데 법을 통해 오히려 불공정이 초래되었다면 그 법은 법으로서 자격이 없다. 그러므로 법은 만인에게 공평하게 적용되어야 한다. 잘못을 저질렀지만 벌을 받지 않는다든지 공을 세웠지만 상을 받지 못하는 경우가 있으면 법의 권위가 떨어질 수밖에 없다. 그래서 죄를 지은 자는 반드시 처벌을 받고 공로가 있는 자는 반드시 상을 받아야 한다.

또한 한비자는 벌은 엄해야 한다고 생각하였다. 벌이 엄하지 않으면 법을 가벼이 보아 다시 범법행위를 할 가능성이 있기 때문이다. 그래서 범법을 방지하기 위해 죄를 지은 사람에게는 가혹한 형벌을 내리라고 권고한다. 이론상으로는 이러한 주장도 일리가 있지만 실제로 가벼운 죄를 지은 사람을 극형에 처하게 되면 그들이 자포자기하여 오히려 반란을 일으키거나 산 속으로 들어가 도적이 될 수 있다.

실제로 진나라가 망하게 된 원인은 형벌이 그 죄에 비해 지나치게 가혹했기 때문이다. 이로 인해 많은 사람이 자포자기하여 반란군에 가담하였다. 한비자는 사랑의 힘보다는 엄중한 형벌이 더욱 효과적이라고 주장하였다. 그래서 말하기를 "어머니가 자식을 사랑하는 것은 아버지의 배가 되지만 아버지의 명령이 자식에게 실행되는 것은 어머니의 열 배나 된다. 관리는 백성에게 사랑이 없으나 명령이 백성에게 실행되는 것은 아버지의 만 배나 된다 : 『한비자』「육반」(六反)"라고 하였다.

유가는 백성을 사랑으로 다스리라고 가르쳤다. 그런데 한비자는 이제 그러한 사랑의 방법이 그렇게 효과적이지 못하다는 점을 지적하고, 오히려 엄하게 다스리는 방법이 더욱 효과적이라고 하였다.

부모가 자식에게 무슨 말을 했을 때는 자식이 그 말을 거역할 수 있지만 국가가 개인에게 어떤 명령을 내리면 감히 어길 생각을 하지 못한다. 국가는 엄하게 처벌하지만 부모는 처벌을 못하기 때문이다. 엄하게 다스리는 방법이 효과적일 때가 분명히 있다. 그러나 국가가 엄하게 다스리면 효과가 있다 하더라도 현실적으로 그렇게 하는 데는 한계가 있다.

어떻게 국가가 개인을 24시간 감시할 수 있겠는가? 국가가 모든 범법자를 처벌할 수 없다면 법의 공정성에 문제가 생긴다. 여기서 바로 문제가 발생하게 된다. 완전한 법치가 가능하려면 모든 개인을 24시간 감시할 수 있는 국가감시체계가 완비되어야 한다.

하지만 그렇게 하려고 하면 너무나 비용이 많이 들어가 현실적으로 불가능하다. 역시 생각해 볼 수 있는 방법은 개인들의 상호감시체계를 도입하는 수밖에 없다. 이미 상앙(商鞅)3)이 이러한 상호감시체계를 도입해 효과를 보았다고 한비자는 말하였다.

> 공손앙(公孫鞅, 즉 商鞅)이 진(秦)나라를 다스릴 때에는 서로 고발하게 하고 연좌시키는 방법을 써서 실제 사정을 따졌으니, 열 집을 십(什)이라 하고 다섯 집을 오(伍)라 하는 식으로 조직하여 서로 감시하게 하고 책임을 물었다. 상은 후히 주고 또 빠뜨리지 않고 주었으며, 벌줄 때는 엄하게 하고 또 용서하는 법이 없었다. 그래서 진의 백성들은 힘써 일하여 쉴 줄 몰랐고 적을 추적할 때는 위험해도 물러서지 않았다. 때문에 나라는 부유해지고 군대는 강하였다. [『한비자』「정법」(定法)]

---

3) 전국시대 진(秦)나라의 정치가로 부국강병의 계책을 세워 보수파(保守派: 儒家)와 투쟁하면서 형법・가족법・토지법 등 여러 방면에 걸친 대개혁을 단행함으로써 후일 진제국(秦帝國) 성립의 기반을 세웠다. 10년간 진나라의 재상으로 있으면서 엄격한 법치주의 정치를 폈기 때문에 많은 사람의 원한을 샀으며, 그를 채용했던 효공이 죽자 반대파들에 의해 처형되었다.

이와 같이 모든 개인을 감시할 수 있다면 공정하고 엄하게 법을 집행하는 일이 가능할지도 모른다. 그러나 전국민을 이와 같이 감시하는 데는 너무 많은 비용이 들어간다. 이렇게 되면 이제 사람들은 편히 살기 위해 법을 지키는 게 아니라 법을 지키기 위해 사는 꼴이 되고 만다.

한비자가 인간을 악한 존재로 보고 그 악을 막으려 했기 때문에 이런 이상한 결론에까지 오게 되었다. 인간은 악한 존재이기 때문에 끊임없이 법망을 벗어나기 위해 수단과 방법을 가리지 않는다. 그렇다면 그러한 국민들을 통제하기 위해서는 보다 정교한 감시망이 있어야만 한다.

이 감시망을 정교하게 하는 일이 어느 정도는 가능할지 모르지만 그것도 곧 한계에 부딪힌다. 그렇다면 결국 백성들이 자발적으로 법을 잘 지키기를 바라야 하는데 그렇게 되면 또 백성들의 선한 본성을 전제해야 하는 자가당착에 빠지게 된다.

술(術)

법은 백성들이 알아서 지켜야 하기 때문에 밝게 공개해야 하지만 술(術)은 군주가 신하를 다스리는 기술이기 때문에 군주만 알고 있어야 한다. 신하가 군주의 술을 알게 되면 군주가 신하를 제대로 다스릴 수 없다. 한비자는 법과 술 가운데 어느 하나라도 없으면 완전하지 못하다고 하였다.

술(術)은 사람의 재능에 따라 그에게 관직을 주고, 그 관직의 이름에 따라 그것에 합당한 의무를 수행하기를 요구하며,

죽이고 살리는 권한을 쥐고서 여러 신하의 재능을 실현하도록 하는 것이다. 이것은 군주가 장악해야 하는 것이다. 법을 시행한다는 것은 관청에서 법령을 명백하게 공포하고, 반드시 형벌이 있음을 백성들에게 주지시키며, 법을 조심하여 지키는 자에게는 상을 주고 법령을 어기는 자에게는 벌을 주는 것이다. 이것은 신하들이 따라서 준수해야 할 것이다. 군주에게 술이 없으면 위에서 폐단이 있게 되는 것이고, 신하에게 법이 없으면 아래에 어지러움이 있게 된다. 이 둘은 하나라도 없어서는 안 된다. 모두 제왕에게는 필수적인 통치수단이다. (『한비자』「정법」)

한비자는 신하나 백성을 생각하기에 앞서 군주가 신하와 백성을 다스리는 방법에 대해 많은 관심을 가졌다. 물론 군주가 신하와 백성들을 잘 다스리면 결과적으로는 국가가 안정되고 나아가 백성도 잘살게 된다. 그러나 그러한 결과보다는 신하와 백성을 다스리는 문제가 더욱 시급하다고 한비자는 생각했던 모양이다.

이것을 보면 당시 사회가 얼마나 질서가 문란하고 하극상이 심했던가를 짐작할 수 있다. 신하가 군주를 자주 농락하고 군주가 실권을 잃어 혼란한 경우를 많이 보았기 때문에 한비자는 이것을 막기 위해 이와 같은 방법을 생각하기에 이르렀으리라.

그래서 그는 군주에게 다섯 가지 경계할 일을 말했다. 이것을 그는 오옹(五雍)이라고 불렀다. 오옹이란 신하가 군주의 눈과 귀를 막아 군주가 제대로 일을 할 수 없도록 만드는 잘못을 말한다.

군주도 한 사람의 인간에 불과하다. 그러므로 그가 나라를 다스리기 위해서는 다른 여러 사람의 도움이 필요할 수밖에 없다. 그런데 군주의 주위에 있는 사람들이 그것을 방해하게 되면 군주는 제대로 사태를 파악할 수 없고 또 명령을 내려도 그것이 전달되지 않기 때문에 나라를 효율적으로 통치할 수가 없다.

그러므로 군주에게 권력이 집중되는 것을 방해하는 다섯 가지 상황이 있다. 첫째, 신하가 군주의 눈과 귀를 가리는 것이다. 둘째, 신하가 나라의 재정을 장악하는 것이다. 셋째, 신하된 자가 군주의 허락 없이 마음대로 명령을 내리는 것이다. 넷째, 신하가 마음대로 백성에게 선행을 베푸는 것이다. 다섯째, 신하가 개인적으로 동지를 모으는 것이다. 신하가 군주의 눈과 귀를 가리면 군주는 지위를 잃게 되고, 신하가 나라의 재정을 장악하면 군주는 덕을 잃게 되며, 신하가 마음대로 명령하면 군주는 행정의 통제력을 잃게 되고, 신하가 사적으로 패거리를 이루면 군주는 거느릴 무리를 잃을 것이다. 이러한 것들은 군주가 남김없이 모두 손에 쥐고 있어야 하는 것으로 신하들에게 넘겨 주어서는 안 된다. [『한비자』「주도」(主道)]

군주가 해야 하는 일이 있고, 신하가 해야 하는 일이 따로 있다. 군주가 해야 하는 일을 신하가 하도록 허용해서는 안 된다. 그리고 군주는 신하의 움직임을 잘 파악하고 있어야 한다. 그렇지 못하면 군주는 신하에게 당할 수 있다. 그런데 한비자는 신하를 부리고 감시하는 방법에 도가의 철학을 적극적으로 활용하였다.

예컨대 그는 노자의 도(道)나 무위(無爲)와 같은 개념을 이용하여 군주의 처신술을 설명하였다. 노자는 도(道)가 만물의 근원이고 그것은 텅 빈 무(無)라고 했는데, 이제 한비자는 군주의 태도가 무가 되어 고요하고 텅 비어야 한다고 주장하였다. 신하가 볼 때 군주는 텅 비어 있고 고요해야만 제대로 신하를 통제할 수 있다는 이론이다.

군주의 뜻을 신하가 알게 되면 그들은 잘 보이기 위해 그것에 맞추어 행동하게 된다. 그러면 군주는 신하의 본래 모습을 제대로 파악할 수 없다. 군주가 좋아하고 싫어하는 바를 감추지 않고 드러내면 신하들은 군주가 좋아하는 일만 하고 싫어하는 일은 아예 하지 않을 것이다. 그러면 나라의 일이 제대로 이루어지기 어렵다.

그러므로 군주는 그렇게 신하에게 자신의 모든 마음을 보여주어서는 안 된다. 군주의 마음이 신하에게 노출되면 신하는 곧 그것을 이용하여 자신의 이익을 추구하고자 한다. 마찬가지로 군주는 자신의 지혜나 용기를 드러내서도 안 된다. 군주가 지혜를 드러내게 되면 신하는 군주의 지혜를 알고서 그것에 맞추어 처신하고 또 그것을 역으로 이용하려 든다. 군주가 자신의 능력을 보여주면 신하들은 그 능력을 알고 그것을 이용하여 자신들의 이익을 추구하고 나아가서는 군주를 해치려 한다.

그래서 군주는 텅 비어 있어야 오히려 신하들이 두려워한다. 또한 군주는 가만히 있으면서 모든 신하가 움직이게 만들기 때문에 군주의 통치방법은 무위이다. 군주는 가만히 있으면서 신하들로 하여금 말하게 하고 또 신하들로 하여금 그 말이 실현되도록 해야 한다.

그래서 신하가 자신의 말을 실천하여 공을 이루면 상을 주고 공을 이루지 못하면 벌을 내리면 된다. 군주가 앞서서 약속을 하면 결국 모든 책임을 자신이 져야 하기 때문에 항상 말을 아껴야 한다. 말을 많이 하게 되면 나중에 그 책임을 모두 자신이 져야 한다. 군주는 가만히 있고 신하가 움직이도록 하는 기술이 바로 무위의 방법이다.

이 밖에도 그는 군주의 통치를 방해하는 신하들의 간사한 행동에 대해서도 말하였다. 이것을 팔간(八姦 : 여덟 가지 간사함)이라고 하였다. 첫째는 동상(同床)이다. 동상이란 말 그대로 군주와 침대를 함께 쓰는 사람을 매수하여 자신의 뜻을 이루려는 간사한 행동이다. 둘째는 재방(在旁)이다. 재방이란 군주의 주위에서 군주를 모시는 사람들을 매수하여 자신의 뜻을 성취하려는 간사함이다. 셋째는 부형(父兄)이다. 부형이란 군주의 자식이나 형제를 이용하는 행동이다. 넷째는 양앙(養殃)이다. 군주가 궁궐과 누각 그리고 연못 가꾸기를 좋아하거나 소년과 소녀, 개와 말 등을 좋아하면 신하가 그것을 이용하기 때문에 재앙을 부른다. 다섯째는 민맹(民萌)이다. 이것은 백성들의 환심을 사서 군주에게 잘 보이려는 신하의 행동이다. 여섯째는 유행(流行)이다. 이것은 물 흐르듯이 말 잘하는 사람을 이용하여 신하가 자신의 야심을 성취하려는 간사함을 말한다. 일곱째는 위강(威强)이다. 이것은 신하가 무사를 모아 힘을 과시하는 위협적인 짓을 말한다. 여덟째는 사방(四方)이다. 이것도 신하가 큰 나라의 위세를 이용하여 군주를 협박하는 행위를 말한다. 한비자는 이러한 문제들에 대한 대비책을 상세하게 말하였다.

한비자의 이러한 말들은 모두 사람을 다루는 방법에 대한 설명이어서 철학적 깊이는 없다. 그는 권력을 보호하고 신하를 다스리는 기술을 군주에게 가르치려고 했을 뿐이다. 그러나 한비자의 여러 가지 설명은 현실적인 인간의 문제를 다루고 있어 우리는 이것을 통해 인간이 어떤 존재인지를 다시 한번 생각하게 된다.

인간은 한 편으로는 악마와 같지만 또 한 편으로는 천사와 같아서 알 수 없는 존재이다. 어떤 사람은 인간의 악마 같은 면을 보고 또 어떤 사람은 인간의 천사 같은 면을 본다. 한비자의 말을 들으면 인간은 악마에 더 가깝다는 생각이 든다. 그러면 군주의 처신도 그러한 신하의 행동에 맞추어져야 한다.

그러나 신하가 모두 이리와 같은 사람이 아니라는 데 오히려 문제가 생긴다. 군주가 신하를 이리로 대한다면 덕 있는 신하들은 더 이상 그 군주를 섬기지 않고 떠나가고 만다. 그렇게 되면 결국 군주의 주변에는 정말 이리와 같은 자들만 남게 된다. 모든 사람을 천사로 생각해서 마음 놓고 너무 믿어서도 안 되지만 그렇다고 무턱대고 의심하고 무서워해서도 안 된다.

한비자가 신하를 다루는 방법이 물론 문제가 있겠지만 참고할 점은 상당히 많다. 그의 이론은 군주가 아니라도 사회에서 사람을 다스리는 위치에 있는 사람이라면 누구나 한 번쯤 공부할 필요가 있다. 그는 신하를 다스리는 일곱 가지 방법에 대해서도 말하였다.

첫째, 한 사람의 말만 듣지 말고 여러 사람의 말을 들어야 한다. 둘째, 반드시 벌을 내려 위엄을 밝혀야 한다. 셋째, 틀림없이 상을 주어 능력을 다하게 해야 한다. 넷째, 아랫사람을 문책할 때는 한 사람씩 해야 한다. 여럿을 한꺼번에 보면 누가 능력이 있고 누가 능력이 없는지 분간할 수 없다. 다섯째, 신하의 계책을 곧바로 채택하지 말고 잘 조사하여 결점과 장점을 조사한 후 채택해야 한다. 여섯째, 이미 알고 있으면서 모르는 척 물어 보면 알지 못했던 일까지 알게 되고, 한 가지 일에 대해 깊이 알게 되면 신하들은 두려워 감히 숨기지 못하므로 모든 비밀이 다 밝혀진다. 일곱째, 군주가 짐짓 자기 생각에 반하는 것을 말하면 신하를 시험할 수 있다.

세(勢)

세(勢)란 권력과 지위를 의미하는 개념으로 원래 신도(愼到)가 강조하였다. 한비자는 신도의 세론(勢論)을 계승하고 발전시켰다. 유가에서는 덕(德)을 강조하면서 덕이 있는 사람이 마치 모든 일을 다할 수 있고 또 모든 사람이 그 사람의 말에 귀를 기울이고 그를 따를 것처럼 말한다.

그러나 현실적으로 사람들은 어떠한가? 권력과 지위가 없으면 아무도 그 사람을 주목하지 않고 또 누구도 그의 말에 귀를 기울이지 않는다. 아무리 덕이 많은 사람이라도 권력과 지위가 없으면 권력과 지위가 있는 사람 밑에서 일해야 하고 그의 말에 복종해야 하는 게 현실이다.

그렇기 때문에 모든 사람이 권력과 지위를 얻으려고 그렇게 애를 쓰는 것이다. 높은 자리에 앉아 있는 사람은 조금 부족하더라도 모든 사람이 그의 말에 귀를 기울이지 않을 수 없다. 그래서 그가 한 말이 갖는 영향력 역시 크다. 특히 계급사회였던 과거에는 이러한 현상이 거의 절대적이었다고 해도 틀리지 않는다. 이 문제에 대해 일찍이 신도는 이렇게 말하였다.

> 나는 용은 구름을 타고 승천하는 뱀은 안개 속에 노닌다. 그러나 구름이 개고 안개가 걷히면 용이나 뱀도 지렁이나 개미와 다를 바 없다. 그들이 타야 할 구름과 안개를 잃었기 때문이다. 이와 같이 현인이 불초한 자에게 굴복하는 것은 권세가 가볍고 지위가 낮기 때문이며, 불초하면서 능히 현자를 굴복시킬 수 있는 것은 권세가 무겁고 지위가 높기 때문이다. 요임금이 평범한 사람이었다면 세 사람조차 다스리지 못했을 것이며, 미욱한 걸(桀)은 천자의 지위에 있었기 때문에 능히 한 사람의 힘으로 천하를 어지럽힐 수 있었다. [『한비자』「난세」(難勢)]

신도는 권세의 중요성을 비유를 들어 아주 적절하게 잘 설명하였다. 사람의 도덕성이 중요하다는 점을 지나치게 강조하는 유가에 대한 반론이기도 하다. 현실에서는 부와 권력이 사람의 인격이나 도덕성보다 더 큰 힘을 갖는다.

그 점은 이렇게 민주화된 사회에서도 여전히 그렇다. 그래서 사람들은 큰 집에서 살려고 하고 더 큰 자동차를 가지려 한다. 요즘 돈 좀 있다는 사람은 다들 외제차를 타려고 한다. 사람들이 외제차를 가진 사람을 돈 많고 능력 있는 사람으로 생각하기 때문이다.

한비자도 세(勢)의 중요성을 신도와 같이 인정하였지만 그가 특히 강조하는 쪽은 자연적인 권세가 아니라 인위적인 권세이다. 자연적인 권세란 인간이 어떻게 할 수 없는 역사적인 현실을 말하는데, 요(堯)나 순(舜)이 왕의 자리에서 천하를 잘 다스린 일이나 걸(桀)과 주(紂) 같은 사람이 왕의 자리에서 세상을 어지럽힌 경우가 곧 그것이다. 이러한 자연적인 권세는 사람이 어쩔 수 없다.

인위적인 권세에는 총명의 권세와 위엄의 권세가 있다. 총명의 권세란 군주의 개인적인 능력을 사용하려 하지 말고 모든 신하가 군주의 눈과 귀가 되도록 만들어야 한다는 이론이다.

군주는 권세와 술수로써 천하의 모든 사람이 자신을 속이지 못하게 만들고, 있는 그대로 보고하게 만들어야 한다. 군주가 모든 정보를 장악함으로써 국가의 일을 정확하게 알고 있어야 힘을 갖게 된다는 말이다.

한비자는 위엄의 권세는 호랑이의 이빨이나 발톱과 같다고 생각하였다. 그래서 "호랑이나 표범이 사람을 이기고 모든 짐승을 휘어잡을 수 있는 까닭은 발톱과 이빨이 있기 때문이다. 만일에 호랑이와 표범이 발톱과 이빨을 잃어버린다면 반드시 사람에게 제압당하게 된다. 지금 권세가 중요한 것은 임금의 발톱이나 이빨과 같기 때문이다 :『한비자』「인주」(人主)"라고 하였다. 다른 곳에서 그는 권세를 임금의 마차를 끌고 가는 말과 같다고도 하였다. 이러한 위엄의 권세는 사실 그가 말한 법과 술을 잘 활용하는 데서 나오게 된다.

권세는 이와 같이 중요하기에 다른 사람에게 넘겨 주어서는 안 된다. 호랑이가 이빨과 발톱을 다른 동물들에게 빌려줄 수 없는 것이나 마찬가지이다. 여기에 대해 그는 "무릇 왕량(王良)과

조부(造父) 같은 말몰이의 재주로도 말고삐를 두 사람 모두에게 맡긴다면 말을 부릴 수 없다. 이처럼 임금도 신하들과 권세를 함께 한다면 어떻게 나라를 다스릴 수 있겠는가? :『한비자』「내저설 우하」(內儲說 右下)"라고 말했다.

역사발전론

한비자는 통치방법을 말하는 과정에서 역사가 발전한다는 이론을 전개하였다. 일반적으로 다른 철학자들은 옛날을 이상적인 사회로 그리고 있는 데 반해 한비자는 더 이상 옛날에 연연하지 않고 시대는 발전하고 있기 때문에 그 시대에 맞는 새로운 통치방법이 나와야 한다고 역설하였다.

물론 시대가 변하고 발전한다고 해서 나날이 살기가 좋아진다는 의미는 아니다. 세상을 살기가 나날이 힘들어진다 해도 분명히 변화는 있고 또 발전은 된다. 예컨대 옛날에는 철기를 사용하지 못했는데 사람들이 철기를 사용하게 된 것도 발전이고, 수렵생활에서 농경생활로 변한 것도 발전이다. 이것을 한비자는 이렇게 설명하였다.

상고(上古)의 세상에는 사람들은 적고 짐승들은 많아서 사람들은 새, 짐승, 벌레, 뱀 등을 이기지 못하였다. 어떤 성인이 나와 나무를 엮어 둥지를 틀고 여러 가지 피해를 피하게 하였다. 이에 사람들이 기뻐하여 그를 천하의 왕으로 삼으니 유소씨(有巢氏)라 하였다. 사람들이 풀과 나무의 열매나 조개를 먹으니 비린내와 고약한 냄새가 뱃속을 상하게 하여 사람들이 병에 많이 걸렸다. 어떤 성인이 나와 나무를 비벼 불을 얻어 비린내를 없앴다. 이에 사람들이 그를 좋아하여 천하의 왕으로 삼으니 수인씨(燧人氏)라 하였다. 중고(中古)의 세상에는 세상에 큰 홍수가 나서 곤(鯀)과 우(禹)임금이 물길을 터놓았다. 근고(近古)의 세상에는 걸(桀)과 주(紂)왕이 난폭하니 탕(湯)과 무(武)왕이 그들을 정벌하였다.4) 만약 우(禹)왕의 세상에 누가 나무를 엮어 둥지를 짓고 나무를 비벼 불을 피우면 반드시 곤(鯀)과 우(禹)의 비웃음을 살 것이다. 은(殷)나라와 주(周)나라의 시대에 우처럼 물길을 터놓으면 반드시 탕과 무왕의 비웃음을 살 것이다. 그렇다면 지금 현재의 세상에 요·순·우·탕의 도리를 찬미하면 반드시 새로운 성인의 비웃음을 살 것이다. 따라서 성인은 옛날을 선망하지 않고 고정불변한 법도를 본받지 않는다. 세상일을 논할 때는 그것에 새롭게 대비해야 하기 때문이다. [『한비자』「오두」(五蠹)]

여기서 한비자는 분명히 상고와 중고 그리고 근고를 나누어서 말했고 또 각각의 시대는 그 이전의 시대보다 변화와 발전이 있었다고 설명하였다. 인류가 처음에는 집을 짓지 못해 땅 위에서 그냥 살다보니 여러 가지 해충의 피해를 입었는데 나중에 집을 나무로 지으면서 그런 피해를 줄일 수 있었고, 또 처음에는 불을 사용할

---

4) 걸(桀)은 하(夏)나라(B.C. 2000~B.C. 1500)의 마지막 임금으로 술과 여자를 좋아하였고 포악하였다고 한다. 주(紂)는 은나라(B.C. 1700~B.C. 1027)의 마지막 임금이고, 탕(湯)은 하나라를 멸망시키고 은나라를 세운 임금이다. 무(武)는 주나라(B.C. 1027~B.C. 221)의 제2대 임금으로 은나라를 멸망시켰다.

줄 몰랐으나 나중에는 드디어 불을 사용할 수 있게 되었다. 이런 일을 통해 인류의 생활은 엄청난 변화와 발전을 경험하였다.

그 다음에는 홍수 피해를 줄이기 위해 물길을 텄다는 이야기가 나온다. 자연의 조건에 수동적으로 따라가는 생활이 아니라 이제 적극적으로 자연에 변화를 가하여 인간이 살기에 좋도록 바꾸어 나가게 되었다. 이것 또한 엄청난 발전을 의미한다.

이러한 발전은 여러 가지 분야에서 인류의 생활에 변화를 가져왔다. 이제 한비자는 이러한 변화에 부응하여 어떤 방식으로 백성을 다스려야 정말 효율적인가를 생각하게 되었다. 그에 따르면 새로운 시대에는 새로운 방법이 있어야 하고 결코 옛날 방식에 연연해서는 안 된다.

요임금과 순임금 시대에는 인구가 적었기 때문에 생존경쟁이 그렇게 심하지 않았고 사회가 복잡하지 않았기 때문에 복잡한 법조목이 없어도 사람들이 살아가는 데 어려움이 없었다. 그렇지만 인구가 많아짐에 따라 그만큼 생존경쟁이 치열해진 때에는 옛날 방법으로 통치할 수 없다. 발전과 변화가 항상 좋은 것만은 아니다. 날이 갈수록 살기가 힘이 드는 게 현실이다.

옛날에는 남자들이 농사를 짓지 않았다. 풀과 나무 열매가 먹기에 충분하였다. 부인들은 옷감을 짜지 않았다. 새나 짐승들의 가죽이 옷으로 충분하였다. 힘들여 일하지 않아도 양식이 충족되니 사람은 적었고 재물은 남아돌았다. 따라서 사람들은 다투지 않았다. 이 때문에 두터운 상도 없고 무거운 벌을 쓰지 않아도 백성들은 스스로를 다스렸다. 지금 한 사람이

다섯 자식을 두는 게 많은 건 아니다. 자식들 또한 다섯 자식을 두면 조부가 죽기 전에 25명의 손자가 있게 된다. 이 때문에 사람들은 많아지고 재물은 적어졌다. 열심히 수고롭게 일해도 살기가 각박하다. 따라서 사람들이 다투니 비록 상을 배로 하고 벌을 자주 주어도 혼란은 면할 길 없다. (『한비자』 「오두」)

식량이 풍족했던 시대에는 다툼이 없었기 때문에 덕으로 정치하는 일이 통했을지 모르지만, 식량이 부족하여 각박해진 시대에는 다툼이 많아져 더 이상 그러한 약한 방법으로는 통치가 불가능하다. 사회의 변화에 지대한 영향을 끼치는 요인이 바로 인구라는 점을 한비자는 정확하게 지적하였다. 그리고 그 인구가 나날이 늘어난다는 설명도 돋보인다.

여러 가지 조건으로 인해 당시의 인구는 실제로 눈에 띄게 늘어났던 모양이다. 결국 이것이 생존경쟁을 더욱 가열시켰고 거기서 여러 가지 사회적인 혼란이 초래되었으며 나아가 국가간의 전쟁으로도 파급되었다.

그렇다면 이 문제를 해결하기 위해 옛날의 방법을 그대로 답습해야 하나 아니면 새로운 방법을 모색해야 하나? 당연히 새로운 방법이 필요하다. 한비자는 보다 강한 방법이 필요하다고 생각하였다. 그는 변화하는 사회, 발전하는 역사를 인정하고 거기에 대처할 방법을 찾으려고 노력하였다.

또한 한비자는 인간의 본성 대해서도 새로운 의견을 제시하였다. 원래 그는 인간의 본성이 악하다고 하였지만 그 악함이 결국 경제적인 조건과 연관되어 있다고 주장하였다. 식량이 풍부하면 그것을 아끼지 않고 서로 나누어 먹게 되지만 식량이 적어지면 자연 서로 다투게 된다. 이것은 인간의 본성 때문이 아니고 경제적인 조건 때문이다.

일자리가 많고 사람이 적으면 일자리를 서로 차지하려고 경쟁하지 않는다. 일자리는 적은데 그것을 구하려는 사람의 숫자가 많기 때문에 치열하게 경쟁하게 된다.

> 지금 싸우고 빼앗는 것은 인성(人性)의 비열함이 아니요 재물이 적기 때문이다. 천자의 자리를 가볍게 사양한 것은 고상한 것이 아니요 권세가 박하기 때문이다. 고관에게 다투어 부탁하는 것은 비열한 것이 아니라 그 고관의 권세가 무겁기 때문이다. (『한비자』「오두」)

인간의 본성은 고정되어 있지 않고 상황에 따라 변한다. 조건이 좋으면 좋은 마음을 갖게 되고 조건이 아주 나쁘면 악한 마음을 갖게 된다. 식량이 남아돌면 누가 남의 식량을 탐내며 땅이 많으면 누가 남의 땅에 욕심을 내겠는가?

그리고 처자식이 굶주리는데 누가 남의 물건을 훔칠 생각을 하지 않겠는가? 이것은 인간의 본성이 고정되어 있지 않고 상황이나 조건에 따라 달라짐을 말한다. 한비자는 이러한 인간성의 변화를 정확하게 지적하였다. 한비자가 살았던 시대는 살기가 각박했기 때문에 그는 인간의 본성이 악하다고 판단한 모양이다. 인간의 본성이 바로 사회경제적인 조건을 반영한다는 그의 이론은 상당히 설득력이 있다.

제5장

한대(漢代)의 철학

·
·
·

금문학과 고문학

동중서

왕충

한대(漢代)의 철학

금문학과 고문학

 진(秦)나라의 왕, 정(政)은 기원전 221년에 그 동안 분열되어서 혼란하였던 중국을 마침내 통일하였다. 그리고 그는 스스로 황제(皇帝)라 칭하였다.
 그는 사상의 통일을 위해 이사(李斯)의 진언에 따라 기원전 213년에 의약·복서·농림 관계 이외의 책은 모두 몰수하여 소각시키고, 민간인이 책을 소장하지 못하도록 법으로 막았다. 그리고 이듬해에는 수도 함양에서 신선도(神仙道)를 주장하는 방사(方士)와 유학자 460명을 흙구덩이에 묻어서 죽였다. 이를 분서갱유(焚書坑儒)라고 하는데 중국문화 발전에 커다란 충격을 준 사건이었다.
 이런 상황에서 누가 경전을 보관하며 그것을 가르치고 또 배울 수 있겠는가? 그러니 자연 학문은 침체될 수밖에 없었다. 더구나 조정에 남아 있던 책들은 항우(項羽)5)가 진의 궁궐을 불태울 때 모두 함께 불타 버리고 말았으니 학문의 흐름에 단절이 생기게 되었다.

일반인들이 책을 지닐 수 있게 된 때는 그로부터 22년 뒤인 한(漢)의 혜제(惠帝) 4년(B.C. 191)에 이르러서였다. 그 뒤 문제(文帝)・경제(景帝)에서 무제(武帝)에 이르기까지 경전을 익힌 사람들의 암송에 의거하여 많은 경전이 다시 정리되었는데 이것들은 당시의 예서(隷書)로 기록되었다. 이것을 금문경전(今文經傳)이라 부른다.

문・경제 때에 이르러 각 경(經)에 대한 전문가가 세워지고 『시경』(詩經)・『상서』(尙書 : 書經)・『춘추』(春秋)에 박사(博士)를 두었다. 무제 건원(建元) 5년(B.C. 134)에는 동중서(董仲舒)의 건의에 의해 오경박사(五經博士)를 두게 되었다. 이와 함께 유학은 국가의 학문으로 인정되었고 다른 학파의 이론들은 부정되었다.

그리고 무제와 성제(成帝) 때에는 잃어버린 책들을 대대적으로 모으는 사업을 펼쳐 천하에 흩어져 있던 책들을 모았다. 이렇게 하여 조정에 많은 서적이 모이기는 하였지만 어느 책이나 모두 완전하지 못하여 교정이 필요하였다. 또한 이때 옛날에 기록된 많은 고문경전(古文經典)이 발견되었다. 고문이란 이미 당시에는 사용하지 않았던 과두문자(蝌蚪文字 : 大篆)를 가리킨다. 그래서 그것을 사람들이 완전하게 해독할 수 없었기 때문에 훈고학자(訓詁學者)들의 주석이 필요하였다.

---

5) 항우(項羽, B.C. 232~B.C. 202)는 진(秦)나라 말기에 유방(劉邦)과 천하를 놓고 다투었으나 해하(垓下)에서 유방에게 포위되어 자살하였다.

금문경전의 전문가들로는 『시경』에는 신배공(申培公)·원고생(轅固生)·한영(韓嬰) 등이 있었고, 『서경』에는 구양생(歐陽生)·대하후(大夏侯)·소하후(小夏侯) 등이 있었는데 이들은 복승(伏勝)에게서 배웠다. 『예기』(禮記)에는 대대(大戴)·소대(小戴)·경보(慶普) 등이 있었는데 이들은 고당생(高堂生)에게서 배웠다. 『춘추』의 전문가로는 엄팽조(嚴彭祖)·안안락(顔安樂) 두 사람이 있었는데 이들은 모두 호모생(胡母生)과 동중서(董仲舒)에게서 배웠다. 『역경』(易經)의 전문가로는 시수(施讎)·맹희(孟喜)·양구하(梁丘賀)·경방(京房) 등이 있었는데 이들은 모두 전하(田何)에게서 배웠다.

고문경전을 보면 『시경』은 모공(毛公)이 전하였고, 『역경』은 비직(費直)이 전하였으며, 『서경』·『예기』·『논어』는 노나라 공왕(恭王)이 공자의 고택을 중수하려고 벽을 허물다 발견하였다. 그리고 『춘추좌씨전』(春秋左氏傳)은 장창(張敞)이 전하였다.

고문학(古文學)은 왕망(王莽) 시대에 유흠(劉歆)에 의해 크게 번성하였으나 곧 쇠퇴하고 금문학(今文學)이 다시 유행하였다. 그러나 금문학이 신비적이고 미신적인 요소가 많아 여기에 대한 반발로 후한시대(後漢時代, 25~220)에는 학자들이 다시 고문학으로 눈을 돌리게 된다.

후한시대의 유명한 고문학자로는 가규(賈逵)·허신(許愼)·마융(馬融)·복건(服虔)·정현(鄭玄, 127~200) 등이 있다. 특히 정현은 마융의 제자로 고문경과 금문경 모두에 능통하여 『주역』·『상서』·『모시』·『의례』·『예기』·『논어』 등의 경전에 주(注)를 달아 풀이하였다.

동중서

동중서(董仲舒, B.C. 179~B.C. 104)는 광천(廣川) 사람으로 일찍이 『춘추』를 공부하였고 경제 때에는 유가의 경전을 강의하는 박사가 되었다. 그의 저서 『춘추번로』(春秋繁露)가 현재까지 남아 있고, 『한서』(漢書)의 「동중서전」(董仲舒傳)에 그의 「거현량대책」(擧賢良對策)이 들어 있다.

무제 때 그가 건의한 대책이 받아들여짐으로써 유학이 다른 학파들보다 유리한 입장에 서게 되었다. 하지만 한대의 유학은 공자와 맹자를 순수하게 발전시키지 않고 거기에다 여러 가지 비합리적인 이론을 덧붙였다. 이러한 유학을 우리는 바로 동중서의 학문에서 볼 수 있다.

동중서의 철학은 두 가지 특징을 가지고 있다. 첫째는 천(天)에 대한 관념이 옛날로 되돌아갔다. 즉, 하늘을 완전히 인격적인 존재로 생각하였으며, 이 인격적인 존재인 하늘은 인간의 일에 간섭하고 나아가서 상과 벌을 준다는 것이다.

공자에서 이미 하늘의 인격성이 상당히 엷어졌고, 순자에 와서는 하늘의 인격성이 완전히 없어졌는데 동중서에 와서 하늘은 다시 인격적인 존재가 되었다. 이와 함께 동중서는 노장이나 순자와 달리 다시 자연과 인간의 일체를 강조하고 나섰다. 이것이 바로 그의 천인감응설(天人感應說)이다.

둘째로 동중서의 철학은 음양오행설(陰陽五行說)이나 참위설(讖緯說)[6] 같은 사이비 과학과 결합하였다. 음양오행설은 전국시대부

---

[6] 음양오행설에 바탕을 두고 일식(日蝕) · 월식(月蝕) · 지진 등의 천지이변

터 시작된 학설인데 한대에 와서 상당히 넓게 퍼져 모든 일을 이것으로 설명하려 하였다. 아직까지도 음양오행설이 널리 받아들여지고 있는 점을 보면 그 이론의 영향이 얼마나 큰지 알 수 있다.

천(天)

중국사람들은 원래 고대부터 하늘을 인격적인 존재로 생각해 왔다. 그 근거는 중국의 경전들에도 많이 남아 있다. 원시인이 자연을 두려워하고 또 그러한 자연의 엄청난 힘을 어떤 인격적인 존재와 연관시켜 생각하는 것은 아주 자연스러운 현상이다.

그러나 사람들의 의식 수준이 높아짐에 따라 그러한 생각이 잘못되었음을 깨닫게 되고, 그러한 인격적인 존재에 대한 믿음이 점차 사라지게 되었다. 우선 현실적으로 그러한 초월적인 존재가 우리에게 경험되지 않는다는 사실이 초월자에 대한 믿음을 약하게 만든다.

우리가 경험하는 세계는 모두 확인 가능하지만 그 배후에 있는 초월자는 우리에게 알려지지 않는다. 그래서 여러 가지 자연현상의 배후에 아무것도 없다는 생각을 하는 사람들의 수도 점점 늘어났다. 노자와 장자 같은 철학자들이 그러한 생각을 적극적으로 체계화했고 유가에서는 순자가 그런 주장을 한 대표적인 인물이다. 묵자는 다른 철학자들과 달리 하늘을 인격적인 존재로 보았다.

동중서가 생각한 하늘은 인격성을 가지고 있어서 인간과 같이 의지를 가지며 감정을 가지는 존재이다. 이러한 동중서의 하늘은

(天地異變)이나 은어(隱語)에 의거하여 인간사회의 길흉화복을 예언하는 설.

춘추전국시대의 합리적인 하늘에 대한 견해에 비해 퇴보했다고 볼 수 있다. 하지만 동중서의 이러한 하늘에 대한 견해는 사람들의 일반적인 생각을 더 잘 반영하고 있다는 점에서 보다 현실성이 있다.

합리적으로 생각하면 자연을 주재하는 인격적인 존재가 없는 것 같지만 일상적인 차원에서 우리는 본능적으로 자연의 배후에 있는 인격적인 존재를 생각하게 된다. 우리가 엄청난 자연현상들을 대하게 되면 우선 두려워할 수밖에 없다. 자연의 엄청난 힘은 그 스스로 인격성을 가지고 우리에게 다가오게 된다. 자연의 힘과 사람들의 두려움이 인격적인 초월자를 만들어 내지 않았을까?

그래서 보통사람들은 인격적인 존재가 자연의 배후에 있다고 쉽게 생각할 수 있다. 이러한 사람들의 생각이 바로 하늘을 인격적인 존재로 만들었다. 이것이 다시 종교적인 차원으로 발전하여 하늘을 믿고 의지하고 하늘의 명령을 거역하지 않으려는 믿음으로 발전하게 되었다. 사람은 누구나 종교적인 본능을 가지고 있다. 그 본능이 어느 정도 충족되지 않으면 정상적인 생활을 할 수 없다.

공자의 유학은 이러한 인간의 기본적인 욕구를 충족시키는 데 성공하지 못한 면이 있다. 그것은 공자의 현실적이고 합리적인 태도 때문이지만 일반인도 모두 그렇게 되기를 바랄 수는 없다. 일반인들은 공자만큼 합리적이지도 못하고 강한 마음을 가지고 있지도 못하다. 대부분의 사람은 마음이 아주 연약하기 때문에 불안하고 초조해서 초월자에게 의지하고 싶어 한다.

그들에게는 초월자가 없는 것보다 있는 편이 마음이 더 편하다.

초월자가 있으면 그 초월자에게 잘 보여 어떻게든 자기 마음을 전달하고 또 문제를 해결할 가능성이라도 있지 않은가. 그러한 초월자가 없다면 그야말로 막막할 뿐이다. 그들에게는 인간으로 홀로 서 있다는 사실이 더 부담되고 또 두렵고 외롭다.

통치자의 입장에서 보면 이러한 일반인의 생각을 잘 반영할 의무가 있고 또 인격적인 초월자가 있는 편이 훨씬 통치에 유리하다. 통치자가 아무리 훌륭하다 하더라도 인간이기 때문에 완전할 수 없고 능력에도 한계가 있다. 그 능력의 한계를 인간이 아닌 보다 완전한 존재의 힘을 빌려 극복할 수 있다면 그보다 더 좋은 일은 없다.

그래서 하늘이 인격적인 존재라면 통치자의 입장에서도 상당히 좋다. 물론 하늘이 통치자가 마음에 들지 않아 천명(天命)을 옮긴다면 큰일이지만 그렇지 않다면 하늘의 힘은 통치자의 든든한 배경이 될 수 있다. 통치자는 인격적인 존재를 자신의 배경으로 이용할 수 있어서 좋고 또한 백성의 종교적인 욕구를 충족시킬 수 있어서 좋다.

그리고 인격적인 존재를 향한 믿음은 곧바로 통치자에 대한 믿음과 연결이 될 수도 있다. 그래서 통치자들은 적극적으로 자신이 하늘의 선택을 받았다는 것을 믿고 싶어 하고 또 그것을 다른 사람들에게 과시하고 싶어 했다. 그렇기 때문에 한(漢)의 통치자들에게는 인격적인 하늘이 더 필요했고 또 그것을 이론으로 체계화한 사람이 바로 동중서라 할 수 있다.

따라서 동중서가 유학에 기여한 공헌에는 그가 유학을 한의 관학(官學)으로 만들었다는 사실뿐만 아니라 유학에 보다 종교적인 색채를 강하게 했다는 점도 포함된다. 공자가 처음에 생각한 그러한 합리적이고 건조한 사상은 어쩌면 오랫동안 통치자와 일반인들의 관심을 끌지 못했을지도 모른다.

동중서는 "천(天)이란 백 가지 신(神)들의 군주요, 임금이 가장 존경하는 존재이다 :『춘추번로』(春秋繁露)「교제」(郊祭)"라고 말하였고, 다시 "천(天)이란 백 가지 신들의 임금이다. 천의 섬김을 갖추지 못하면 백 가지 신이라 할지라도 오히려 이익이 되지 못한다 :『춘추번로』「교제」"라고 단언하였다.

여기서 동중서는 천(天)을 상제(上帝)와 같이 보고 있다. 상제는 신들을 다스리고 인간을 다스리는 인격적인 존재이다. 그러므로 지상의 군주는 천을 가장 존경해야 한다. 천을 거역하고서는 아무 것도 할 수 없으므로 비록 다른 여러 신에게 잘 보여도 소용이 없다. 그러니 신들의 임금에 해당하는 천에게 무엇보다도 잘 보일 필요가 있다. 그래서 군주는 천을 잘 섬겨야 하는 중요한 임무를 가지게 된다. 천에 제사를 잘 지내는 일이 황제가 해야 할 중요한 행사 가운데 하나이기도 하다. 이러한 모든 신의 임금에 해당하는 천은 인간과 같이 감정을 가지고 있다.

> 천(天)에는 기뻐하고 노여워하는 기운이 있고, 슬퍼하고 즐거워하는 마음이 있는데 인간과 서로 들어맞는다. 같은 것으로써 합한다면 천과 인간은 하나이다. 봄은 기쁜 기운이므로 살리고 가을은 노한 기운이므로 죽인다. 여름은 즐거운 기운이므로 길러 내고 겨울은 슬픈 기운이므로 감추어 버린다. [『춘추번로』「음양의」(陰陽義)]

천이 인격적인 존재라는 이론을 동중서는 사계절을 예로 들어 아주 간략하게 잘 설명하였다. 사계절은 다름 아니라 천의 감정 표현이다. 천의 감정 표현은 인간에게 희노애락의 감정이 있는 것과 같다. 그래서 그는 천과 인간이 하나라고 과감하게 주장하였다.

여기서 우리는 동중서에게 다분히 범신론적(汎神論的)인 생각이 있음을 알 수 있다. 천은 초월자로서 자연과 분리되지 않고 바로 하나로 연결되어 있다. 천의 감정과 의지가 바로 자연을 통해 나타나게 됨으로써 자연은 사람으로 말하자면 천의 육체에 해당한다. 그래서 인간의 육체와 정신이 하나로 되어 있듯 자연과 천은 하나로 합쳐져 있다.

이와 같은 천은 기독교의 초월신과 다르고 또 중국의 상제와도 다르다. 초월자로서 신은 자연이나 인간과 완전히 분리되어 있으면서 자연과 인간을 다스리거나 간섭하는 존재이다. 자연의 변화는 신의 감정이나 의지와는 분명히 분리되어 있어야 한다. 그렇지 않고 거기에 구분이 없어지면 신적인 것과 자연적인 것 그리고 인간적인 것이 뒤섞이면서 신의 초월성이 사라지고 만다.

그런데 동중서가 말하는 천은 자연과 분명하게 구별이 잘 안되기 때문에 엄밀한 의미에서 초월적인 존재라 볼 수 없다. 그래서 천은 자연과 동의어로 사용될 수 있다. 명령하는 초월자와 명령을 따르는 존재가 사실은 하나이다.

천의 도[天道]는 다음과 같이 진행된다. 봄은 따뜻하여 만물을 태어나게 하고, 여름은 더워서 만물을 자라게 하고, 가을은 서늘하여 만물을 시들어 죽게 하고, 겨울은 추워서 만물을 움츠려 숨게 한다. 이처럼 따뜻함·더움·서늘함·추움의 기(氣)가 각각 다르지만 그 공(功)은 같아서 모두 다 천이 한 해의 사업을 완수하게 하는 바탕이 된다. [『춘추번로』 「사시지부」(四時之副)]

중국철학에서는 천과 자연이 동의어로 쓰이는 경우가 많다. 그 이유도 아마 범신론적인 사유 때문인 것 같다. 이것은 중국사상의 가장 중요한 특징 가운데 하나라 할 수 있다. 자연에 천의 의지가 완벽하게 실현되기에 그 둘은 분리할 수가 없을 정도이다.

또한 이러한 사상은 자연을 살아 있다고 보는 자연관을 형성하였다. 자연은 천의 의지가 실현되는 곳으로 죽은 물질의 덩어리가 아니고 생물체의 몸처럼 생명을 가지고 있다. 자연이 생명력을 가지고 있다고 보는 이러한 자연관은 이후 동양사상에서 중요한 역할을 하였다.

천인감응(天人感應)

앞에서 자연과 천이 결국 하나이므로 동중서가 말하는 천은 범신론적인 성격을 갖는다는 점을 살펴보았다. 그러면 인간과 천이 어떤 관계에 있는지를 보아야 할 차례이다. 그는 먼저 "천은 만물의 조상이다. 만물은 천이 아니면 생겨나지 못한다 : 『춘추번로』「순명」(順命)"라고 말해 천이 만물의 근원임을 분명히 밝혔다.

그리고 천이 만물을 창조한 목적은 "사람을 기르기 위해서이다 : 『춘추번로』「복제상」(服制象)"라고 분명하게 말하였다. 다른 유학자들과 마찬가지로 인간이 만물보다 높은 차원에 있다는 견해이다. 그래서 인간은 만물 가운데 가장 위대한 존재이다. 그는 이것을 "천지의 정기로써 생긴 사물 가운데 사람보다 더 귀한 것은 없다 :『춘추번로』「인부천수」(人副天數)"라고 표현하였다.

인간이 만물 가운데 가장 귀한 존재이지만 이 역시 천이 낳은 존재이다. 그래서 그는 "사람이 사람인 것은 천에 근본하기 때문이다. 천 역시 사람의 증조부이니 이것이 곧 사람이 천과 한 종류가 되는 까닭이다 :『춘추번로』「위인자천」(爲人者天)"라고 하였다. 사람의 조상이 천이라는 말은 천이 인간을 낳았다는 의미이다. 인간이 천의 자손이니 인간과 천은 같은 종류에 속하고 그러니 인간은 천을 닮지 않을 수 없다. 그는 인간이 천을 얼마나 닮았는지를 다음과 같이 설명하였다.

> 하늘이 한 해의 수(數)로써 사람의 몸을 이루었으므로 작은 뼈마디 366은 한 해의 날수와 맞는다. 큰 뼈마디 12개는 한 해의 달 수와 일치한다. 몸 안에 다섯 개의 장기가 있는 것은 오행(五行)의 수와 맞는다. 몸 밖에 4개의 팔과 다리가 있는 것은 사계절의 수와 맞는다. 눈을 떴다 감았다 하는 것은 밤과 낮이 있는 것과 일치한다. 강하고 부드러움이 있는 것은 여름과 겨울이 있는 것과 같다. 슬픔과 즐거움이 있는 것은 음(陰)과 양(陽)이 있는 것과 일치한다. (『춘추번로』「인부천수」)

천과 인간은 그 구조에 있어 완전히 동일하다. 그래서 인간을 소우주라 할 수 있다. 그만큼 인간은 우주에서 귀한 존재이다. 인간이 소우주임을 구체적으로 설명한 사람이 동중서이니 그의 공이 크다.

　동중서는 천과 인간이 닮은꼴이라는 점을 인간의 위대성 하나만을 증명하기 위해 사용한 것은 아니다. 그는 이 이론으로 천인합일(天人合一)을 증명하고자 하였다. 여기서 동중서가 말하는 천은 인격적인 초월자라기보다 자연에 더 가깝다. 그래서 천인합일의 이론은 자연과 인간의 합일로 보아도 괜찮다.

　어떻게 인간과 자연의 합일이 가능한가? 분명히 자연과 인간은 다르고 그래서 분리되어 있는 것 같다. 그런데 어떻게 상호연관성을 가지게 되는가? 동중서는 이것을 같은 종류끼리 서로 통한다는 비교적 단순한 경험적 사실을 근거로 설명하였다. 자연과 인간은 서로 같은 존재이기 때문에 서로 감응한다고 보았다.

　마을에서 한 집의 닭이 울면 다른 집의 닭들도 같이 울고, 한 집의 개가 짖으면 다른 집의 개들도 일제히 짖는 것 등이 같은 종류끼리 서로 감응하는 예이다. 이러한 예보다 세련된 예는 같은 악기들끼리 서로 울리게 하는 현상이다. 두 개의 현악기를 가까이 놓고 하나의 악기에서 특정한 음을 내면 다른 악기도 똑같은 음을 내게 된다. 이것을 공명(共鳴)현상이라 하는데 옛날 사람들이 보면 매우 신기했을 것이다. 물론 이 현상은 공기의 파동이 다른 악기에 전해져 동일한 소리를 내게 하는 현상일 뿐이다. 이러한 현상을 근거로 동중서는 바로 천인감응이라는 철학적 이론을 생각하게 되었다. 하늘의 변화가 인간에게 그대로 전달되고 또한 인간의 변화가 하늘에 그대로 전달된다고 보았다.

하늘에는 음양이 있는데 마찬가지로 사람에게도 음양이 있다. 하늘과 땅의 양의 기운이 왕성해지면 사람에게 있는 양의 기운도 그것에 응해서 왕성해진다. 사람에게 있는 양의 기운이 왕성해지면 하늘에 있는 양의 기운도 또한 마땅히 그것에 응해서 왕성해져야 하니 그 원리는 같다. [『춘추번로』「동류상응」(同類相同)]

  하늘에서 어떤 일이 일어나면 인간에게도 그것에 감응하여 똑같은 일이 일어난다는 이론이 천인감응설이다. 역으로 인간에게 어떤 일이 일어나면 자연에게도 그것에 상응하는 일이 일어난다. 이것은 결국 인간과 자연이 하나로 밀접하게 연관되어 있음을 설명하는 이론이다.
  이와 같이 자연과 인간이 같이 하나로 연결되어 있다는 생각은 사실 현대인에게 더욱 절실히 필요하다. 요즘은 인간이 자연을 제압하고 나아가서 파괴하는 정도가 지나쳐 장차 인간에게 어떤 재앙이 올지도 모르는 심각한 상황이다. 수많은 동식물이 멸종하였고 공기와 물도 오염되어 이제 숨쉬기도 힘들고 물을 마시는 일도 쉽지 않다.
  자연이 주는 맑은 공기와 물이 없어지게 되면 바로 인간에게 피해가 오게 된다. 또한 많은 동식물의 멸종은 자연의 생태계를 파괴하여 자연에 이상한 변화를 가져오고 이것은 다시 인간에게 재앙으로 되돌아올 가능성이 높다. 이러한 때에 동중서의 천인합일사상은 의미하는 바가 크다. 우리는 자연과 별개의 존재가 아니라 한 몸을 이루고 있기 때문에 언제나 조심할 필요가 있다.

동중서의 천인감응이론은 폭넓게 적용된다. 한 개인과 자연과의 관계뿐만 아니라 통치자와 하늘과의 관계에도 적용되고 사회의 분위기와 자연과의 관계에도 적용된다. 곧 사회가 평화로우면 자연도 평화롭고 사회가 어지러우면 자연도 어지럽다.

동중서의 이 주장이 조금은 엉뚱하지만 분명히 일리는 있다. 해외여행을 해 본 사람이라면 이 말을 더 잘 이해할 수 있다. 우리가 어떤 나라로 여행을 가게 되었을 때 그 나라의 분위기는 바로 그 나라의 자연이 잘 보여 준다. 깨끗하고 풍요로운 자연을 가진 나라는 분명히 안정되고 부유한 나라이고 그렇지 못하고 지저분하고 삭막한 자연을 가진 나라는 대체로 국민들도 어지럽고 가난하다.

우리는 가끔 매스컴을 통해 북한의 자연을 볼 기회가 있는데 거기에서 느껴지는 분위기는 아주 삭막하다. 산은 민둥산이고 들판 또한 정리가 안 되어 있어 어수선하다. 어디 하나 풍요롭다는 느낌을 주는 곳이 없다. 이것은 곧 북한이 여러모로 살기가 힘들다는 사실을 잘 말해 준다. 그럼 우리나라는 어떤가? 옛날보다는 정말 많은 면에서 좋아졌다. 그럼에도 불구하고 선진국에 비해 부족한 곳이 여전히 많다. 어느 정도 산에 나무도 우거지고 들판도 조금 정리가 되어 있지만 지저분하기는 마찬가지이다. 자연을 아름답게 가꾸고자 하는 일반인들의 의식이 아직 부족하다.

산과 들은 개발로 파괴된 흔적이 그대로 남아 있고 산은 온통 묘지들로 덮여 있다. 이것이 한국의 문화를 말해 준다고 주장하는 이들도 있을 수 있겠지만 시급한 개선이 필요한 부분이다. 자연이 바로 우리의 수준을 말해 주고 우리의 의식을 보여 준다. 한마디로 말해 자연이 어지러우면 우리의 마음도 어지럽다. 동중서가 말한 천인감응을 오늘날에 적용한다면, 인간의 마음을 반영하는 거울이 바로 우리 주변의 자연이다. 그는 다음과 같이 이것을 설명하였다.

> 세상이 잘 다스려지고 백성들이 복종하며 사람들의 뜻이 평탄하고 기운이 바르면, 하늘과 땅의 변화는 오묘하고 만물이 아름답게 된다. 세상이 어지럽고 백성이 거역하며 뜻이 기울어지고 기운이 거꾸로 되어 있으면, 하늘과 땅의 변화는 상하게 되고 기운은 재해를 일으킨다. [『춘추번로』「천지음양」(天地陰陽)]

사회적으로 혼란스러워지면 자연에 혼란이 발생하는 일도 천인감응설로 설명이 가능하다. 그래서 무엇보다도 먼저 사람들이 복종하고 평화로운 마음을 가져야 자연도 안정되고 평화롭다. 이러한 그의 이론은 한편으로는 통치자들이 통치를 쉽게 하기 위하여 만들어 내었다고 볼 수 있다. 그러나 또 한편 자연과 인간이 합일되어 있다는 전제에서 자연스럽게 나올 수 있는 결론이라는 생각도 든다.

인간과 자연의 합일이나 인간이 자연과 그 구조가 같다는 이론은 먼저 사람이 다른 존재보다 특별한 존재라는 사실을 말해 준다. 인간이 위대한 존재라는 데 대해서 이의를 제기할 사람은 없다. 그런데 이제 다른 문제는 인간을 자연과 동일하게 설명할 수 없다는 데 있다. 이미 앞에서 보았듯 하늘의 의지는 자연에 그대로 반영되기 때문에 하늘과 자연 사이에는 틈이 있을 수 없다. 마치 내가 나의 몸을 움직이듯 하늘의 뜻이 자연에 그대로 실현된다.

원칙적으로 보자면 인간도 하늘이 만들었고 또 하늘의 형상을 본떴을 뿐만 아니라 하늘과 하나이기 때문에 하늘이 의지하는 대로 인간이 움직여야 한다. 하지만 현실적으로 볼 때 인간이 하늘의 의지대로 움직이지는 않는다. 만일 그렇다면 인간사회에는 아무런 문제가 없을 것이다. 그리고 인간사회에 어떤 문제가 있다 하더라도 그것이 하늘의 뜻이라면 누가 거기에 대해 말을 할 수 있겠는가?

인간은 분명 자연과 다르기 때문에 하늘의 의지와 인간의 행동 사이에 차이가 생기게 된다. 하늘의 의지대로 인간이 움직이지 않을 때 결국 하늘은 인간의 일에 간섭하게 된다. 하늘이 인간의 일에 전혀 간섭하지 않으면 하늘과 인간은 완전히 분리되어 천인합일을 말할 수 없다. 동중서에 의하면 하늘은 인간의 일에 간섭하고 상과 벌을 준다.

바로 인간 행위의 선과 악을 하늘이 판단하여 상도 주고 벌도 준다. 인간은 자연과 다르게 하늘의 의지대로 행동하지 않을 수 있기 때문에 하늘은 상과 벌을 통해 인간의 행위를 통제한다. 특히 국가의 최고 통치자는 하늘을 대신하여 백성을 다스리고 있으므로 하늘의 의지를 잘 알고 거기에 따라 실행할 의무가 있다. 만일 그렇지 못하여 하늘의 뜻을 거스르게 되면 하늘은 곧 그 잘못에 대해 경고의 의미로 재해를 내린다. 이것이 바로 동중서의 재이설(災異說)이다.

천(天)과 사람이 서로 관계를 가질 때에는 매우 두려워할 만하다. 국가가 도(道)를 잃어버리게 되면 천은 재해를 내려서 경고하고 그래도 반성을 하지 않으면 괴변을 내려 놀라게 한다. 그래서 바꾸지 않으면 다치거나 패망하게 된다. (『한서』 「동중서전」)

동중서가 하늘이 인간의 일에 간섭한다는 생각을 처음 한 것은 아니다. 이런 생각의 역사는 오래되었는데 도가의 철학자들이나 순자에 오게 되면 자연과 인간을 분리함으로써 하늘이 적극적으로 인간의 일에 간섭할 수 없다는 사조(思潮)가 강하게 된다. 이러한 흐름에서 동중서는 다시 옛날로 돌아가 하늘이 인간의 일에 간섭할 수 있다는 주장을 하였다. 인간의 행동을 규제하는 초월자가 없다면 인간을 통제할 수 있는 방법은 찾기 힘들다.

한 개인의 행동은 사회의 법이나 주변 사람들의 통제를 받기 때문에 크게 염려할 필요가 없다. 하지만 국가의 최고 통치자인 군주가 잘못된 행동을 한다면 누가 통제할 수 있는가? 전제군주제 아래서 최고 통치자를 규제하는 일은 쉽지 않다. 그래서 군주보다 더 높은 하늘의 힘을 빌리지 않을 수 없다.

인격적인 존재인 하늘을 염두에 두고 행동한다면 크게 정도(正道)에서 벗어나지 않게 된다. 설사 인격적인 초월자가 없다 하더라도 그렇게 절제된 행동이 군주 자신을 위해서도 유리하다. 아무리 절대 권력을 가지고 있다 하더라도 그것이 영원히 계속되지는 않는다. 언젠가는 그 권력을 잃는 날이 오고 그때가 되면 결국 그는 심판받아야 한다.

동중서는 자연의 재해를 두 가지 방법으로 설명한다. 하나는 군주가 하늘의 뜻을 거슬렀을 때 하늘이 경고하는 의미로 그런 재해를 일으킨다는 것으로 하늘의 인격성이 조금 강하다. 또 하나는 인간과 하늘이 하나로 서로 연결되어 있기 때문에 인간이 잘못 행동하게 되면 그 영향이 바로 자연에 나타나는데 그것이 바로 자연 재해라는 설명이다. 이 두 가지 설명을 다 인정하는 동중서의 이론은 상당히 범신론과 가깝다.

음양오행설

음(陰)이란 원래 그늘을 뜻하고 양(陽)이란 햇볕을 뜻하는 말이다. 나중에 음은 여성적이고 수동적인 성질을 의미하게 되고, 양은 남성적이고 능동적인 성질을 의미하게 되었다. 음양에 관한 최초의 언급은 『국어』(國語)에 나타나 있는데 나중에 『주역』에서 핵심 개념으로 변한다.

오행(五行)은 『상서』의 「홍범」(洪範)에 보이는데, 수(水)·화(火)·목(木)·금(金)·토(土) 다섯 가지이다. 물은 축축하여 아래로 스며들고[潤下], 불은 위로 타올라 가고[炎上], 나무는 휘어지기도 하고 곧아지기도 하며[曲直], 쇠는 마음대로 모양을 바꿀 수 있고[從革], 흙은 종자를 심어 곡식을 수확할 수 있다[稼穡].

오행설은 세계를 다섯 가지 성질을 갖는 사물을 가지고 상징적으로 설명하고자 하는 이론이다. 음양과 오행을 가지고 세계를 설명한 사람들은 바로 전국시대의 음양가(陰陽家)들이다. 그 대표자는 추연(鄒衍, 약 B.C. 305~B.C. 240)이다.

추연은 제(齊)나라 사람으로 그의 음양과 오행에 관한 이론은 후대에 엄청난 영향을 끼쳤다. 그의 저서가 전해지지 않아 구체적으로 그의 이론은 알 수 없으나 『사기』(史記)의 설명에 따르면 지리에 관해 많은 지식이 있었던 것 같다. 그리고 그는 오행의 상생(相生)과 상극(相剋)을 역사에 적용하여 역사에서 법칙성을 찾고자 하였다.

동중서는 이러한 음양가의 이론을 그대로 이어받아 자신의 철학 체계에 포함시켰다. 동중서는 하늘을 세계를 주재하는 최고의 존재로 생각하였는데, 하늘이 주재하는 작용은 반드시 음양, 오행의 기(氣)를 통하여 나타난다고 하였다. 그는 음양에 대해 이렇게 설명하였다.

> 하늘과 땅 사이에 음양의 기(氣)가 항상 인간을 적시는 것은 물이 항상 물고기를 적시고 있는 것과 같다. 기가 물과 다른 까닭이란 볼 수 있는 것과 볼 수 없는 것일 뿐인데, 그것은 담담하여 아무런 맛도 없다. 그러므로 사람이 하늘과 땅 사이에 사는 것은 물고기가 물을 지나가는 것과 같다. (『춘추번로』 「천지음양」)

하늘과 땅 사이는 우리가 눈으로 볼 수 없는 기로 가득히 꽉 차 있기 때문에 하늘과 인간의 상호 감응이 가능하다. 하늘과 인간의 감응이 가능한 이유는 그 둘 사이를 연결해 주는 기가 있기 때문이라는 그의 주장은 나름의 합리적인 근거가 있다. 두 개의 악기 사이에는 공기가 있어 공명이 가능하듯 하늘과 인간의 사이에도 기가 있어 감응이 가능하다.

다음으로 그는 오행(五行)에 대해 보다 자세하게 설명하였다.

그는 "하늘에는 오행이 있다. 첫째는 목(木)이요, 둘째는 화(火)이요, 셋째는 토(土)이요, 넷째는 금(金)이요, 다섯째는 수(水)이다. 목은 오행의 시작이요, 수는 오행의 끝이다. 토는 오행의 중간이다. 이것이 그 차례의 순서이다 : 『춘추번로』「오행지의」(五行之義)"라고 말하였다. 그리고 계속해서 그는 "행(行)이란 운행이다. 그 운행방식이 다르기 때문에 그것을 오행이라고 하였다. 오행이란 다섯 가지 기능이다. 나란히 서로 생겨나게 하지만 간격을 두고는 서로 이겨 낸다 : 『춘추번로』「오행지의」"라고 설명하였다.

그의 설명에는 오행의 상생과 상극이 포함되어 있다. 상생은 목은 화를 낳고, 화는 토를 낳고, 토는 금을 낳고, 금은 수를 낳고, 수는 목을 낳는다는 오행의 관계에 대한 이론이다. 그리고 상극은 수는 화를 이기고, 화는 금을 이기고, 금은 목을 이기며, 목은 토를 이기고, 토는 수를 이긴다는 이론이다. 이 두 가지 이론은 이후 동양사상에 많은 영향을 끼치게 된다.

동중서는 음양가와 마찬가지로 목화금수는 방위(方位)는 물론 사시(四時)를 주재한다고 생각하였다. 그리하여 목은 동쪽과 봄을, 화는 남쪽과 여름을, 금은 서쪽과 가을을, 수는 북쪽과 겨울을 각각 주재하고 토는 중앙을 주재하여 나머지 사시의 기에 도움을 준다. 사계절의 운행도 음양의 작용으로 설명할 수 있다. 음과 양은 소멸하고 자라나고 왕성해지고 쇠퇴하는데 일정한 궤도를 따라 순환하고 사방을 두루 통하여 다닌다. 양이 점점 자라 동에서 목의 기운을 돋우어 움직이면 봄이 오며, 다시 양이 점점 강하게 되어 남으로 이동하여 화의 기운을 돋우면 여름이 온다.

성장은 끝없이 계속되지는 않고 한계가 있다. 그러므로 양이 절정에 도달하여 쇠퇴하기 시작하면 음이 성장하기 시작하여 서로 움직이게 되어 금의 기운을 돋우면 가을이 오고, 음이 점점 힘을 얻어 북으로 이동하여 수의 기운을 돋우면 겨울이 온다. 그러나 음도 그 절정에 달하면 쇠퇴하기 시작하고 그와 동시에 양이 새로운 성장을 개시한다. 이리하여 사계절의 변화는 음양의 소멸, 성장, 유동으로써 생기며 사계절의 연속은 음양의 연속에 의하여 생긴다.

역사철학

 역사가 일정한 법칙에 따라 변하냐 또는 그렇지 아니한가의 문제에 대해서는 여러 가지 학설이 있었다. 만일 역사에 일정한 법칙이 있다면 구체적으로 그 법칙은 무엇인가 하는 것도 흥미로운 문제이다. 세계를 움직이는 법칙이 있다고 생각한 사람들은 역사를 움직이는 법칙도 있다고 믿고 그것을 밝히고자 노력하였다. 중국에서 최초로 이러한 문제에 관심을 가졌던 인물이 바로 전국시대 말기에 살았던 추연이다.

 동중서는 전국 말기의 철학자 추연의 오덕종시설(五德終始說)을 이어받아 삼통설(三統說)을 주장하였다. 오덕종시설이란 오행의 상극 순서에 따라 왕조가 변천한다고 보는 역사관이다. 이것을 『여씨춘추』(呂氏春秋)에서는 다음과 같이 설명하였다.

 대체로 제왕이 크게 일어나려고 할 때마다 하늘은 먼저 백성들에게 상서로운 조짐을 보여 준다. 황제(黃帝) 때에는 하늘이 먼저 큰 지렁이와 큰 땅강아지를 보여 주었다. 이것을 보고 황제는 "토(土)의 기운이 이긴다"고 말했다. 토의 기운이 이기므로 그는 황색을 숭상하고 토의 덕(德)을 모범으로 삼았다. 우임금 때에는 하늘이 먼저 풀과 나무를 가을과 겨울에도 죽지 않게 하였다. 그래서 우임금이 "목(木)의 기운이 이긴다"고 하였다. 목의 기운이 이기므로 그는 청색을 숭상하고 목의 덕을 모범으로 삼았다. 탕임금 때에는 하늘이 먼저 칼날을 물 속에 나타나게 하였다. 탕임금은 "금(金)의 기운이 이긴다"고 말했다. 금의 기운이 이기므로 그는 백색을 숭상하고 금의 덕을 본보기로 삼았다. 문왕(文王) 때에는 하늘이 먼저 불을 보였는데, 붉은 새가 붉은 책을 입에 물고 주(周)나라의 사직(社稷)에 내려앉았다. 문왕은 "화(火)의 기운이 이긴다"고 말했다. 화의 기운이 이기므로 그는 붉은 색을 숭상하고 화의 덕을 본보기로 삼았다. 화의 기운을 대신하는 것은 반드시 수(水)의 기운이며, 하늘은 또 수의 기운을 이기게 만들 것이며, 수의 기운이 이기면 제왕은 흑색을 숭상하고 수의 덕을 본보기로 삼아야 한다. [『여씨춘추』(呂氏春秋)「유시람」(有始覽)]

추연은 역사가 오행의 순서에 따라 변한다고 보았으므로 과거의 역사뿐만 아니라 앞으로 나올 미래의 역사까지도 어느 정도 예측할 수 있다고 생각하였다. 그의 이론을 믿었던 진시황(秦始皇)은 기원전 221년에 최초로 천하를 통일하고 진(秦)이 주나라를 계승한 왕조이므로 "수(水)의 덕이 시작된다"고 믿었다. 그래서 그는 수에 해당하는 흑색을 숭상하였고, 수(數)도 수(水)에 해당하는 6을 숭상하였으며 수의 덕을 본보기로 삼았다.

진(秦)은 가혹한 정치 때문에 오래 지속되지 못하고, 곧 한(漢, B.C. 207~A.D. 220)이 진을 계승하였다. 한의 황제 역시 오덕(五德) 가운데 어떤 하나의 덕에 의해 황제가 되었다고 믿었다. 하지만 그 덕이 어떤 덕인가에 대하여는 학자들 사이에 상당한 논란이 있었다.

어떤 학자는 한이 진을 계승한 왕조이니까 토(土)의 덕에 의거하여 통치되어야 한다고 주장하였고, 다른 학자는 진이 너무 가혹했고 아주 짧은 기간 동안 존재했었기 때문에 합법적인 왕조가 될 수 없으니, 한의 왕조가 진정한 주(周)의 계승자라고 주장하였다. 기원전 104년 한의 무제(武帝)는 토(土)가 한의 덕이라고 결정을 내려 발표하였으나 여전히 의견은 일치되지 못하였다.

동중서는 이러한 추연의 이론을 고쳐 왕조의 교체는 오덕의 운행에 일치하는 것이 아니라 삼통(三統)의 결과라고 주장하였다. 삼통은 흑통(黑統)·백통(白統)·적통(赤統)인데 각각은 그 자신의 통치체계를 가지고 있으며, 각 왕조는 하나의 통(統)을 대표한다. 중국 역사에서 하(夏)왕조는 흑통, 상(商)왕조는 백통, 주왕조는 적통을 대표한다. 이 세 가지의 순서대로 왕조는 순환한다. 왕조가 바뀔 때 새로운 왕은 자기가 새로운 천명을 받았음을 알리기 위해 외형적인 변화를 시도하는데 대표적으로 역법(曆法), 제도(制度), 예절(禮節)을 개정한다.

동중서가 주장한 이 삼통설은 왕조에 제한을 가하는 이론으로도 볼 수 있다. 아무리 훌륭한 왕조라 할지라도 그 통치기간은 한계가 있어 종말이 오면 다른 왕조에게 천명을 넘겨 주어야 하고, 새로운 왕조가 새로운 천명을 받게 된다. 그리고 이것은 자연의 원리를 인간사회에 그대로 적용한 이론이기도 하다. 이 세상에 영원히 사는 생명체는 없다. 반드시 태어나고 성장하고 늙고 죽는 과정을 거쳐야만 한다. 국가의 운명도 생명체와 같이 태어나고 죽는 과정을 거친다. 동중서의 역사철학은 이것을 삼통설로 설명하였다.

왕충

한(漢)은 말기에 외척인 왕망(王莽)이 득세하여 결국 망하고, 서기 9년에 새로운 왕조인 신(新)이 들어서게 되었다. 그러나 신(新)은 오래가지 못하고 서기 23년에 유 씨(劉氏)들에 의해 다시 무너지고 만다. 당시에 하북(河北) 일대를 장악하고 있던 유수(劉秀)가 서기 25년에 황제로 추대되어 국호를 후한(後漢, 25~220)이라 정하였다.

왕충(王充, 27~100)은 후한의 광무제(光武帝) 때 태어나 화제(和帝) 때 세상을 떠났다. 그는 고문학자였으나 훈고에만 매달리지 않고 자신의 학설을 세우기 위해 노력하였다.

한대의 경학(經學)은 크게 금문학파(今文學派)와 고문학파(古文學派)로 구분된다. 금문(今文)이란 진(秦) 이래 당시에 통용되던 문자로 쓴 경전을 말한다. 전한(前漢)의 금문 전문가들이 사용하던 책들은 모두 나이 많은 학자들이 기억한 내용을 당시에 통용되던 예서(隸書)로 기록한 것이다. 그러나 그 뒤 고문으로 된 경전들이 점점 나타나게 되는데 이 서적들은 한대에 사용하지 않던 과두문자(蝌蚪文字 : 大篆)로 기록되었다 하여 고문(古文)이라 불렀다. 전한

시대의 경학자(經學者)들은 대부분 고문으로 된 경전을 믿지 않았다. 전한 말기에 유흠(劉歆)이 여러 번 학관(學官)을 설립하여 전문적으로 고문경전을 연구하고 가르쳐야 한다고 건의하였으나 받아들여지지 못하였다.

왕망이 전한을 멸망시키고 새로운 왕조 신(新)을 세우자 유흠은 왕망의 조정에서 고문경전의 학관을 세우기 시작하였다. 그러나 신이 망하고 후한이 들어서면서 고문경전의 학관은 곧 없어지고 말았다. 이러한 상황에서도 금문학자들의 음양재이설(陰陽災異說)에 싫증을 낸 사람들이 많아짐에 따라 다시 고문학이 점차 활기를 띠게 되었다.

동중서를 대표로 하는 금문경학(今文經學)은 음양오행설과 재이론 그리고 참위설이 혼합되어 있었고 공자를 소왕(素王)으로까지 높였는데, 고문경학자들은 이러한 참위설을 모두 비판하고 공자를 위대한 스승의 지위에 머물게 하였다.

왕충은 바로 고문학파의 대가로서 금문경학의 신비적이고 미신적인 요소를 비판하고 도가사상을 흡수하여 새로운 철학의 체계를 건립하였다. 그는 당시의 극성했던 미신을 비판할 정도로 진보적이고 합리적인 사람이었다. 왕충의 사상은 그의 저서 『논형』(論衡)에 잘 나타나 있다.

천론(天論)

동중서는 하늘을 인격적인 존재로 생각하였으나 도가의 자연관을 그대로 잇고 있는 왕충은 하늘을 인격적인 존재로 보지 않았다. 왕충의 하늘은 그냥 자연의 하늘일 뿐이고 의지를 가진 존재가 아니다. 자연의 배후에 어떤 인격적인 존재가 있어 자연을 관리하고, 또 자신의 의도대로 움직이도록 간섭하는 것은 아니라고 생각하였다. 하늘에 대한 그의 견해는 자연과학적인 지식에 기초하고 있었다. 실제로 그는 당시 천문학에서 논의되고 있던 하늘과 우주에 대한 견해를 받아들여서 자기 나름의 이론을 전개하였다.

한시대의 천문학에는 하늘을 설명하는 세 가지 학설이 있었다. 개천설(蓋天說)과 선야설(宣夜說) 그리고 혼천설(渾天說)이 그것이다. 개천설은 하늘이 우산처럼 위를 덮고 있고 땅은 네모난 모양으로 아래에 펼쳐져 있다는 이론이다. 혼천설에 따르면 하늘과 땅이 모두 원형으로 하늘은 밖에서 계란과 같이 단단한 껍질을 이루고 땅은 안에서 노른자를 이룬다. 선야설에서는 하늘을 일정한 형태를 가진 물질로 보지 않고 아무런 성질이 없는 공간일 뿐이라고 주장하였다.

왕충은 이러한 이론들을 고려하고서 하늘과 땅이 모두 물질적인 실체라고 하였다. 그리고 그 하늘과 땅은 서로 닿지 않고 그냥 평행하며, 그것은 원기(元氣)가 변해서 이루어졌고 그 사이에서 만물이 생겨났다고 보았다. 우주의 기원에 대해서 그는 이렇게 설명하였다.

원기가 아직 나뉘지 않았을 때는 혼돈하여 하나이다. 유가의 책에서 또한 말하기를 "어둑어둑 흐릿흐릿한 상태[溟涬濛澒]란 기가 아직 나뉘지 않은 것이다. 그것이 분리될 때 맑은 것은 하늘이 되고 흐린 것은 땅이 되었다"고 하였다. 역술가와 유가의 책에 따르면 하늘과 땅이 처음 나뉠 때는 형체가 아직까지 작았으며 서로의 거리가 가까웠다. …… 기(氣)를 함유하고 있는 종류는 자라나지 않는 것이 없다. 하늘과 땅은 기를 함유하고 있는 자연이다. 처음 생길 때부터 지금까지 햇수가 아주 많이 걸렸다. 그리하여 하늘과 땅의 거리는 그 멀고 가까움을 계산할 수가 없다. [『논형』「담천」(談天)]

왕충은 여기서 하늘과 땅 역시 원기로 만들어졌다고 설명하였다. 특히 하늘과 땅이 점점 자라고 있다고 본 점은 주목할 만하다. 처음에는 하늘과 땅 사이가 매우 근접해 있었으나 세월이 흐르면서 점차 그 사이가 멀어졌다. 말하자면 그는 이미 당시에 우주의 성장론을 생각하고 있었다. 현대천문학에서 말하는 우주의 팽창설과 유사한 점이 있어 관심을 끈다.

그는 이렇게 하늘을 구체적인 물질로 보았다. 그리고 그것은 의식이 없는 존재이기 때문에 동중서의 하늘과는 완전히 다르다. 왕충의 하늘은 아무런 의지도 없고 의식도 없는 존재이며, 만물을 의도적으로 만들지도 않았고 만물에 대해 간섭할 수도 없다. 만물은 하늘과 땅의 기운이 합쳐져 우연히 생겼을 뿐이고 의도적으로 만들어진 결과가 아니라는 것이다.

천인감응설의 비판

동중서는 하늘을 인격적인 존재로 보고, 그것이 인간의 일에 간섭한다는 점을 강조하였다. 또한 인간과 하늘은 같은 구조를 가지고 있기 때문에 서로 감응하여 하늘의 뜻이 인간에게 전해지고 인간의 일이 직접 하늘에 전해진다고 하였다. 하지만 의지를 가진 하늘의 존재를 부정하는 왕충은 그러한 감응도 마찬가지로 부정하였다. 하늘이 인간의 일을 알지도 못하고 인간의 일이 하늘에 어떤 영향을 줄 수도 없다는 것이다.

왕충에 따르면 하늘이 인간을 의도적으로 만든 것이 아니다. 인간은 다른 만물과 마찬가지로 하늘과 땅의 기운이 합쳐져 우연히 발생했다. 그래서 그는 "유학자들이 말하기를 하늘과 땅은 고의로 사람을 만들어 냈다고 하는데 이것은 헛소리다. 무릇 하늘과 땅이 기를 합할 때 사람이 우연히 저절로 생긴 것이다 :『논형』「물세」(物勢)"라고 주장하였다.

그는 인간과 만물은 모두 하늘과 땅의 기운이 합쳐져 만들어졌지만 거기에 하늘의 의지가 작용하지 않았으며, 인간에게 의식이 있다고 해서 하늘에도 그와 똑같이 의식이 있을 것이라고 생각해서는 안 된다고 보았다. 왕충은 인간의 의식과 같은 것이 하늘에는 존재하지 않음을 비교적 구체적으로 증명하려 하였다.

어떻게 하늘이 그러함을 아는가? 하늘에 입과 눈이 없기 때문이다. 생각컨대 행위를 하는 자는 자기의 입과 눈이 있는 종류이다. 입이 먹고 싶어 하고 눈이 보고 싶어 한다. 좋아하는 욕망이 안에 있게 되면 밖으로 드러나서 입과 눈이 그것을 구하니 욕망을 위해 하는 것이다. 이제 입과 눈의 욕구가 없어서 사물을 구하고 찾을 것이 없으니 무엇을 하겠는가?
[『논형』「자연」(自然)]

왕충에 따르면 사람과 같이 입과 눈이 있다면 입과 눈의 욕망이 있겠지만 하늘은 전혀 그런 감각기관을 가지고 있지 않으니 역시 그런 욕망도 있을 수 없다. 만물과 인간이 생긴 것은 완전히 우연일 뿐이다. 그리고 만물은 저절로 발생하였고 만물을 창조한 조물주는 존재하지 않는다. 하늘은 의식이 없으므로 군주가 정치를 잘한다고 상을 주거나 정치를 못한다고 벌을 줄 수도 없다.

　하늘은 단지 하늘일 뿐이고 인간은 인간일 뿐이다. 그 양자 사이에 동중서가 말한 바와 같은 연관관계는 전혀 없다. 인간의 구조와 하늘의 구조가 같기 때문에 서로 감응이 있다는 이론은 옳지 않다. 자연의 배후에 인격적인 존재가 없기 때문에 인간의 일에 간섭하지도 않는다. 자연은 자연의 원리대로 움직여 나갈 뿐이다. 그리고 그 자연은 의식을 가진 존재가 아니기 때문에 인간처럼 생각하거나 의지를 가지지 못한다.

원기설(元氣說)

　앞에서 언급한 바와 같이 왕충은 우주와 만물 그리고 인간이 모두 원기로부터 나왔다고 주장하였는데, 원기로부터 가장 먼저 나온 것은 하늘과 땅이고, 그 하늘과 땅 사이에 있는 만물은 하늘과 땅이 생성시켰다. 이것은 부부가 자식을 낳는 것과 같고 모든 생물이 새끼를 낳듯이 하늘과 땅은 만물을 낳았다.

　그러나 하늘과 땅이 의지가 있어 만물을 의도적으로 낳은 것은 아니다. 그냥 만물은 자연적으로 생겨났다는 표현이 더 적절하다. 그래서 그는 "하늘은 위에 덮여져 있고 땅은 아래에 놓여 있다. 아래의 기운이 위로 올라가고 위의 기운이 아래로 내려온다. 만물은 저절로 그 사이에서 생긴다:『논형』「자연」"라고 하였다.

이것은 따뜻한 공기와 차가운 공기가 만나면 자연적으로 구름이 형성되거나 비가 생기는 현상과 같은 원리이다. 누가 의도적으로 차가운 공기를 만들지도 않았고, 마찬가지로 누가 따뜻한 공기를 만들지도 않았다. 차가운 공기와 따뜻한 공기가 자연적으로 생겨났을 따름이다.

그리고 누가 일부러 차가운 공기와 따뜻한 공기를 만나게 하지도 않았다. 그저 자연적으로 그것들이 만나고 자연적으로 거기서 구름이 생기고 또 비가 형성된다. 인간과 만물이 하늘과 땅 사이에서 생기는 이치도 이와 똑같다.

이렇듯 하늘과 땅이 모두 동일한 원기로부터 만들어졌다는 왕충의 주장은 하늘과 땅이 근본적으로 같고 하늘도 결국 물질적인 존재라는 의미이다. 그렇게 해서 그는 하늘이 정신적인 존재이거나 땅보다 차원이 높은 존재라는 당시 유가들의 견해를 정면으로 비판하였다.

그리고 원기로 이루어진 모든 존재는 살아 있어서 성장하고 발전한다. 그래서 생물과 무생물 사이에 근본적인 차이는 없다. 생물과 무생물의 차이라기보다는 생물들 사이의 차이라고 말하는 편이 더 적절하다.

하늘과 땅의 원기는 자연계의 만물을 생기게 하는 본체이므로 이것은 모두 생겨나거나 없어지지 않는다. 그래서 그는 "하늘과 땅은 태어나지 않기 때문에 죽지 않으며 음과 양도 태어나지 않으므로 죽지 않는다. 죽은 것은 삶을 드러내는 것이요, 살아 있는 것이란 죽음의 조짐이다. 대체로 시작이 있는 것은 반드시 마침이 있고 마침이 있는 것은 반드시 시작이 있다. 오직 시작도 없고 끝도 없는 것이 오래 살고 죽음이 없는 것이다 :『논형』「도허」(道虛)"라고 설명하였다.

하늘과 땅도 원래는 원기에서 생겼지만 일단 생기고 나서는 없어지지 않는다는 그의 생각이 독특하다. 마찬가지로 음과 양도 생기고 사라지는 존재가 아니다. 다만 하늘과 땅 사이에 있는 사물들만이 생성과 소멸을 반복한다.

이것을 그는 얼음이 얼었다 녹았다 하는 현상에 비유하기도 하였다. 그래서 그는 "사람의 삶은 얼음과 같다. 물이 응결하여 얼음이 되고 기(氣)가 쌓여 사람이 된다. 얼음은 한 해의 겨울이 지나면 녹아 버리고 사람은 백세를 살면 죽는다 :『논형』「도허」"라고 말하였다. 여기서는 사람에 대해서만 말했지만 다른 사물과 생물도 마찬가지이다. 하늘과 땅 사이의 모든 사물은 생성과 소멸을 반복한다. 그러나 그 기(氣)는 사라지지 않고 영원히 그대로 존재한다.

운명론

왕충은 인간과 세계를 다스리는 초월적인 존재를 부정하였지만 운명은 결정되어 있다고 믿었다. 그에 따르면 초월적인 존재가 운명을 결정하지 않는다고 운명이 없는 것은 아니며, 저절로 모든 일이 이루어지기 때문에 오히려 사람들에게 일정한 운명이 없을 수 없다. 그리고 그 운명을 바꿀 수도 없다고 하였다.

> 대체로 성(性)과 명(命)은 다르다. 어떤 경우엔 성이 선하면서도 명은 흉하고, 어떤 경우엔 성은 악한데도 명은 길하다.

품행이 선하고 악한 것은 성이다. 화복(禍福)과 길흉(吉凶)은 명이다. 어떤 사람은 선을 행하였는데도 화(禍)를 얻었다. 이것은 성이 선한데도 명이 흉한 것이며, 어떤 이는 악을 행하였는데도 복을 얻었다. 이것은 성품은 악한데 운명은 길한 것이다. 성품에는 저절로 선악이 있는 것이고, 운명에는 저절로 길흉이 있는 것이다. 좋은 운명을 타고난 사람으로 하여금 비록 선행을 하지 않게 하더라도 반드시 복을 없게 하지는 못하며, 좋지 못한 운명을 타고난 사람으로 하여금 비록 조심스런 행위를 하도록 장려한다 하더라도 반드시 화를 없애지는 못한다. [『논형』「명의」(命義)]

왕충에 따르면 인간의 본성이 선하거나 악하거나 혹은 악과 선이 혼합되어 있듯 사람의 운명도 흉하거나 길하게 되는데, 그것은 이미 태어날 때부터 정해져 있다. 그리고 사람의 성품이 선하다고 반드시 그 사람의 운명이 좋다는 보장도 없고 또 성품이 악하다고 그의 운명이 흉하다는 법도 없다. 그 두 가지는 완전히 별개로 연관이 없다.

실제로 우리는 착한 사람이 힘들게 사는 경우를 보기도 하고 악한 사람이 잘사는 경우도 본다. 왕충의 이론은 이런 현상들을 더욱 잘 설명해 준다. 그래서 불교의 인과응보설(因果應報說)도 부정되고 만다. 마찬가지로 착한 일을 하면 하늘이 복을 준다는 유가의 주장도 부정된다. 잘살 운명인지 못살 운명인지는 이미 날 때부터 결정되어 있다는 것이다.

오래 사는 사람과 오래 살지 못하는 사람 역시 처음부터 결정되어 있다. 어떤 원기를 타고나느냐에 따라 건강하거나 약하게 되고 오래 살거나 짧게 살게 된다. 사람이 오래 사느냐 요절하느냐 하는 문제는 실제로 타고난 체질과 어느 정도 관련이 있으니 그의 이론에도 일리는 있다. 현대의 과학자 중에도 수명을 결정하는 유전자가 있다는 주장을 하는 사람들이 있다.

 나아가 그는 사람이 높은 벼슬을 하느냐 벼슬을 하지 못하느냐 하는 운명도 정해져 있다고 보았다. 요즘도 많은 사람이 사주를 보고 자기의 재산 운이나 출세 운을 알아보려고 하는데 그 역사는 매우 길다. 왕충에 따르면 부자로 사느냐 가난하게 사느냐 하는 운명은 주로 어떤 사람이 태어날 때의 별자리에 달려 있다. 그뿐만 아니라 그는 사람의 골상이 그 사람의 부귀와 빈천에도 영향을 준다고 믿었다.

> 사람이 임금의 총애를 받거나 해를 입는 것은 모두 명에서 비롯된다. 죽음과 삶 그리고 장수와 요절의 명이 있고 부귀와 빈천의 명이 있다. 왕공부터 서인에 이르기까지, 성현과 어리석은 자를 막론하고, 무릇 머리와 눈이 달리고 혈기를 지닌 동물이면 모두 명이 있다. [『논형』「행우」(幸偶)]

 왕충은 개인의 운명이 이미 정해져 있다고 전제하고 국가의 운명 역시 정해져 있다고 말하였다. 개인의 노력이나 군주의 능력과는 아무 상관없이 잘살거나 못살게 된다는 그의 이론은 결국 이상한 결론으로 나가고 말았다. 세계가 초월자의 의지와 상관없이 자연적으로 운동 변화한다는 출발은 좋았지만 마지막에 가서 철저한 운명론으로 빠진 모습은 그의 시대적 한계를 보여 준다.

제6장
위진(魏晉)의 현학

- 왕필

- 곽상

위진(魏晉)의 현학

후한(後漢)은 말기에 외척과 환관들의 득세로 말미암아 혼란에 빠지게 되었고, 설상가상으로 184년에는 장각(張角)이 이끄는 태평교도(太平敎徒)들이 반란을 일으켜 멸망을 재촉하였다. 이때 태평교도들이 모두 머리에 황색 두건을 쓰고 있었기 때문에 이 반란을 황건(黃巾)의 난(亂)이라 한다.

이 반란은 실패하였지만 이것을 진압하는 과정에서 중앙 권력이 약해지고 지방 세력이 득세하게 되었다. 220년에 결국 조비(曹丕)에 의해 후한이 망하고 이후 오랫동안 분열과 혼란한 시대가 계속되었다. 이러한 분열의 시대는 586년 수(隋)가 다시 중국을 통일할 때까지 369년간이나 지속되었다. 이 시기를 역사에서는 위진남북조(魏晉南北朝, 221~589)시대라 부른다. 이때 나타난 철학인 현학(玄學)은 황건 농민의 반란과 무관하지 않다.

황건 반란의 지도자였던 장각은 노장사상의 변형이라 할 수 있는 태평도(太平道)의 창시자였다. 태평도는 장릉(張陵)이 창시한 도교의 일종이라 할 수 있는데, 많은 사람이 그를 따랐던 것을 보면 당시의 분위기를 엿볼 수 있다. 이런 상황 속에서 철학자들이 노장사상을 많이 연구하게 되었던 것은 어쩌면 당연한 일이었는지도 모른다.

현학(玄學)이라는 말은 위진남북조시대의 철학적인 논의를 포괄적으로 지칭하는 용어이다. 현(玄) 자에는 "검다", "깊다", "오묘하다"라는 뜻이 있는데『도덕경』첫 장에 나온다. 거기에는 도(道)가 "현묘(玄妙)한 것 가운데서 또 현묘하다"[玄之又玄]라고 기술되어 있다.

그래서 '현학'이라는 용어 하나만 보아도 이 학파가 도가를 이어받았다는 사실을 알 수 있다. 이 학파에 속하는 철학자들은 유학과 노장사상을 동시에 말하지만 노장을 중심으로 두 사상을 종합하려고 노력하였다. 현학자들이 관심을 가졌던 중요한 문제로는 유무(有無)·본말(本末)·체용(體用) 등이 있다.

왕필

왕필(王弼, 226~249)은 위(魏)나라 산양(山陽) 사람이다. 어려서부터 신동으로 세상에 널리 알려졌던 인물인데 오래 살지 못하고 24세의 젊은 나이에 죽었기 때문에 자신의 철학을 완성했다고는 할 수 없다. 하지만 그가 남긴『노자주』(老子注)와『노자지략』(老子指略) 그리고『주역주』(周易注)와『주역약례』(周易略例) 등을 통하여 그의 사상을 짐작하는 일은 그리 힘들지 않다.

그는 노자와 장자의 사상을 좋아했으나 그렇다고 공자를 소홀히 하지는 않았다. 그것을 우리는 그가 배휘(裴徽)를 방문하여 한 말을 통해 알 수 있다. 당시 왕필이 이부랑(吏部郞)의 벼슬을 하고 있던 배휘를 방문했을 때, 그는 왕필에게 이렇게 질문하였다. "대체로 무(無)란 참으로 만물의 근원이다. 그러나 성인은 즐겨 말하려고 하지 않았는데, 노자는 그것을 끝없이 이야기한 것은 어째서일까? : 『세설신어』(世說新語) 「문학」(文學)" 여기에 대해 왕필은 이렇게 대답하였다. "성인은 무를 체득하고 있었지만 무를 말로 풀이할 수 없었으므로 이야기하지 않았습니다. 그런데 노자와 장자는 유를 벗어나지 못하였으므로 언제나 부족한 것을 말하였습니다. : 『세설신어』 「문학」"

왕필은 공자가 노자보다 차원이 더 높다고 말했으므로 공자를 비판하거나 배척한 것은 아니다. 그럼에도 그의 사상은 노자의 사상을 그대로 따르고 있다. 생각컨대 왕필은 공자의 가르침과 노자의 가르침에 근본적인 차이점이 있다는 사실을 인정하지 않았던 모양이다.

무(無)의 철학

왕필은 노자의 사상을 이어서 무를 만물의 근원으로 보고 또 그것을 강조했기 때문에 그의 사상은 무의 철학이라 할 수 있다. 무가 만물의 근원이라는 것은 이미 노자가 말했기 때문에 완전히 새로운 이론은 아니다. 노자의 사상을 왕필이 보다 체계적으로 설명했다는 점이 돋보인다.

왕필은 서로 화해가 될 수 없을 것 같은 유와 무의 관계를 논리적으로 설명하고 있다. 사실 노자는 "유(有)가 무(無)에서 생겨난다"

라고 했지만 어떻게 그것이 가능한지에 대해서는 상세하게 설명하지 않았다. 그리고 유와 무의 관계가 어떤지에 대해서도 구체적으로 자세하게 말해 주지 않았다. 다만 도(道)가 무라고 주장했고 그것이 중요하다는 점을 말했을 뿐이다.

왕필은 노자의 이 이론을 모(母)와 자(子), 본(本)과 말(末), 체(體)와 용(用), 동(動)과 정(靜), 일(一)과 다(多) 등의 개념을 이용하여 설명하였다. 노자의 무를 왕필이 철학적 이론을 가지고 구체적으로 설명하였다.

먼저 왕필은 무를 어머니로 보고 만물을 그 자식으로 보았다. 그는 노자와 마찬가지로 도나 무를 완전히 존재가 없음으로 보지는 않고 단지 그것이 형체를 가지지 않기 때문에 인식이 불가능하다는 의미에서 무라고 불렀다. 우리가 인식할 수 있는 부분은 언제나 현상에 해당하고 그 본체는 드러나지 않기 때문에 인식이 불가능하다. 우리에게 인식되는 대상은 본체가 드러난 모습으로 본체가 어머니라면 현상은 자식들이다.

왕필은 『도덕경』 제1장의 주(注)에서 이것을 "무릇 모든 것은 무에서 시작하므로 형체가 없는 것과 이름이 없는 것은 모든 것의 시작이 된다. 형체를 가지고 이름을 가지게 되면 그것을 키우고 기르니 만물의 어머니가 된다"라고 설명하였다.

우리가 감각으로 파악할 수 있는 현상계(現象界)는 궁극적인 존재가 아니고 그 현상계를 생성시키는 또 다른 존재 곧 본체의 세계가 있다. 그것이 바로 도 혹은 무이다. 현상계의 사물은 모두 이 무로부터 나왔다. 일단 그것들이 생겨나면 유가 되며 무는 어머니처럼 유를 돌보게 된다.

물론 도는 무위(無爲)이기 때문에 왕필이 어머니라고 하는 의미도 의도적인 작용이 있음을 말하는 것은 아니다. 마찬가지로 키우고 기른다는 말의 의미도 의도적으로 키우고 기른다는 의미라기보다는 무에 근원을 두고 있음과 의도하지 않으면서도 양육한다는 뜻이다. 그럼에도 불구하고 왕필이 말하는 무는 모든 존재의 본체로서 모든 것이 거기에 의존해야 하는 그런 근원적인 존재이다.

또한 그는 이 관계를 본(本)과 말(末)의 관계로 설명하기도 한다. 본과 말의 관계에서는 강조하는 바가 분명하다. 그는 무를 근본으로 보고 유를 말이라 하였으니 유보다는 무를 더 높이 평가하였음을 알 수 있다.

그래서 그는 "무릇 사물들이 생겨나는 것과 공(功)이 이루어지는 것은 반드시 형태가 없는 것에서 생기고 이름이 없는 것으로부터 나온다. 형태가 없는 것과 이름이 없는 것은 만물의 근본이다 : 『노자지략』(老子指略)"라고 말하였다.

왕필은 노자의 저서 『도덕경』을 한마디로 숭본말식(崇本息末 : 근본을 높이고 말단을 종식시킨다)이라 요약할 수 있다고 하였다. 이것은 바로 근본을 생각하지 못하고 지엽말단적(枝葉末端的)인 일에 치중하는 사람들을 경계하기 위한 말이다.

그는 유가에서 강조하는 예(禮)와 도덕이 사실 지엽말단적인 일이고 근본적인 일이 못 된다고 생각하였다. 보통사람들이 높이 평가하는 모든 가치가 실제로는 근본적이지 못하고 지엽말단적인 일일 뿐이다. 보통사람들은 출세를 하거나 많은 지식을 쌓거나 아니면 많은 재산을 모으려고 애쓴다. 왕필은 그런 일이 얼마나 지엽말단적인지를 보여 주고, 보다 근본적인 일을 알고 그것을 위해 노력하라고 충고하였다. 그 일은 결국 욕망을 버리고 마음을 비우며 소박한 생활을 하는 것이다.

다음으로 왕필은 무와 유의 관계를 동(動)과 정(靜)으로 설명하였다. 무는 고요함이고 유는 움직임이다. 고요함이 근본이고 움직임이 말단이다. 그래서 그는 『주역』의 복괘(復卦)를 설명하면서 "복(復)이란 근본으로 되돌아감을 말한다. 하늘과 땅은 근본을 마음으로 삼는다. 무릇 움직임이 그치면 고요하게 되지만 그 고요함은 움직임의 상대가 아니다. 말을 그치면 침묵이 되지만 침묵은 말하는 것의 상대가 아니다 : 『주역』「복괘주」(復卦注)"라고 하였다.

여기서도 왕필은 고요함을 움직임보다 높은 차원으로 생각하였다. 움직임과 고요함은 서로 상대가 되지 않는다. 하나는 절대적이고 또 하나는 상대적인 차원일 뿐이다. 이 세계의 만물은 변화하는데 변화는 상대적이고 불변은 절대적이다. 변화는 단지 불변하는 본체의 표현일 뿐이다. 그래서 말하기를 "하늘과 땅이 비록 커서 만물을 풍부하게 가지고 있으며, 우레가 치고 바람이 불며 변화가 다양하다고 하나 고요한 무가 그 근본이다 : 『주역』「복괘주」"라고 하였던 것이다.

현상계의 풍부함과 움직임은 고요한 본체의 순간적인 표현에 불과하기 때문에 상대적이고 덧없는 존재일 뿐이다. 운동과 변화가 완전히 존재하지 않는 것은 아니지만 그것은 본질이 아니라 순간적인 현상이고 또한 말단에 불과하다. 고요한 본체는 무로서 운동도 없고 변화도 없으며 시간을 초월하여 영원하다.

이러한 무와 유의 관계를 그는 일(一)과 다(多)의 관계로 보기도 하였다. 여기서 일은 단순한 일이 아니라 만물의 근원이고 만물을 다스리는 존재이다. 따라서 일은 근본이고 본체이며 다는 말단이고 현상이다. 그래서 왕필은 "대체로 움직임은 움직임을 제어할 수 없다. 천하의 움직임을 제어하는 것은 바로 일자(一者)이다 : 『주역약례』(周易略例) 「명상」(明象)"라고 말하였다.

왕필의 무는 이제 단순한 무가 아니라 만물을 다스리는 존재이다. 이러한 그의 생각을 보다 구체적으로 표현한 것이 "무릇 많은 사람은 많은 사람을 다스릴 수 없다. 많은 사람을 다스리는 것은 지극히 적은 사람이다 : 『주역약례』 「명상」"라는 말이다.

본체의 세계는 무로서 일자(一者)이고, 현상의 세계는 그것이 드러난 표현으로 잡다하다. 그리고 그 잡다한 사물은 본체인 일자에 견주어 차원이 낮기 때문에 일자의 다스림을 받지 않을 수 없다. 하나가 모든 것을 통괄할 수 있는 까닭은 하나가 모든 것의 근원이요 본체이며 모든 것이 바로 이 하나에서 나왔기 때문이다.

그래서 왕필은 "이 하나는 수의 시작이요 만물의 끝이다. 각각의 사물은 생겨남에 있어 이것을 주체로 삼는다. 만물은 모두 제각기 이 하나를 얻어 이루어진 것이며, 이미 이루어지면 하나를 버리고 이루어진 데에 거한다. 어루어진 데에 거하면 그 모체를 잃게 된다 : 『노자주』(老子注) 제39장"라고 말하였다. 이 하나는 이미 앞에서 말한 바와 같이 무이고 도이다. 개별자들은 이 무에서 나왔고 또 각각 그것을 나누어 가지고 있다.

명교(名敎)와 자연

명교(名敎)란 사회의 정치제도와 윤리도덕 전체를 가리키는 말이고, 자연(自然)이란 노장사상에서 말하는 무위에 입각한 인생관을 의미한다. 위진의 현학자들은 노장사상의 영향으로 전통적인 예(禮)를 비판하고 자유롭게 사는 쪽을 더 선호하였다. 이들은 이러한 자유로운 삶이 인간의 본성에 더 맞는다고 생각하였다.

그러나 현실생활에서 윤리규범인 명교를 완전히 무시할 수는 없었다. 그래서 명교와 자연의 관계를 문제삼지 않을 수 없게 되었다. 당시의 혜강(嵆康, 223~262)과 완적(阮籍, 210~263)은 자연을 중시하고 명교를 무시하였다. 혜강은 위(魏)나라에서 중산대부(中散大夫)라는 벼슬까지 하였으나 사마 씨(司馬氏)들이 조씨(曹氏)들을 몰아내고 정권을 쟁탈하는 과정에서 살해되었다.

혜강이 내세운 대표적인 주장은 "명교를 넘어서서 자연에 맡겨라"[越名教任自然]와 "옳고 그름에 마음을 두지 않는다"[心无措乎是非]였다. 그리고 완적은 한평생 벼슬에 나아가지 않고 그가 좋아하는 술을 마시며 살았다. 그는 심지어 자기 부모가 돌아가셨는데도 일반적인 예(禮)를 따르지 않았다.

왕필은 명교와 자연의 관계에 대해 명교는 자연에서 나온다는 견해를 가졌다. 이것은 무에서 유가 나온다는 그의 이론과 일치한다. 그러니까 어디까지나 자연이 중심이 되고 명교는 바로 거기서 나온다. 자연은 본체가 되고 명교는 그것이 드러난 현상이 된다. 왕필이 생각하는 명교란 무위의 정치를 실현하는 수단이기 때문에 자연에 어긋나서는 안 된다.

여기서 왕필이 명교와 자연이 서로 모순되지 않고 하나로 합쳐질 수 있다고 말한 점이 중요하다. 명교와 자연은 현상과 본체의 작용과 같아서 서로 다르지 않지만 그래도 자연이 우선한다는 주장이다. 자연이 명교의 본체가 됨으로써 명교는 자연을 벗어나서는 안 된다.

명교와 자연에 대한 왕필의 이러한 생각은 노장사상과 유학을 종합하려는 의도에서 나왔다. 유가는 명교를 강조하지만 도가는 자연을 앞세우기 때문에 정치방법에 있어서도 의견이 서로 다르다. 그는 이러한 대립을 종합하기 위하여 명교와 자연이 완전히 서로 다르지 않고 동일한 것의 양면일 뿐이라고 주장하였다.

왕필의 이론은 도가사상을 중심으로 한 명교와 자연의 종합이라고 평가할 수 있다. 그러나 현실적으로 사회제도와 도덕규범을 자연의 산물이라고 간단하게 말하기는 어려운 것 같다.

성인관(聖人觀)

위진의 현학자들에게 있어 성인이 감정이 있는가, 없는가 하는 문제는 아주 중요하였다. 일반적으로 현학자들은 성인은 보통사람들과 달리 감정이 없다고 주장하였다. 이것은 노장사상을 그대로 잇는 생각이라 할 수 있다. 노자는 이미 도(道)가 무감(無感)·무정(無情)하다고 하였고 성인도 무감·무정하다고 말하였다.

하안(何晏, 195~249)은 그래서 성인은 전혀 감정이 없다고 주장하였다. 하안은 당시에 사마 씨들이 조 씨들로부터 정권을 탈취하는 과정에서 사마 씨들에 의해 살해된 사람이다. 그가 『논어』에 붙인 주(註)는 『논어집해』(論語集解)라고 해서 오늘날까지 전해 오니 그의 공이 적지 않다.

하지만 그의 『논어』 주(註)는 노장철학의 입장에서 해석한 부분이 많기 때문에 객관적이지는 못하다. 예컨대 선진(先進)편에 "공자께서 말씀하시기를 '안회는 도(道)에 가깝다. 번번이 비어 있다'

고 하셨다"[子曰 : 回也其庶乎, 屢空]라는 말이 있다. 이것은 공자의 제자 안회(顏回)가 가난하여 곡식을 보관하는 뒤주가 자주 비었음에도 이를 개의치 않고 열심히 공부하니 그의 사람됨이 거의 완전하다는 의미이다.

그런데 하안은 누(屢)를 자주로, 공(空)을 허중(虛中)으로 보아 "마음속이 자주 비다"로 해석하였다. 이러한 하안의 주장을 계승한 후대의 현학가 고환(顧歡)은 이것을 다시 이렇게 설명하였다.

> 대체로 무욕(無欲)하려는 욕심도 없는 것은 성인의 변함없는 모습이다. 그리고 무욕하려고 욕심을 가지는 것은 현인의 한계이다. 두 사람은 모두 같이 무욕을 바란다. 두 가지 욕심이 모두 없어서 완전히 텅 비면 성인이라고 부른다. 그리고 욕심이 있다가 없다가 하여서 자주 없기 때문에 현인이라 부른다. 현인은 유(有)의 관점에서 보면 욕심이 없고, 무(無)의 관점에서 보면 무욕에 대한 욕심이 있다. 비기는 비었지만 욕심을 모두 없애지는 못했으니 가끔[屢]이 아니고 무엇이겠는가?
> [황간(皇侃), 『논어의소』(論語義疏)]

고환은 안회가 자주 텅 비었다는 하안의 해석을 현인의 경지로 설명하였다. 성인은 욕심을 없애려고 하는 욕심마저 없는 사람이고, 현인은 욕심이 없는 사람이지만 욕심을 없애려고 하는 욕심은 있는 사람이다. 그러므로 안회는 성인은 못되고 현인은 된다고 평가하였다. 이와 같이 당시의 현학가들은 유가의 경전도 노장사상의 입장에서 해석하려고 하였다. 하소(何劭)는 『왕필전』(王弼傳)

에서 성인에 대한 하안과 왕필의 견해를 다음과 같이 설명하였다.

> 하안은 성인에게 기쁘고, 슬프고, 노하고, 즐거워하는 감정이 없다고 생각하였으며 그 논지는 매우 자세하였다. 종회(鍾會) 등이 이 견해를 따랐는데 왕필은 이와는 달랐다. 왕필의 주장에 따르면 성인이 보통사람보다 빼어난 점은 정신이요, 보통사람과 같은 점은 다섯 가지 감정이 있다는 것이다. 정신이 빼어났으므로 성인은 천지 사이의 조화된 기(氣)를 체득함으로써 무와 통할 수 있다. 다섯 가지 감정이 같으므로 슬픔과 즐거움 없이 사물에 감응할 수는 없다. 그렇다면 성인의 감정은 사물에 감응은 하지만 사물에 얽매이지 않는다. 이제 성인이 사물에 얽매이지 않는다 하여 곧 사물에 감응하지 않는다고 말하는 점은 잘못이 많다.

왕필에 따르면 성인도 보통사람과 마찬가지로 다섯 가지 감정을 가지고 있지만 보통사람들과 달리 그러한 감정에 구속이 되지 않는다. 보통사람들은 그렇지 않아 감정에 구속되어 자유롭지 못하다. 만일 성인이 전혀 감정을 가지고 있지 않다면 그는 처음부터 사람이라 할 수도 없다.

성인도 사람이기 때문에 감정을 가지고 있고 사물을 대하면 그러한 감정이 일어나지 않을 수 없다. 그러나 성인은 그러한 감정에 얽매이지 않아 정신의 자유를 잃어버리지는 않는다. 성인도 기쁜 일을 당하면 기쁜 마음이 있지만, 그 기쁜 마음에 빠져 올바른 판단력을 상실하지는 않는다.

곽상

곽상(郭象, 252~312)은 서진(西晋)의 철학자이다. 서진은 우리가 잘 아는 조조(曹操, 155~220)가 후한이 멸망한 뒤 새롭게 세운 나라인 위(魏)를 이어서 나온 왕조로 280년에 다시 중국을 통일하였다.

위나라는 원래 조 씨들의 왕조였으나 249년에 이르러 사마씨(司馬氏)들이 쿠데타를 일으켜 정권을 장악하고 말았다. 결국 265년에 사마담(司馬炎)이 진(晋)왕조를 개창하게 되었다. 사마담은 280년에 삼국 가운데 끝까지 남아 있던 오(吳)나라를 정복하여 다시 중국을 통일한 무제이다.

그러나 서진의 통일시대는 오래가지 못하고 다시 분열의 시대가 계속되었다. 이러한 혼란의 시대에 주류를 이루었던 철학사상이 바로 노장사상의 변형인 현학과 청담사상(淸談思想)이었다.

곽상의 사상은 그가 남긴 『장자주』(莊子注)에 잘 나타나 있다. 그러나 이 주석서는 역사적으로 논란이 있었다. 그가 선배인 향수(向秀, 221~300)의 작품을 표절했다는 주장이 있었다. 이미 당시에 그런 논란이 있었으니 실제로 『장자주』에 향수의 사상이 많이 포함되어 있다는 사실을 알 수 있다. 그러나 편의상 여기서는 『장자주』를 곽상의 작품으로 간주하여 거기에 나타난 그의 철학사상을 살펴보자.

무(無)와 유(有)

이미 노자가 무(無)에서 유(有)가 나왔다는 말을 했고, 또 왕필이 그것을 토대로 무가 만물의 본체임을 다시 한번 강조하였다. 그러나 이들이 말하는 무는 완전히 없다는 의미의 무가 아니라 인식이 되지 않고 또 특정한 사물이 아니라는 의미에서 무이다. 그래서 무에서 유가 나왔다는 말을 할 수 있었다.

그런데 "무에서 유가 나왔다"라는 명제를 정면으로 부정하는 사람들이 나오게 되었다. 이 명제를 가장 먼저 부정하고 나온 사람이 배위(裵頠, 267~300)였다. 배위는 무는 결코 유를 낳을 수 없다고 주장하고, 유에서 유가 나올 수 있을 뿐이라고 하였다.

배위의 사상에 이어 곽상도 무에서 유가 나올 수 있다는 노자와 왕필의 견해에 반대하였다. 배위와 곽상이 생각한 무는 완전히 없음을 의미하였다. 그러므로 무는 노자와 왕필이 말하는 것처럼 본체가 될 수 없다. 그래서 그는 이렇게 말하였다.

> 무는 **변화**하여 유가 될 수 없을 뿐만 아니라, 유 역시 변화하여 무가 될 수 없다. 그러므로 유란 것은 비록 천만 가지로 **변화**한다 하더라도 하나도 무가 될 수 없다. 하나도 무가 될 수 없으므로 옛날부터 유가 아직 없었던 때가 없이 항상 존재하는 것이다. [『장자』「지북유주」(知北遊注)]

곽상이 말하는 유란 존재하는 모든 것을 가리킨다. 그리고 무란 아무것도 존재하지 않음이다. 이 두 가지는 상호 배타적이다. 그래서 무는 유가 될 수 없고 유가 무로 될 수도 없다. 유는 무가 될 수 없기 때문에 유는 시작도 끝도 없이 영원히 존재하게 된다. 곽상은 노자나 왕필이 주장한 것처럼 도(道)가 무라는 점은 인정하였다. 그러나 무에 대한 해석에는 차이가 있었다. 그에 따르면 도가 무라는 말은 그것이 완전한 없음이기 때문에 작용 역시 완전히 없다는 의미이다.

  도는 아무런 내용도 없고 아무런 능력도 없는 순수한 무이다. 그래서 도는 아무런 작용도 하지 않기 때문에 그것은 순수하게 없을 뿐이다. 오로지 유만 존재하고 다른 것은 전혀 없다. 인격적인 초월자가 있다든지 유의 배후에 또 다른 본체가 있다는 식의 이론은 곽상의 생각과는 거리가 멀다.

만물의 독화(獨化)

  곽상에 따르면 존재하는 것은 오직 유뿐이다. 그리고 이 유를 생성시킨 다른 존재는 없다. 모든 것은 저절로 생겨났을 따름이다. 어떤 사물이 다른 사물을 생기게 하는 원인이 되지도 않는다. 이것을 곽상은 '독화'(獨化)라는 말로 표현하였다. 어떠한 사물도 다른 사물의 원인이 될 수 없고 또 다른 사물이 어떠한 사물의 원인이 될 수도 없다. 모든 것은 각자 저절로 생겨났을 뿐이다. 그는 이것을 이렇게 설명하였다.

  무는 이미 무이니 유를 생기게 할 수 없다. 유가 아직 생겨나지 않았으니 또 생겨남이 될 수 없다. 그렇다면 생겨난 것을 생겨나게 한 것은 누구인가? 홀로 그렇게 저절로 생겨났을 뿐이고 내가 생기게 한 것은 아니다. 내가 이미 사물을 생기게 할 수 없으니 사물 또한 나를 생기게 할 수 없다. 그러면 나는 저절로 그러한 것이다. [『장자』「제물론주」(齊物論注)]

모든 사물이 발생하는 데 있어 다른 어떤 것을 원인으로 하지 않기 때문에 모든 일은 우연적이고 무조건적이다. 만물이 생겨나는 데는 어떠한 조건도 필요하지 않고 어떠한 법칙도 필요하지 않다. 그러므로 모든 사물은 각자 스스로 생겨날 뿐이다. 그렇다고 해서 어떤 내재적인 원인이 있어 그러냐 하면 그것도 아니다. 그래서 말하기를 "그러므로 무릇 그 무엇을 얻는다는 것은 바깥의 도에 의존하는 것도 아니고 안쪽의 자기로 말미암는 것도 아니다. 우뚝하게 스스로 얻어서 홀로 변화한 것이다 : 『장자』「대종사주」(大宗師注)"라고 하였다.

결국 아무런 원인이 없이 모든 일이 이루어진다. 그리고 사물들은 각자가 완전하고 충분해서 상호 도움도 필요 없다. 사물과 사물 사이에는 어떤 연관도 있을 필요가 없다. 그러나 곽상은 사물들 상호간에는 아무런 연관이 없다고 하면서도 결과적으로 모든 것은 서로를 돕고 있다는 사실을 인정하고 있다. 그는 이렇게 설명하였다.

세상에서 너와 나의 관계가 아닌 것은 하나도 없다. 그러나 너와 나는 모두 자기를 위하려고 한다. 이것은 동쪽과 서쪽이 서로 반대되는 것과 같다. 그러나 너와 나는 입술과 치아처럼 서로 더불어 있다. 입술과 치아는 서로를 위한 적이 한 번도 없다. 그러나 입술이 없으면 이가 시리다. 그러므로 다른 사람이 저 자신을 위하지만 나를 도와 주는 공은 매우 크다. 이것이 바로 서로 반대되지만 서로 없어서는 안 되는 이유이다. [『장자』「추수주」(秋水注)]

모든 것은 독립적인 존재이고 상관이 없지만 결과적으로는 서로 돕게 된다. 사회로 말하자면 개인은 모두 자기 자신의 이익을 위해 살지만 결과적으로는 서로 돕는다. 이러한 생각은 개체가 최대한 자율성을 가지면서, 어떻게 전체와 조화를 이룰 수 있는가 라는 질문에 대한 하나의 대답이다.

곽상에 따르면 상호 아무런 관계가 없지만 결과적으로는 모든 것이 서로를 돕기 때문에 이 세상에 존재하는 모든 것은 하나라도 없어서는 안 된다. 이러한 사상은 현실을 긍정하고 나아가 현실이 최상이라고 보는 낙관적인 태도에서 나올 수 있다.

불가지론(不可知論)

세상의 모든 사물은 서로 인과관계(因果關係)도 없고 어떤 법칙에 따르지도 않으면서 그냥 갑자기 생겼다가 갑자기 사라진다. 모든 것은 아무런 원인 없이 생겨났다가 아무런 원인 없이 사라지며, 변화와 발전도 모두 저절로 그러하다. 그들 사이에는 어떠한 인식 가능한 법칙도 존재하지 않는다.

그래서 곽상은 "그 근원을 찾아서 궁극에 이르러 보면 아무 까닭도 없이 스스로 그러할 뿐이다. 스스로 그러하니 다만 마땅히 그것에 순응하기만 하면 된다 :『장자』「천운주」(天運注)"라고 말했던 것이다. 원인이 없기 때문에 원인을 알 수도 없을 뿐만 아니라 원인을 알 필요도 없다. 모든 사물은 어떠한 원인도 없이 저절로 그러하다는 것이다.

대체로 죽은 사람은 이미 스스로 죽은 것이며, 살아 있는 자는 이미 스스로 살고 있다. 둥근 것은 이미 스스로 둥글고, 네모난 것은 이미 스스로 네모나 있다. 그 근본이 되는 것을 가지고 있지 않다. 그러므로 알지 못한다. (『장자』「지북유주」)

이렇게 원인이 없으므로 우리는 왜 그런가를 알 수 없다. 그런데도 세상에는 지식을 가지고 있다고 하는 사람들이 많다. 그런 사람들은 지식을 가지고 있다 하더라도 그 원인을 알지 못하고 저절로 알게 되었다.

저절로 알 뿐인 것은 알지 못하는 것이다. 알지 못하는 것이라면 앎은 알지 못하는 데서 나온 것이다. 저절로 하는 것은 하지 않는 것이다. 하지 않는 것이라면 하는 것은 하지 않는 것에서 나왔다. 하는 것은 하지 않는 것에서 나왔으므로 하지 않는 것을 주인으로 삼는다. 앎은 알지 못하는 데서 나왔으므로 알지 못하는 것을 우두머리로 삼는다. (『장자』「대종사주」)

곽상은 여기서 인식능력의 한계에 대해 말하고 있다. 제대로 된 앎이란 그 원인이나 과정 등에 대해 잘 알고 있어야 하지만 인간은 인식능력의 한계로 말미암아 그렇지 못하다. 예컨대 우리가 눈으로 사물을 볼 수 있지만 눈의 구조라든지 어떻게 사물을 인식하는지에 대해서는 전혀 모른다. 그냥 우리는 눈으로 사물을 보아서 그것을 알 뿐이다.

마찬가지로 사물들에 대해서도 상세하게 모르기는 마찬가지이다. 예컨대 우리는 늘 여러 가지 동물과 식물을 먹거나 이용하지만 그것들을 아는 지식은 제한적이다. 오늘날에는 과거보다 이런 것들에 대하여 많이 안다고 하지만 역시 한계가 있다. 아마 곽상은 이러한 인간의 능력에 대해 깊이 고민하였던 모양이다. 그래서 내린 결론이 바로 불가지론이었다.

나아가서 곽상에 의하면 지식은 전수할 수도 없고 가르칠 수도 없다. 그는 "말하는 것은 엉뚱한 짓을 하는 것이며 듣는 자는 현혹될 뿐이다 :『장자』「제물론주」]"라고 하여 나의 지식을 남에게 말하는 행위나 남의 지식을 배우려는 행위 모두 쓸데없다고 주장하였다.

그는 배움을 경망스럽고 가능하지도 않은 일로 생각하여, 노자와 장자의 이론을 그대로 계승하고 있다. 곽상은 세 가지 이유를 들어 배움이 소용없음을 주장하였다. 첫째로 모든 것은 변화하고 있기 때문에 배우는 일은 소용이 없다. 이것을 그는 다음과 같이 설명하였다.

> 옛날의 일들은 이미 옛날에 사라졌다. 비록 그것을 후세에 전한다 하더라도 어찌 옛것을 오늘날 그대로 보존할 수 있겠는가? 옛것은 오늘날에는 없다. 그리고 오늘날의 사건도 이미 변하였다. 그러므로 우리는 배우는 것을 끊어 버리고 우리 본성에 맡기어 때와 더불어 변화한 뒤에야 지극한 경지에 이르는 것이다. [『장자』「천도주」(天道注)]

곽상은 이 세상의 모든 사물은 끊임없이 변하고 있다고 보았다. 변화하지 않는 것은 아무것도 없다. 심지어 '나'라는 주체도 가만히 있지 않고 변하기 때문에 지금의 나와 조금 전의 나는 서로 다르다. 마찬가지로 사회나 국가도 이와 끊임없이 변하고 있다. 그러므로 옛날의 좋은 제도도 오늘날에 잘 맞지 않을 수밖에 없다. 그래서 제도와 도덕도 시대가 변함에 따라 변해야만 한다. 그렇지 않고 옛것만 고수하게 되면 그것은 사람을 구속하는 족쇄가 될 뿐이다. 그래서 남을 배우는 일이나 옛것을 배우는 일은 아무런 소용이 없다. 둘째로 의도적으로 남을 배우려고 해도 성공할 수 없다고 하였다. 이것을 그는 다음과 같이 설명하였다.

> 위대한 미술가인 이루(離婁)나 위대한 음악가인 사광(師廣)이 되려고 욕심[情]을 낸다고 해도 가능하지가 않다. 이루나 사광은 욕심이 없어도 눈과 귀가 남보다 예민하였다. 욕심을 가지고 성현이 되려고 노력해도 그렇게 될 수 없다. 하지만 성현은 욕심이 없어도 성현이 되었다. 어찌 다만 성현이 되는 것만이 절대적으로 멀며, 이루나 사광이 되는 길만이 생각하기 어렵겠는가? 비록 바보나 장님 그리고 벙어리가 하는 일이나 닭 울음, 개 짖는 소리라 할지라도 어찌 욕심으로 그것을 할 수 있겠는가? 역시 끝내 할 수 없다. [『장자』「덕충부주」(德充符注)]

여기서 곽상이 말하는 정(情)은 감정이나 욕정보다는 의도적으로 무엇을 하려는 욕심이라 할 수 있다. 우리가 태어날 때도 태어나고 싶어서 태어난 것이 아니듯 천재도 되고자 한다고 되는 것이 아니다. 천재는 그냥 천재이고 바보는 그냥 바보일 뿐이다. 그렇기 때문에 보통사람으로 태어난 사람이 성현이 되려고 노력하는 것은 헛고생일 뿐이다.

  음악에 소질이 있는 사람은 음악을 하고 미술에 소질이 있는 사람은 미술을 하는 게 가장 바람직하다. 그러한 소질을 무시하고 욕심을 내어 소질이나 능력에 맞지도 않는 사람을 꿈꾸는 것은 개가 소가 되려고 하는 것만큼이나 어리석다. 셋째로 남을 배우는 것은 자기의 본성을 해치기 때문에 나쁘다. 여기에 대해 곽상은 이렇게 주장하였다.

> 대체로 밖에서 구할 수 없는데 그것을 구하려고 하는 것은 네모 나는 것이 둥근 것을 모방하는 것과 같고, 물고기가 새를 부러워하는 것과 같다. 이것이 가까우면 가까울수록 저것은 더욱 멀어진다. 많이 배워 얻을수록 더욱 본성을 잃는다. (『장자』「제물론주」)

  곽상에 따르면 모든 것은 각기 자기의 본성이 있고 그 본성에 맞는 역할이 있다. 그렇기 때문에 다른 존재와의 비교는 아무런 의미가 없다. 자기의 본성이 무엇인지를 알고 거기에 맞게 사는 삶이 가장 바람직하다. 모든 것은 그런 면에서 평등하다 할 수 있다. 키가 큰 사람은 키가 클 필요가 있어서 크니 그것을 인정하고 만족하면 되고, 키가 작은 사람은 작을 필요가 있어 작으니 또 거기에 만족하면 그만이다.
  하루살이는 하루를 살도록 생겨났기 때문에 그 타고난 본성에 만족하면 되고, 거북이는 오래 사는 본성을 타고났으니 또 거기에 만족하면 된다. 하루살이가 거북이를 부러워할 필요도 없고 거북이도 하루살이보다 더 오래 산다고 자랑할 필요도 없다. 각자 자기의 본성을 이미 그렇게 타고났으니 그 본성에 만족하는 생활이 최상의 길이다.

그러므로 남을 부러워하고 남을 모방하거나 배우려고 하는 생각은 자신에게 도움이 되지 못한다. 거북이가 토끼를 배울 수 없고 배울 필요도 없다. 거북이가 토끼를 배우면 오히려 자신에게 손해가 될 뿐이다. 거북의 느림은 그 나름대로 쓸모가 있고 토끼의 **빠름**도 마찬가지로 필요가 있다. 그런데 이제 남을 배우게 되면 그 주어진 본성을 해치게 되므로 오히려 자기에게 손해가 될 뿐이다.

만물의 평등성

보통사람들이 볼 때 이 세상은 엄청나게 평등하지 않다. 머리가 좋은 사람이 있는가 하면 머리가 나빠서 고생하는 사람도 있다. 아주 부자가 있는가 하면 가난해서 하루하루 힘들게 사는 사람도 있다. 건강한 사람이 있는가 하면 몸이 약해 늘 조심스럽게 사는 사람도 있다.

이러한 불평등 때문에 우리는 괴로워한다. 왜 나는 이렇게 능력이 없는가, 그리고 나는 왜 남들보다 불행한가 물으면서 슬퍼하기도 한다. 이제 곽상은 이 문제에 대해 걱정하지 말라고 가르친다. 그에 따르면 얼른 보기에 엄청나게 공평하지 못한 이 세상이 사실은 아주 공평하다. 이 세상의 모든 것은 각자 그렇게 되지 않을 수 없는 자기의 본성이 있고 그것은 바꿀 수 없다. 그것은 모두 저절로 그렇게 되었으며 결코 자기가 선택한 것도 아니다. 그리고 각자에게는 이미 그 본성에 맞는 역할이 있다. 그러므로 이제 각자가 할 수 있는 일은 자기의 본성에 만족하는 것뿐이다. 객관적으로 사물들을 비교할 수 있는 기준은 없다. 이것을 그는 이렇게 설명하였다.

> 대체로 형체를 서로 비교하면 큰 산은 가는 털보다 크다. 만약 제각기 그 본성과 역할에 의거하면 사물의 한계를 알지 못하니, 형체가 크다고 여유가 있는 것이 아니며 형체가 작다고 부족하지 않다. 진실로 제각기 그의 본성에 만족하면 가는 털이 홀로 그 작음을 작게 여기지 않고, 큰 산도 홀로 그 큼을 크다고 여기지 않을 것이다. (『장자』「제물론주」)

장자가 이미 사물을 비교하는 객관적인 기준이 없다고 주장했지만 곽상도 그 이론을 충실히 따르고 있다. 곽상은 장자의 주장에 이어 각각의 사물은 제각기 본성이 있고 역할이 있기 때문에 서로 비교가 불가능하다고 말한다. 예컨대 사람들도 각자 능력이 달라서 그림을 잘 그리는 사람이 있는가 하면 노래를 잘하는 사람도 있다. 각자 자신의 타고난 능력에 만족하는 태도가 바람직하고 서로 다른 본성을 비교하여 쓸데없이 고민할 필요가 없다.

태산(泰山)은 큰 산이고 추호(秋毫)는 아주 작은 터럭인데, 그것을 서로 비교해서 태산이 크고 추호가 작다고 말하는 것은 무의미하다. 왜냐하면 각각의 사물은 제각기 그 본성이 있고 거기에 대응하는 역할이 따로 있기 때문이다. 그것을 고려하지 않고 겉모양만 비교하는 것은 잘못되었다. 곽상은 장자의 상대주의를 발전시켜 사물의 차이를 부정하였다.

사람의 불행은 대부분 만족하지 못하고 자신을 남과 비교하며 스스로를 괴롭히는 데서 온다. 자신이 아무리 좋은 것을 누리고 있더라도 만족하지 못하는 상태에서는 그것의 소중함을 모른다. 예컨대 자신의 장점을 생각하지 않으면서 남의 장점만 보고 부러워한다면 자신을 불행하게 만들 뿐이다. 욕심 부리지 않고 주어진 상태를 최상으로 생각하며 살아간다면 한결 기분이 좋아질 것이다.

이런 마음을 가지기 위해서는 사물의 진정한 모습을 똑바로 볼 수 있어야 한다. 그 가운데 하나가 바로 곽상이 주장한 만물의 평등이다. 물고기는 물에서 살 수 있는 재주를 가졌고 참새는 하늘을 날 수 있는 능력을 가졌다. 물고기와 참새 가운데 어떤 동물이 더 우월하다고 비교할 수는 없다.

각자 받은 본성에 얼마만큼 만족하며 살아가느냐가 더 중요하고 피상적인 비교는 중요하지 않다. 태산처럼 큰 사물은 그것의 본성이 있고 터럭처럼 작은 사물도 그 나름의 본성이 있다. 이 세상의 모든 사물은 제각기 고유한 본성을 타고났고 그 본성은 다른 것들과 비교할 수 없다는 점에서 모든 사물은 평등하다.

이러한 그의 생각은 만물이 모두 고립적으로 존재할 뿐이라는 그의 이론에서 나온 결론이다. 사물 하나하나는 다른 사물들과 아무런 관계 없이 존재하고 또 그 나름으로 완전성을 가지고 있기 때문에 다른 것과 비교할 수가 없다. 모든 사물이 제각기 완전하다는 면에서 만물은 평등하다.

명교(名敎)와 자연

곽상은 전통적인 사회제도와 도덕을 반대하지는 않았다. 그는 그러한 전통적인 사회제도와 도덕이란 바로 성인이 당시의 구체적인 문제를 해결하기 위해 만들었다고 인정하였다. 그렇기 때문에 그것들은 그 당시로서는 가장 적절한 것일 수밖에 없다.

그러나 그렇다고 해서 그것이 영원불변한 진리가 된다는 말은 아니다. 왜냐하면 모든 것은 끊임없이 변화하고 이 사회 역시 부단히 변하고 있기 때문이다. 과거에 그것이 옳았다고 해서 지금도 그것이 옳을 것이라고 생각해서는 안 된다.

그래서 곽상이 반대하는 것은 과거의 제도와 도덕을 그대로 배우려고 하는 태도이다. 오늘날에는 오늘에 가장 적절한 제도와 도덕이 있으니 바로 그것을 찾아야 한다. 그러나 그런 제도와 도덕은 새로 찾을 필요도 없이 저절로 생겨난다.

그런데 그것을 반대하고 이미 그 시대에 뒤떨어진 낡은 제도를 고수하려 드는 행동이 바로 인위(人爲)요 유위(有爲)이다. 새로운 제도가 생기면 그것을 그대로 가만히 두는 태도가 바로 자연이요 무위이다. 곽상의 논리를 그대로 적용하면 지금 실현되고 있는 제도와 도덕이 바로 최선일 수밖에 없다.

곽상에 따르면 명교와 자연이 실제로 구분될 수 없다. 원래부터 명교는 자연의 산물이고, 그렇기 때문에 최상의 제도이고 도덕이다. 그러므로 그가 싫어하는 것은 당대(當代)의 제도와 도덕을 인정하지 않고 옛날에 시행되었던 제도와 도덕을 모방하려는 행동이다. 모든 것은 각자에게 가장 적합한 본성을 가지고 있다는 낙관적인 생각을 하기 때문에 더 이상 다른 사람들을 모방하거나 배우려고 노력할 필요가 없다고 보았다.

  같은 맥락에서 각각의 시대는 그 시대에 가장 적합한 제도와 도덕이 있는데, 그것은 바로 당시에 시행되고 있는 제도와 도덕이다. 바로 그것이 자연이다. 이것을 곽상은 "모든 사물은 하늘[天]이 아닌 것이 없다. 하늘이란 스스로 그런 것[自然]이다. 질서가 있는 것과 질서가 없는 것, 성공하는 것과 실패하는 것, 등용되는 것과 등용되지 못하는 것, 이 모두는 자연일 뿐 인위가 아니다 :『장자』「대종사주」"라고 설명하였다.

  지금의 제도와 도덕은 자연의 산물이기 때문에 이미 어쩔 수 없다. 이것은 어떤 사람이 어쩔 수 없이 바로 그 사람으로 있어야 하는 경우와 마찬가지이다. 그는 현실을 최상의 결과로 인정하고 그것이 바로 자연이요 도(道)라고 생각하였다. 현재 존재하는 모든 것은 의미가 있고 또 그렇기 때문에 가장 합리적이다. 곽상이 명교를 바로 자연이라고 말함으로써 사실상 명교와 자연의 구분이 의미가 없게 되었다.

절대자유(絶對自由)

  곽상에 따르면 이 세상의 모든 것은 이미 처음부터 자기가 어떻게 할 수 없는 본성을 타고난다. 그리고 각각의 개별자는 고립적인 존재이기 때문에 다른 것들과는 아무런 관계도 없다. 그러므로 나의 행복과 불행은 저절로 그러한 것이지 다른 사람들 때문이 아니다. 내가 행복하든 불행하든 그것은 다른 사람들과 아무런 연관이 없다.

  그리고 곽상의 세계관에 따르면 처음부터 다른 것과의 비교는 무의미하다. 나는 불행한데 다른 사람들은 행복하다거나, 나는 가난한데 다른 사람들은 부유해서 나는 슬프다고 생각하는 것은 잘못되었다. 내가 가난하고 다른 사람들이 부유한 것은 참새가 있는가 하면 독수리가 있는 것이나 마찬가지이다. 참새는 참새의 본성을 타고나고 독수리는 독수리의 본성을 타고났는데, 참새가 독수리를 부러워해 봐야 그렇게 될 수도 없다. 그래서 부러워할 필요도 없다.

　개별자 각각은 다른 것들과는 아무런 관계도 없고, 또 각각은 최선의 존재이고 완전한 상태이다. 그래서 곽상은 각자 자기의 본성에 만족하라고 말하였다. 자기의 처지에 만족하고 자신의 운명에 얼마나 만족하는가가 행복의 크기를 결정한다. 결국 남아 있는 방법은 자신의 처지와 운명에 최대한 만족하는 것이다. 그것이 우리의 불행을 줄이고 행복을 늘이는 방법이다. 그리고 이것이 우리를 자유롭게 할 수 있다. 곽상은 이렇게 설명한다.

> 진실로 자기 본성에 만족하면 큰 붕새라 해서 작은 새에게 스스로 귀하다 생각할 것도 못되고, 그렇게 되면 작은 새도 큰 붕새가 도달하려는 하늘의 연못을 부러워할 필요가 없다. 그러므로 비록 크고 작음의 차이는 있지만 그 소요(逍遙)는 한가지이다. [『장자』「소요유주」(逍遙遊注)]

　자기의 본성에 만족하면 작은 새와 큰 새의 차이가 사라지기 때문에 서로를 부러워할 필요도 없어지게 된다. 이것은 사람의 경우에도 적용될 수 있다. 모든 차이를 초월할 때 우리는 자유로워질 수 있고 행복할 수 있다. 그러한 상태가 바로 장자가 말한 소요의 상태이다. 그 어디에도 구속되지 않고 자유로운 상태가 바로 소요이다.

 장자와 곽상은 또한 이러한 개별자들의 소요보다 더 자유로운 경지를 말하고 있다. 이것을 우리는 절대자유라고 부를 수 있다. 이러한 자유를 누리려면 유한을 초월하여 무한과 합일하는 단계까지 가야 한다.

 이 절대적인 자유를 장자는 무대(無待)의 소요라고 하였다. 무대의 소요란 아무것에도 의존하지 않는 자유로움을 말한다. 이것을 곽상은 "만물과의 차이를 까마득히 알지 못하고 큰 변화에 따르는 자만이 아무것에도 의존하지 않고 언제나 통달할 수 있다 :『장자』「소요유주」"라고 설명하였다.

제7장
도교와 장생술

•
•
•

도교의 성립

장생술

도교와 장생술

도교의 성립

중국에서 역사적으로 중요한 역할을 한 세 가지 종교는 유교와 불교 그리고 도교(道教)이다. 물론 유교는 가장 중요한 종교이고 비중도 크지만 순수하게 종교적인 면만 보게 되면 불교와 도교를 더 강조할 수밖에 없다.

그리고 불교와 도교를 놓고 보면 불교는 외국에서 들어온 종교이고 도교는 중국에서 발생한 종교라는 차이점이 존재한다. 도교는 중국에서 생겨나고 발전한 종교여서 그 안에 중국의 전통적인 문화와 사상을 많이 간직하고 있어 중국인들의 종교적인 성향을 잘 볼 수 있다.

도교라 하면 우리는 먼저 노자와 장자를 생각하게 된다. 그래서 노자가 도교의 시조라고 생각하는 사람들이 많다. 그러나 노자와 장자는 직접 도교를 개창하지 않았고 그들의 사상이 도교와 일치하지도 않는다. 물론 도교에서 큰 비중을 차지하는 부분이 노자와 장자의 사상이라는 점은 부정할 수 없다. 실제로 도교는 나중에 노자를 신격화하여 숭상하였다.

도교에는 노자의 도가사상뿐만 아니라 중국고대사회의 귀신숭배문화가 들어 있다. 하늘의 신과 사람의 귀신 그리고 땅의 신을 숭배하는 일이 도교의 중요한 내용이다. 또 중요한 점은 도교에 전국시대 이래로 내려온 신선방술사상(神仙方術思想)이 들어 있다는 사실이다. 도교의 핵심은 역시 장생불사(長生不死)하여 신선이 되려는 신선학(神仙學)에 있다. 이 세 가지 요소가 도교를 형성하는 가장 중요한 내용이다.

실제로 도교를 종교로서 창시한 사람은 후한 순제(順帝, 125~144) 시대의 장릉(張陵)이라는 인물이다. 그도 처음에는 대학(大學)에 들어가 오경(五經)을 배우고 나중에 촉(蜀)의 학명산(鶴鳴山)에 들어가 신선술을 공부하여 하늘의 계시를 받고 24권의 책을 썼다.

산에서 내려온 그는 가르침을 전파하였는데, 이것을 믿고 따르려는 사람들에게 다섯 말의 쌀을 헌납하도록 하였다. 그래서 사람들은 그가 창시한 가르침을 오두미도(五斗米道)라 불렀다. 장릉은 자신이 규정한 규율과 의식을 따르면 어떠한 병도 다 낫는다고 선전하였다. 생각컨대 장릉은 실제로 보통사람이 가지지 못한 신통력도 좀 있었던 모양이다. 그러니까 그렇게 많은 신도가 모여들었을 것이다.

환자를 먼저 깨끗한 방에서 참회시키고, 환자의 이름을 세 통 써서 하나는 천제(天帝)에 바치기 위해 산에다 걸고, 하나는 땅의 신에게 기도하기 위해 땅 속에 묻고, 하나는 물의 신에게 알리기 위해 물 속에 가라앉혀 놓는데 이것을 삼관수서(三官手書)라 불렀다. 그리고 부적을 태운 물을 마시게 하고 기도를 드리면 즉시 병이 나았다고 전한다.

또 신자에게는 무료 여관을 지어 여행의 편의를 돌보아 주었고 빈민들을 도와 주었다. 음주를 금하고 봄과 여름에는 살생을 금하였다. 오두미교는 『도덕경』을 경전으로 사용하였고, 장릉은 『노자상이주』(老子想爾注)를 저술하여 도교의 입장에서 노자의 사상을 해석하였다.

그 책 속에 이미 도교라는 명칭이 나오고 있다. 그 책에 의하면 도교는 도를 가르침으로 삼고 도를 받들어 계율로 삼으며, 노자는 태상노군(太上老君)이고, 이 태상노군은 도(道)가 형체를 모아 이루어진 신(神)이라 하였다. 결국 장릉이 노자를 신격화하여 도교라는 종교를 창시했다고 할 수 있다.

장도릉(張道陵)의 오두미교는 교세가 점차 커졌고 그의 아들 장형(張衡), 손자 장로(張魯) 삼대에 걸쳐 20여 년 동안 섬서(陝西)에서 사천(四川)까지 넓은 지역에서 종교와 정치 그리고 군사 등의 지배권을 가진 종교왕국을 건설하였다.

장로는 한중(漢中 : 巴中郡과 漢中郡을 말함)에서 30년 동안 웅거하였지만, 215년에 그에게 높은 명예와 군주에 해당하는 봉토를 내린 위(魏)나라의 조조(曹操)에게 항복한 뒤 종교 활동만 하였다. 장로의 아들 장성(張盛)에 이르러 이들은 강서(江西)의 용호산(龍虎山)으로 이주하였다.

나중에 도교가 융성하게 되자 조정에서 천사(天師)라는 존호를 하사하였기 때문에 오두미교의 최고지도자를 천사라 불렀고, 그래서 이 종교를 천사도(天師道)라고도 하였다. 이 천사의 지위는 그 뒤 천사도의 교단에서 세습되어 최근에 이르기까지 63대나 이어져 내려오고 있다.

중국의 서부에서 장릉이 종교 활동을 펼치고 있을 무렵 중국의 동부 산동(山東)에서는 우길(于吉) 또는 간길(干吉)이라는 사람이 자신의 가르침을 전파하고 병자를 치료하였다. 그는 오행(五行)과 무술(巫術) 그리고 의술에 능통하였으며, 장릉과 마찬가지로 신통력을 내세웠다.

우길은 병자를 치료하는 데 성스러운 물과 향을 사용하였다. 그는 자신의 가르침을 『태평청령서』(太平淸令書)에 기록하였다. 이것을 줄여 사람들은 『태평경』(太平經)이라 불렀다. 『태평경』을 우길의 제자 궁숭(宮崇)이 순제(順帝, 125~144)에게 바쳤다고 하니 이 책은 후한 중엽에 성립되었을 것이다. 우길은 197년에 신앙으로써 치료하여 얻은 그의 명성을 질투한 오(吳)의 후작 손책(孫策)에게 살해당하였다.

우길이 전한 『태평경』을 가지고 새로운 형태의 종교를 창시한 사람이 북부 중국의 거록(鉅鹿) 출신인 장각(張角)이었다. 장각은 스스로 대현량사(大賢良師)라 칭하고 『태평경』을 받들어 제자를 양육하고 교단을 통솔하였다. 그는 인간 병고의 원인을 당사자의 죄과에 두고 그것을 참회 고백하게 하였다. 그리고 장릉과 마찬가지로 부적과 신령하다는 물 그리고 주문을 사용하여 사람들의 질병을 치료하였다.

많은 사람이 모여들어 교세가 삽시간에 커졌다. 장각이 태평도를 창시하고 나서 10여 년 뒤에는 그를 따르는 무리가 수십만에 달하였다. 184년경에는 동한(東漢)의 전체 12주 가운데 8개 주에 태평도가 두루 퍼지게 되었다. 여기에 가담한 사람들은 대부분 가난한 농민이었는데 이것은 『태평경』의 정신과 관련이 있었다. 현실의 어려움에 불만을 품은 많은 사람이 『태평경』에서 말하는 이상사회를 염원하고 있었기 때문이다.

이제 장각은 자신의 종교적인 능력과 그를 따르는 사람들의 염원을 이용하여 자신이 직접 새로운 사회를 건설하고자 하였다. 장각은 "창천(蒼天)은 이미 죽었으니 황천(黃天)이 설 차례다. 갑자(甲子, 184)년, 지금이야말로 가장 좋은 때다"라는 구호를 내걸었다. 여기서 창천이란 후한의 왕조를 의미하고, 황천이란 새로운 왕조를 상징한다.

그를 따르는 무리는 모두 머리에 황색 두건[黃巾]을 썼기 때문에 역사적으로 이들의 봉기를 황건의 난이라 부른다. 장각을 따르는 무리는 모두 36방(方)이었는데, 하나의 방이 대체로 만 명 내외의 사람들로 이루어졌다 하니 그 규모를 짐작할 수 있다.

초반에 황건군은 각지에서 관군을 무찔렀다. 그러나 그들은 조직이 허술한 농민집단에 불과했기 때문에 성공할 수 없었다. 그리고 황건의 난은 장각의 병사(病死)로 말미암아 184년 말에 이르러 진압되었다. 황건의 난은 일단 진압되었으나 이것을 계기로 여러 크고 작은 반란이 끊이지 않고 일어나 중국은 커다란 소용돌이 속에서 헤매는 시대를 맞이하게 된다.

장생술

앞에서 이미 설명했듯이 도교는 전통적인 중국의 귀신숭배사상 그리고 노장의 도가사상 그리고 신선사상 등이 합쳐진 복합적인 종교지만 그 추구하는 바는 간단하게 말하면 불로장생이라 할 수 있다. 도교를 처음 만든 장릉과 장각이 사람들의 질병을 치료하였다는 사실과 나중에 도교가 불로장생을 추구했다는 점도 서로 관련이 있다.

불로장생을 위해서는 양생의 수련이 필요한데 노자사상은 이 양생수련의 이론적 기초가 되었다. 이것도 장릉이 신도들에게 『도덕경』을 읽게 했다는 사실과 무관하지 않다. 도교의 장생술(長生術)은 노자의 학설 가운데 주정(主靜), 무욕(無欲), 무지(無智), 부드러움[柔] 등을 이론의 기본으로 채용하고 있다.

장생술에는 요즘의 체조와 맛사지에 해당하는 도인법(導引法)과 호흡을 통해 무병(無病)과 장수(長壽)를 추구하는 호흡법이 있고, 또한 성욕을 절제하여 장수하는 방법인 방중술(房中術)과 약을 통해 불사하는 방법의 연단술(煉丹術) 따위가 있다.

그리고 연단술에는 외단(外丹)과 내단(內丹)이 있는데, 외단은 불사약을 만들어 그것을 먹음으로써 불로장생하려는 방법이고, 내단은 인간의 신체를 화로로 삼고 몸 안의 정(精)과 기(氣)를 약물로 삼아 신(神)을 운용하여 단련해 나가는 수련법인데, 정(精) · 기(氣) · 신(神) 이 세 가지를 흩어지지 않게 모아 성태(聖胎) 즉 내단을 만드는 방법이다. 도교도(道敎徒)들은 내단을 단련함으로써 장생불사할 수 있다고 믿었다. 이제 도교에서 불로장생을 위해 실행하는 장생술을 차례대로 살펴보자.

도인법(導引法)

도인법이란 일종의 체조 같은 운동을 말한다. 운동이 우리 몸에 좋다는 사실은 옛날 사람들도 이미 잘 알고 있었다. 그래서 운동하는 방법이나 동작에 대해 많은 연구를 하였다. 그 결과 체계적으로 몸을 움직이는 도인법을 만들게 되었다. 이미 『장자』에 다음과 같은 설명이 나온다.

> 찬 기운을 들이쉬고 탁한 공기를 내쉬며 묵은 기운을 토하고 신선한 공기를 마시며, 곰이 나무에 매달리거나 새가 두 다리를 펴듯이 하는 운동은 장수하게 한다. 이것은 도인(道引)을 하는 선비나 몸을 기르는 사람이나 팽조(彭祖)를 존경하여 장수를 구하는 사람들이 좋아하는 것이다. [『장자』 외편(外篇) 「각의」(刻意)]

여기에는 장자가 활동하던 당시 신선도를 행하는 사람들의 도인술을 설명한 내용이 나오는데, 도인(導引)이라는 말이 나타나는 가장 오래된 자료이다. 앞에 있는 내용은 호흡법이고, 뒤에 설명한 내용이 바로 체조와 같은 도인이다. 그때에도 운동이나 체조가 건강을 유지하는 데 많은 도움을 준다는 사실을 알고 이미 실천했으니 도인의 역사는 매우 오래되었다.

1973년 중국의 호남성(湖南省) 장사(長沙)에서 마왕퇴(馬王堆)라는 한(漢)나라 시대의 고분이 발굴되었는데, 여기서 비단에 그려

진 도인법의 그림이 발견되어 그 참모습을 볼 수 있게 되었다. 이 백서(帛書)가 만들어진 연대는 대체로 진대(秦代, B.C. 221~207)나 진과 한 사이로 추정되니 지금까지 알려진 자료 가운데 가장 오래되었다. 여기에 나오는 그림을 보면 맨손으로 하는 체조와 기구를 가지고 하는 체조 그리고 호흡운동 등으로 구분된다. 이러한 도인은 이후에도 계속하여 전해졌다.

특히 새와 짐승의 동작을 흉내낸 도인법은 후한시대의 전설적인 명의(名醫) 화타(華佗)가 체계화하였다고 전한다. 그가 신체를 건강하게 유지하기 위하여 고안한 도인이 오금희(五禽戱)이다. 이것은 다섯 가지 짐승, 호랑이·사슴·곰·원숭이·새의 동작과 자태를 모방하였다.

그의 제자 오보(吳普)가 이를 게을리 않고 실천했더니 90세가 되어서도 눈과 귀가 밝았고 치아도 아무런 이상이 없었다고 한다. 적당한 운동이 우리 몸에 좋다는 사실은 의학적으로도 증명이 되어 있으니 이러한 이야기가 전혀 근거없는 것은 아니다. 화타는 그의 제자 오보에게 이렇게 말하였다.

> 사람의 몸은 운동시키는 것이 바람직하다. 다만 극도로 시켜서는 안 된다. 신체를 움직이면 체내에서 곡물의 기가 소비되어 혈맥의 유통이 잘되며 질병이 생기지 않게 된다. 문지도리가 언제까지고 썩지 않는 것과 같다. 그래서 옛 선인(仙人)은 도인이라는 것을 했다. 곰처럼 나무에 오르고 새매처럼 돌아보며 허리를 굴신하고 관절을 움직여 늙는 것을 피하고자 했다. 나는 다섯 짐승의 동작이라 명명된 한 가지 술법을 터득했다.

첫째는 호랑이, 둘째는 사슴, 셋째는 곰, 넷째는 원숭이, 다섯째는 새이다. 이것은 질병을 치료하고 발을 튼튼하게 하는 것으로 옛 선인의 도인과 똑같다. 몸의 상태가 나빠지면 일어나 다섯 짐승의 동작 가운데 하나를 한다. 그러면 기가 맑아져 땀이 흘러 나온다. 거기에 분(粉)을 뿌린다. 그러면 몸이 가벼워져 식욕이 증진된다. [『후한서』「방술열전」(方術列傳)]

도홍경(陶弘景, 456~536)의 『양성연명록』(養性延命錄) 가운데 도인안마(導引按摩)조에서는 화타의 오금희를 보다 구체적으로 설명하고 있다. 실제로 이러한 운동은 당시 생산에 종사하는 일반인들을 위해서가 아니라 생산에 종사하지 않으면서 놀고 먹는 귀족들을 위하여 고안되었을 것이다.

생산에 종사하는 농민들은 일을 너무 많이 하여 몸이 상했지만, 생산에 종사하지 않는 귀족들은 반대로 먹기만 하고 너무 운동을 안 해 몸이 상하게 되었다. 우리 몸은 가만히 있으면 오히려 병이 생기고 끊임없이 운동을 함으로써 건강을 유지할 수 있기 때문에 몸을 움직이는 일을 하지 않는 사람들은 특히 더 운동할 필요가 있다.

운동이 곧 질병을 예방하고 몸을 건강하게 만들어 장수하게 해 준다. 그리고 도교에서 행하는 도인은 단순한 운동이 아니라 우리 몸의 기를 원활하게 돌게 한다든지 또는 자연의 기(氣)를 내 몸으로 끌어들임으로써 장수와 건강을 얻고자 하는 것이다.

요즘 중국에서는 이러한 전통적인 도인술을 기공(氣功)이라는 이름으로 새롭게 발전시켜 나가고 또 널리 보급하고 있다. 여러 사람이 나름대로 기공법을 개발하여 보급함으로써 중국에서는 남녀노소를 막론하고 널리 행하는 대중적인 운동으로 자리를 굳혔다.

현재 행해지고 있는 기공은 크게 경기공(硬氣功)과 연기공(軟氣功)으로 나뉜다. 경기공은 무술기공이고 연기공은 종교적이거나 의료에 이용되는 기공이다. 연기공은 다시 외기공(外氣功)과 내기공(內氣功)으로 나눌 수 있다. 외기공은 숙련된 치료사나 무술인이 훈련으로 익힌 능력을 가지고 환자를 치료한다든지 기술을 건다든지 하는 방법이고, 내기공은 자기의 내부에 있는 기(氣)를 움직이는 훈련이다.

내기공에는 정공(靜功)·안공(按功)·동공(動功) 등이 있는데, 정공은 몸을 움직이지 않고 수련하고 동공은 움직이며 수련하는 방법이다. 안공은 몸을 누르거나 두드리거나 문질러서 몸의 병을 고치는 기술이다. 정공은 호흡법이고 동공은 일종의 체조라 할 수 있다.

호흡법

앞에서 설명한 도인술과 호흡법은 밀접하게 연관되어 있다. 앞의 『장자』 인용문에서 앞 부분이 호흡법에 해당하는데, 이것은 호흡을 통해 좋은 기를 받아들이고 나쁜 기를 내보냄으로써 건강을 유지할 수 있다는 기본적인 생각에서 생겨났다. 이 방법을 『장자』에서는 토고납신(吐故納新)이라 표현하고 있다.

이 세상의 모든 것은 기로 이루어져 있고, 마찬가지로 우리 몸도 기로 이루어져 있다고 보는 게 도교의 세계관이다. 호흡법도 바로 도교의 세계관에 근거하고 있다. 우리의 몸을 건강하게 유지하려면 몸을 이루는 기가 항상 새로워져야 한다. 오래되고 더러운 기가 몸에 많이 쌓이면 몸이 늙고 병든다.

나아가 자연의 좋은 기를 많이 받아들이게 되면 건강에 많은 도움을 준다고 생각하였다. 그래서 호흡이 건강과 장수에 결정적인 역할을 한다고 보았고, 여러 가지 방법을 고안하여 장수를 위해 활용한 것이 호흡법이다.

도교에서는 이러한 호흡법을 통해 질병도 치료할 수 있다고 주장한다. 『양성연명록』(養性延命錄)의 「복기요병」(服氣療病)에서는 들이마시는 기는 하나이고 토하는 기는 여섯 가지인데 가(呵)·호(呼)·취(吹)·희(嘻)·허(噓)·희(呬)가 바로 이 기를 내뿜는 방법이라 하였다.

가(呵)는 심장에 좋고, 호(呼)는 비장(脾臟)에 좋으며, 취(吹)는 신장을 좋게 하고, 희(嘻)는 삼초(三焦)에 좋다. 여기서 삼초란 한방에서 말하는 육부(六腑)의 하나로서 상초는 심장 아래에, 중초는 위 속에, 하초는 방광 위에 있어 수분의 배설을 맡았다고 생각하였다. 허(噓)는 간에 좋고, 희(呬)는 폐에 좋다.

가(呵)는 입을 크게 벌리고 "허어~" 하고 숨을 토하는 것을 말하는데, 이 경우 손을 깍지 끼고 손바닥을 하늘로 향하게 하여, 양팔을 뻗어 올리듯이 자세를 취하면 하기가 쉽다. 호(呼)는 개가 하품하듯이 입을 좌우로 벌리고 "후우~" 하며 숨을 토해 내는 것을 말하는데, 위가 고통스럽거나 장이 긴장해 있을 때는 호의 방법이 좋다. 취(吹)는 입을 오므리고 강하게 불어 내듯이 "취이~" 하고 숨을 토하는 것을 말하는데, 이때 양 무릎을 손으로 끌어안고 배를 움츠리며 상반신을 앞으로 내밀며 머리를 숙이는 자세를 취하고 행하면 잘된다. 희(嘻)는 웃을 때와 같은 입 모양으로 "시이~" 하고 숨을 토하는 것을 말한다. 허(噓)는 입을 둥글게 벌리고 힘을 빼며 멍청하고 느릿느릿하게 "쉬이~" 하고 숨을 토하는 것을 말한다. 희(呬)는 입을 다물고 가볍게 문 잇새를 통하여 입술 사이의 작은 틈 사이로 "스으~" 하고 숨을 토해 내는 것을 말한다.

호흡법에는 여러 가지가 있지만 대체로 호흡이 고르고 긴 것을 목표로 하고 있다. 코로 공기를 들이마시고, 아주 조금씩 숨을 내쉬는 것이 호흡법의 기본이다. 그러한 수련이 오래 쌓이면 마침내 어머니의 뱃속에 있는 태아처럼 코로 숨을 쉬지 않아도 되게 되는데, 이것을 태식(胎息)이라 불렀고 호흡법의 최고 경지라고 생각하였다. 『장자』의 「대종사」(大宗師)에 다음과 같은 설명이 있어 당시에 이미 이것을 수련하는 사람들이 있었음을 짐작케 한다.

> 옛날에 진인(眞人)은 잠을 자도 꿈을 꾸지 않고, 깨어 있어도 근심이 없으며, 밥을 먹어도 맛있는 것을 찾지 않고, 숨은 깊고 고요했다. 진인은 발꿈치로 숨쉬고 보통사람들은 목구멍으로 숨쉰다.

이것은 조금 과장된 설명이지만 호흡법의 최고 경지는 코나 입으로 숨쉬는 게 느껴지지 않을 정도로 가늘고 길고 느려야 한다. 호흡이 고요하면 마음이 안정되고 마음의 안정이 건강에 좋다는 사실은 누구나 아는 상식이다. 마음이 병을 만드는 경우가 많기 때문에 마음의 안정은 장수의 필수조건이다.

물론 도교의 호흡법이 단순히 마음의 안정만을 강조하지는 않는다. 더욱 중요한 점은 우리 몸 안의 기를 원활하게 소통시키는 일이다. 질병의 원인을 바로 기의 불통으로 보고 있기 때문에 기를 소통시키거나 특정한 부위에 기를 집중함으로써 병을 치료하고 건강을 유지할 수 있다고 생각하였다. 여기에 대해 갈홍(葛洪, 283~343)은 이렇게 설명한다.

처음 호흡법을 배우는 사람은 기를 코로 빨아들인 다음, 코를 막고 마음속으로 수를 센다. 백 이십까지 세고 비로소 입으로 조용히 기를 뿜어 낸다. 뿜어 낼 때나 빨아들일 때에는 모두 자기의 귀에 기가 드나드는 소리가 들리지 않도록 해야 한다. 항상 들어오는 쪽이 많고, 나가는 쪽이 적게 해야 한다. 그리고 가벼운 새의 깃털을 콧구멍 위에 붙여 놓고, 기를 내쉬어도 깃털이 움직이지 않을 정도로 행해야 한다. 점점 익숙해지면 마음속으로 세는 수를 더 한다. 오래오래 계속하면 천까지 세게 된다. 천이 되면 늙은이도 하루하루 젊어진다. [『포박자』(抱朴子) 「석체」(釋滯)]

갈홍은 여기서 호흡을 천천히, 조용히 하라고 강조하고 있다. 이렇게 하면 우리 몸의 기는 변화하여 피[血]가 되고 피가 변화하여 정(精)이 된다. 나아가 정(精)은 변화하여 액(液)이 되고 액은 변화하여 골(骨)이 된다. 정신이 충만해지면 1년 뒤에는 기가 바뀌고 2년 뒤에는 해(骸)가 바뀐다. 3년이 지나면 피가 바뀌고, 4년이

지나면 육(肉)이 바뀌고, 5년 뒤에는 발(髮)이, 9년 뒤에는 형(形)이, 10년 뒤에는 도를 이루어 진인의 경지에 이른다.

도교에서 하는 말을 다 믿을 수는 없지만 호흡이 우리의 건강과 직접적인 관계가 있다는 주장은 분명 일리가 있다. 그리고 그 호흡이 마음의 안정에 영향을 준다는 말도 틀림없는 사실이다. 도교에 따르면 기가 자연에도 존재하고 우리 몸에도 돌고 있는데 그 원리를 알아 잘 이용하면 건강에 도움이 된다.

북송시대에 장백단(張伯端, 987~1082)이라는 사람이 『오진편』(悟眞篇)을 지어 호흡법에 관한 이론을 확립하였는데 그것은 오늘날까지 전해 오고 있다. 그 이론의 이름은 주천공(周天功)인데, 주천이란 중국 고대 천문학의 학술어로서 구형인 천체를 한 바퀴 돈다는 뜻이다.

동양의학 이론에 따르면 보통 양(陽)의 기는 신체의 뒷면에 있는 경락(經絡)을 위에서부터 아래로 흘러 음(陰)의 상태로 변하고 신체 앞면의 경락은 아래에서 위로 흘러 전신을 돌고 있다. 양의 기가 등을 타고 위에서 아래로 흐르는 경락을 독맥(督脈)이라 하고, 음의 기가 배를 타고 아래서 위로 흐르는 경락을 임맥(任脈)이라 부른다.

호흡의 훈련은 천천히 부드럽게 복식호흡을 주로 하는데, 이 호흡과 동시에 기의 흐름이 보통과 반대 방향으로 흐른다고 생각한다. 그렇게 하면 실제로 기의 움직임이 반대가 될 수 있는데, 그러한 경지에 도달하면 여러 가지 심신의 질병이 완치되고 장수할 수 있게 되며 정신적인 황홀경에 이른다고 하였다.

방중술(房中術)

　인간의 욕망 가운데 가장 중요한 두 가지가 바로 식욕(食慾)과 성욕(性慾)이다. 도교에서는 일찍부터 인간의 근본적인 욕망의 소산인 성생활을 자세하게 연구하였고, 그것을 장수와 질병 치유의 한 방법으로 이용하고자 하였다.
　남녀의 성생활은 종족 보존을 위한 신성한 일이지만, 그것이 불러일으키는 부작용 역시 적지 않음을 알아야 한다. 아무리 좋은 약도 잘못 사용하면 독이 되는 이치와 같다. 이러한 점을 잘 깨닫고 자연의 원리에 입각하여 성생활을 긍정적인 측면에서 최대한 활용하려고 했던 방법이 바로 방중술이다. 『한서』의 「예문지」에서는 이것을 이렇게 설명하였다.

> 방중(房中)이란 성정(性情)의 극치요, 지극한 도(道)의 끝이다. 그래서 성왕(聖王)은 밖으로 드러내고 싶은 쾌락을 억제하고, 안으로 심해지는 정욕을 막아 절제하는 것이다. 옛 기록에도 "선왕이 즐기는 데에는 모두 절도가 있었다"라고 하였다. 즐기는 데 절도가 있다면 마음은 평온해지고 장수할 수 있다. 즐거움에 미혹되는 자는 그 도리를 돌아보지 않기 때문에 병을 얻어 생명을 잃어버리게 된다. (『한서』의 「예문지」)

　성생활은 즐거움의 극치를 이루지만 그것에 빠져 절도를 잃게 되면 결국 병을 얻고 나아가 생명까지도 잃게 된다. 모든 것이 다 마찬가지지만 좋은 일에는 또 그만큼의 부작용이 따른다는 사실을 알고 절도를 지키고 절제해야 한다.

예컨대 잘못된 성생활은 성병을 초래할 수 있다. 옛날 사람들도 그러한 병을 경험하였고 또 그것을 피하기 위해 최대한 조심하였다. 요즘은 그러한 질병이 많이 극복되었지만 여전히 극복되지 못한 질병들이 남아 있다. 그것을 모르고 문란한 성생활을 하게 되면 고통을 받거나 생명을 잃을 수도 있으니 조심하지 않을 수 없다.

남녀의 사랑은 소중하지만 윤리와 도덕을 무시한다면 결국 인간의 존엄성을 손상하고 사회를 혼란하게 할 뿐이다. 그렇기 때문에 언제나 남녀의 사랑은 윤리나 도덕적으로 문제가 없는 범위 내에서 이루어져야 한다.

만일 그렇지 못하면 자신과 타인에게 커다란 피해를 줄 수 있다. 그래서 절제와 절도가 필요하다. 특히 현대에 와서 전통적인 윤리와 도덕이 무너지면서 남녀 간의 문란한 관계가 심각한 사회문제로 등장하고 있다. 도교의 방중술은 이러한 문란한 성생활을 정당화하는 가르침이 아니고, 절도와 절제를 통해 개인의 건강과 사회의 안녕을 추구하는 가르침이다.

성생활이 주는 즐거움은 매우 커 자칫 여기에 중독될 수 있다. 도교의 방중술은 이 부분에 대해 특히 주목하고 절제를 강조하였다. 그래서 즐거움에 미혹되는 자는 그 도리를 생각하지 않기 때문에 병을 얻고 목숨까지도 잃을 수 있다고 경고하였다.

요즘 정력에 좋다면 뱀이나 개구리 그리고 물개 따위를 마구 먹어 대는 사람들이 부쩍 많아졌다. 이들의 행동을 보면 바로 방중의 도(道)를 알지 못하는 사람들임을 알 수 있다. 이런 사람들은 결국 병을 얻거나 아니면 목숨까지 잃을 수 있으니 조심해야 한다.

방중술의 목적은 다른 양생법과 마찬가지로 정기를 길러 건강하게 장수하는 데 있다. 그런데 성생활은 대체로 정기를 방출하는 일이기 때문에 그것이 지나치면 심신이 몹시 지치고 쇠약해져 병을 초래하고 수명을 단축시킨다. 그러나 올바른 방법을 택하여 행한다면 오히려 정기를 얻고 건강과 장수를 누릴 수 있다. 이 방법이 바로 도교의 방중술이다. 이에 대해 갈홍은 이렇게 말하였다.

> 방중의 방법에는 십(十)여 가(家)의 견해가 있다. 이 방법을 통하여 정력 감퇴를 보강하기도 하고, 각종 질병을 치료하기도 하고, 음의 정기를 취하여 양의 정기를 보충하기도 하며, 수명을 늘이기도 하지만 그 요점은 '정기(精氣)를 되돌려서 뇌(腦)를 보충한다'[還精補腦]는 한 가지 사실에 있다. 이 법은 진인이 입으로 전한 것으로 책에 씌어 있지 않다. 아무리 훌륭한 약을 먹을지라도 이 방법을 알지 못하면 장생할 수 없다. (『포박자』「석체」)

방중술의 핵심은 결국 환정보뇌(還精補腦)에 있다는 것이 갈홍의 설명이다. 아마 옛날 사람들은 정액이 뇌에서 만들어져 그것이 아래로 내려온다고 생각했던 모양이다. 그래서 그것을 밖으로 배출하면 뇌가 그만큼 손상된다고 생각하여 밖으로 내보내지 않고 다시 뇌로 환원시키고자 한 방법이 바로 환정보뇌이다.

현대의학에서 보면 전혀 맞지 않는 주장이라 할 수도 있다. 그러나 정기를 너무 많이 배출하는 일이 신체 건강에 좋을 리

없다. 현대의 과학자들이 쥐를 가지고 실험한 결과에 따르면 실제로 과도한 성생활이 척추신경의 위축을 가져온다고 한다. 그러므로 그 정기를 다른 에너지인 기로 변화시켜 건강을 보존하고 장수를 추구하려는 노력이 완전히 헛되다고만은 할 수 없다.

중국 장사(長沙)에서 발굴된 한대의 고분인 마왕퇴에서는 대나무 조각에 씌어진 『십문』(十問)이 발견되었는데, 여기에 방중술에 관한 내용이 들어 있다. 그리고 다음과 같은 설명이 있어 환정보뇌에 대한 믿음을 엿볼 수 있다.

> 한 번 정기를 누설하지 않으면 귀와 눈이 밝아진다. 두 번 누설하지 않으면 목소리에 탄력이 생긴다. 세 번 누설하지 않으면 피부가 윤택해지고 광택을 띠게 된다. 네 번 누설하지 않으면 등뼈와 겨드랑이가 강건하게 된다. 다섯 번 누설하지 않으면 엉덩이와 다리통이 단단하게 된다. 여섯 번 누설하지 않으면 백 가지 맥이 통하게 된다. 일곱 번 누설하지 않으면 살아 있는 동안 병을 얻는 일이 없다. 여덟 번 이르러 누설하지 않으면 수명이 늘어난다. 아홉 번 이르러 누설하지 않으면 신명(神明)에 통할 수 있다.

여기에 있는 내용을 다 믿을 수는 없다. 다만 정기의 누설이 그만큼 해롭다는 생각이 기본이 된다는 사실을 알 수 있다. 앞에서 이미 언급하였듯이 성욕(정기)을 절제하고 거기서 남는 기를 내 몸에 축적하여 활용하면 건강과 장수에 도움이 된다는 이론이다. 육체적인 쾌락만을 추구하면 건강을 해치고 우리의 정신까지도 해치기 때문에 옛날의 현인들이 그것을 방지하는 방법을 말하였다.

연단술

연단술(煉丹術)이란 간단하게 말하면 죽지 않는 약을 만드는 기술이다. 도교의 궁극적인 목표가 불로장생(不老長生)이기 때문에 죽지 않는 약을 만드는 데 일찍부터 관심이 많았다. 오늘날에도 여전히 많은 과학자가 늙지 않는 약을 연구하고 있다. 노화를 방지하는 약을 만들기만 하면 아마 그 사람은 엄청난 돈을 벌 것이다. 한나라 무제(武帝)는 신선이 되어 죽지 않기를 원했다. 방사(方士)인 이소군(李少君)은 그에게 다음과 같이 건의하였다.

아궁이 신에게 제사를 지내면 귀신을 부를 수 있습니다. 귀신을 부를 수 있으면 단사(丹沙)를 황금으로 변화시킬 수 있습니다. 황금이 생겨서 그것으로 먹고 마시는 데 쓰는 식기를 만든다면 더욱더 수명을 늘릴 수 있습니다. 더욱더 수명이 늘어나게 되면 동해 바다 한가운데에 있는 봉래산의 선인들과도 비로소 만날 수 있습니다. 선인들을 만나고 나서 봉선의식(封禪儀式)을 행하시게 되면 죽지 않게 됩니다. 황제(黃帝)가 그렇게 했습니다. [『한서』권25상(上)「지」(志)제5]

여기서 이소군은 단사를 황금으로 변화시켜 그것으로 그릇을 만들어 사용하면 장수한다고 말하였고 그것을 직접 먹으라고 하지는 않았다. 단사는 황화수은을 말하는데 수은과 유황의 화합물로 분자식은 HgS이다. 도교의 연단술에서 가장 중요한 두 가지가 바로 이 단사와 황금이다.

이소군은 무제에게 자기는 신선을 만났다고 말했고 그 신선이 먹는 대추는 참외만큼 크다고 말하기도 하였다. 『사기』의 「봉선서」(封禪書)에 따르면 그는 어느 정도 신통력을 가졌던 모양이다.

그는 사람들이 자신을 신선으로 믿게 하기 위하여 신통력을 사용하기도 하였다. 어느 날 그가 연회에 참석하였는데 손님 가운데 90살 가량의 노인이 있었다. 이소군은 그의 조부가 사냥하였던 장소를 말하였다. 그 노인은 어렸을 적에 그의 조부와 항상 함께 다녀 그 장소를 기억할 수 있었다. 이 일로 그 자리에 참석한 사람들은 모두 놀랐다.

이소군이 무제를 알현하였을 때, 무제가 그에게 구리그릇을 보여 주자 그는 "이 그릇은 제나라 환공의 구리그릇입니다"라고 말하였다. 과연 그릇에 새겨진 이름을 조사해 보니 그가 말한 대로였다. 무제는 그를 믿고 단사로 황금을 만드는 일을 하도록 하였으나 그는 성공하지 못하고 죽었다. 그러나 무제는 그가 죽지 않고 신선이 되어 승천했다고 믿었다.

전한 말기에 위백양(魏伯陽)이라는 방사(方士) 역시 연단을 할 줄 알았다. 그는 이전에 연단하는 사람의 경험을 종합하고 옛 사람들이 신체를 단련한 여러 가지 방법과 경험을 종합하여 한 권의 책을 썼는데 이것이 『주역참동계』(周易參同契)이다.

참동계란 말의 의미가 명확하지는 않지만 대체로 '참'(參)은 '잡'(雜)과 같고 '동'(同)은 '통'(通)과 같으며 '계'(契)는 '합'(合)과 같다고 해석한다. 그래서 『주역참동계』란 『주역』과 같은 원리이며 그것과 뜻이 통하고 의미가 합치된다는 것이다.
　이 책은 매우 어려워 그 의미가 명확하게 드러나지 않았다. 그래서 자연 여러 가지 해석이 생겨났다. 어떤 사람들은 그것을 단약을 제조하는 과정으로 해석하기도 하고, 어떤 사람은 우리 몸의 음과 양을 조화시키는 방법을 설명한 것으로 해석하기도 한다.
　일반적으로 『주역참동계』는 이 두 가지를 모두 설명하고 있다고 본다. 우리는 앞의 방법을 외단(外丹)이라 하고 뒤의 방법을 내단(內丹)이라 하는데, 이 책은 이 두 가지를 모두 설명하고 있다는 것이 학자들의 견해이다. 위백양은 금단(金丹), 즉 단약(丹藥)에 대해 이렇게 말하였다.

> 검은 참깨도 수명을 늘여 주는데 금단(金丹)을 먹으면 어떠할까? 금(金)의 성질은 썩지 않으니 만물의 보배가 된다. 술사(術士)가 이것을 복용하면 장생을 얻을 수 있다. [『주역참동계』「거승상연장」(巨勝尙延章)]

　이소군은 무제에게 단사와 같은 물질로 금을 만들어 그것으로 식기를 만들어 식사를 하면 장수할 수 있다고 했는데, 이제 위백양은 그것을 먹으면 장수할 수 있다고 말한다. 위백양이 말하는 금단이란 단사로 만든 황금을 가리킨다.
　옛날부터 금은 어떠한 상황에서도 변하지 않는 금속으로 잘 알려져 있다. 그 변하지 않는 성질을 높이 평가하고 그것을 먹으면 인간도 금처럼 변하지 않을 수 있다고 생각하였다. 그리고 단사에서 수은을 얻을 수 있는데 재미있는 점은 그 수은이 다시 단사로 변하는 데 있다.

단사인 HgS를 공기 중에서 가열하여 증류시키면 수은 Hg가 된다. 그 수은을 다시 공기 중에서 가열하면 변화하여 산화 제2수은 HgO가 된다. 그런데 이 산화 제2수은 HgO는 겉으로 보면 단사 HgS와 비슷하다. 그래서 옛날 사람들은 수은이 다시 단사가 된다고 착각하였다. 이 산화 제2수은을 다시 강하게 가열하면 수은이 된다. 이것은 계속해서 이런 식으로 변할 수가 있다.

신선방술사들이 감탄한 이유는 수은이 다시 단사가 되고 그 단사가 다시 수은이 되는 회귀성 때문이었다. 그래서 그것을 복용하면 사람도 다시 젊어질 수 있다고 믿었던 것 같다. 위백양은 금단을 복용하면 다음과 같은 효과가 나타난다고 하였다.

<금단은> 안개가 흩어지고 바람이 불고 비가 오는 것처럼 되어 팔다리가 자연히 찌는 듯이 더워지며, 얼굴색이 자연히 환하게 윤기가 나고, 흰머리가 검어지고, 빠진 이가 다시 나고, 할아버지가 젊은이가 되며 할머니가 처녀와 같이 된다. 이렇듯 자신의 형체를 바꾸어 사나운 운수를 벗어날 수 있으니 이러한 사람을 진인이라 한다. (『주역참동계』「거승상연장」)

늙는 것을 싫어하는 마음은 예나 지금이나 마찬가지인 모양이다. 아무리 늙은 사람도 어머니 뱃속에서 나올 때는 귀여운 갓난아이였다. 그렇게 귀엽고 예쁜 어린아이가 나이가 들어 늙게 되면 모두들 싫어하는 추한 모습이 되고 만다. 그렇게 늙어 버린 사람이 다시

어린아이로 돌아갈 수 있다면 그보다 더 좋은 일은 없을 것이다.

영원히 늙지 않고 젊음을 유지할 수만 있다면 무엇인들 하지 않겠는가? 진시황도 불사약을 구하기 위하여 많은 사람을 동해로 보냈지만 끝내 불사약을 구하지 못하였다. 중국의 몇몇 황제는 방사들이 말한 금단을 믿고 그것을 먹었지만 오히려 병을 얻어 자신의 수명도 다하지 못하였다. 당시의 사람들은 수은이 사람의 몸에 치명적인 독이 된다는 사실을 알지 못했기 때문에 수은에 중독되어 불사의 꿈을 간직한 채 죽어갔다.

『주역참동계』는 이러한 외단의 방법뿐만 아니라 내단의 방법에 대해서도 설명하고 있다. 내단을 강조하는 해석가들은 『주역참동계』에서 위백양이 설명하는 난해한 용어들은 화학물질을 가리키는 게 아니라, 대우주와 소우주 양대 차원에서 상호작용하는 우주적인 영향관계를 지칭하는 말로 보아야 한다고 주장하였다.

이러한 영향관계는 『역경』에 등장하는 효(爻)와 괘(卦)로 상징된다. 『주역참동계』의 첫머리에는 『주역』과 마찬가지로 건괘(乾卦)와 곤괘(坤卦)가 나오는데 이것을 변화의 출입구인 동시에 모든 괘의 부모라 하였다. 그 다음으로 감괘(坎卦)와 리괘(離卦)가 나오는데 이 괘들은 건괘와 곤괘의 작용력, 즉 하늘과 땅의 영향력이라 하였다.

연단술의 용어에서 건괘와 곤괘는 각각 화로와 솥을 상징하고, 감괘와 리괘는 불사약을 이루는 성분을 상징한다. 나머지 60괘는 연단의 과정 중에 연단술사가 지켜야 할 시기를 가리킨다.

내단에서는 인간의 신체를 하늘과 땅으로부터 음과 양 두 생명요소가 부여되어 생긴 일종의 세발솥 같다고 본다. 감괘와 리괘는 불사약을 만드는 재료가 된다. 세발솥 안에서 약을 제련할 때는 불 조절을 잘하지 않으면 안 된다. 이와 마찬가지로 내 몸 안에 있는 감괘와 리괘를 변화시키는 데는 인체 내의 불을 잘 조절하여야 한다.

이 조절이 바로 호흡, 즉 기식(氣息)의 조절이다. 이것을 잘하게 되면 우리 몸의 기관은 늙지 않고 다시 젊어져 영생할 수 있다. 이 내단의 방법은 곧 우리 몸을 환원시켜 젊음을 유지시키는 직접적인 방법이라 할 수 있다.

이러한 내단과 외단의 이론을 보다 체계화한 사람이 진(晉)나라 무제(武帝) 때 태어나 애제(哀帝) 때 죽은 갈홍(葛洪, 283~363)이다. 그는 317년에 신선사상을 집대성한 『포박자』(抱朴子)라는 책을 완성하였다. 특히 『포박자』의 「내편」 20권은 신선이 실재함을 역설하고 신선이 되기 위한 선약 제조법과 복용법 및 기타 장생을 가능케 하는 보조적인 방법을 자세히 기술하고 있어 도교 연구에 중요한 자료가 된다.

갈홍은 먼저 『포박자』에서 신선이 정말 있다는 점을 강조한다. 당시의 사람들은 양생을 통해 사람의 수명이 연장될 수 있다고 생각했을 뿐이지 사람이 죽지 않고 신선이 될 수 있다고 믿지는 않았다. 향수(向秀, 221~300) 같은 사람도 아무도 신선을 본 적이 없기 때문에 신선은 존재하지 않는다고 단언하였다.

그러나 갈홍은 사람이 경험할 수 있는 영역은 아주 좁은데 직접 경험하지 못했다고 해서 없다고 단정하는 것은 잘못이라고 비판하였다. 그래서 말하기를 "천지 사이에는 뜻밖의 큰 것이 있고 그 중에는 이상스러운 것이 있으니, 어찌 한계가 있겠는가? 늙을 때까지 하늘을 이고 있지만 그 위를 알지 못하고, 죽을 때까지 땅을 밟고 있지만 그 아래를 알지 못한다 : 『포박자』「논선」(論仙)"라고 하여 신선의 존재를 적극 주장하였다.

그는 자신의 스승 정은(鄭隱)은 매우 믿을 만한 사람인데 그런 사람이 한 말이 틀릴 리가 없다고 하였다. 그리고 많은 책에 이미 신선이 있다는 사실이 기록되어 있고, 유향(劉向)은 『열선전』(列仙傳)을 써서 70여 명의 신선이 있었다는 것을 자세히 기록했으니 확실히 신선은 있다고 주장하였다.

다음으로 갈홍이 다루는 것은 일반인으로서 신선이 되는 것이 가능한가의 문제이다. 당시에 많은 사람은 설혹 신선이 존재한다 해도 그것은 타고난 능력이어서 배우거나 노력해서 될 수 없다고 생각하였다. 예를 들어 혜강(嵇康, 223~262)은 "신선은 모두 특별한 기질을 자연적으로 타고난 것이어서 배움을 쌓아 이룰 수 있는 것이 아니다"라고 하였다. 그의 이런 주장에 갈홍은 이렇게 말하였다.

> 대체로 갈고 닦는 것이 만들어 낸 결과이지 그 사람이 다른 사람들보다 뛰어난 것이 아니다. 그러므로 얕은 수준에 도달한 사람은 만물을 부리고 이용할 수 있으며 깊은 수준에 이른 사람은 장수할 수 있다. 상약(上藥)이 수명을 늘인다는 것을 알기 때문에 그 약을 복용해서 신선이 되려고 하며, 거북과 학이 오래 산다는 것을 알기 때문에 그것들의 도인(道引)을 본떠 오래 살려고 하는 것이다. 또한 소나무와 측백나무의 가지와 잎은 다른 나무들의 그것과 다르고, 거북과 학의 모습

은 다른 동물들과 다르지만 팽조와 노자는 일반사람들과 같다. 같은 사람이면서도 홀로 장수한 것은 도(道)를 얻었기 때문이지 저절로 그런 것이 아니다. 다른 나무들은 소나무와 측백나무를 본받을 수 없고, 다른 동물들은 거북과 학을 배울 수 없기 때문에 일찍 죽는 것이다. 사람은 명철해서 팽조와 노자의 도를 닦을 수 있으므로 그들과 같은 효과를 누릴 수 있다.
[『포박자』「대속」(對俗)]

갈홍에 따르면 특별한 사람들만 신선이 될 수 있는 게 아니라 누구나 노력하면 신선이 될 수 있다. 내적인 수련과 외적인 양생이 바로 신선이 되는 방법이다. 안으로 정기(精氣)를 보존하고 밖으로 상약(上藥)을 복용한다면 신선이 되는 것은 가능하다.

내적인 수련이란 바로 호흡법인 태식(胎息)과 방중술을 말한다. 이 밖에도 일을 하는 데 절도가 있는 것, 빨리 걷지 않는 것, 오래 앉아 있지 않는 것, 오래 보지 않는 것, 잠자리에 들고 일어남을 일정하게 할 것, 음식을 절제하여 먹는 것, 안마하는 것 등을 들었다. 그는 이것들이 모두 원기(元氣)를 체내에 유통시키는 방법이라고 하였다.

외적인 방법은 곧 좋은 약을 복용하는 것인데 이 약에는 상·중·하 세 종류가 있다. 상약은 몸을 편안하게 하고 목숨을 연장시키며 하늘에까지 날아오르게 한다. 이 약으로 단사(丹砂)·오지(五芝)·옥찰(玉札)·증청(曾靑)·웅황(雄黃)·자황(雌黃)·운모(雲母) 등을 꼽았다. 중약(中藥)은 장생의 효능을 지니고 있으며, 주로 약초를 포함하는 하등의 약재인 하약(下藥)은 질병을 치료하는 효능을 지녔다.

갈홍이 말하는 최고의 약은 바로 구전금단(九轉金丹)이다. 앞에서 설명하였듯이 단사가 수은이 되었다가 다시 더 가열하면 외관상 단사와 비슷한 산화수은이 되고, 이것을 다시 또 가열하면 수은으로 변하는데 이를 구전금단이라 하며 옛날 사람들이 이를 신기하게 생각하였다. 그래서 갈홍은 이렇게 말하였다.

대체로 금단(金丹)이라는 것은 오래 구우면 구울수록 영묘한 변화를 하는 것이다. 황금은 불 위에 놓고 몇 번이나 구워도 줄지 않으며 땅 속에 묻어도 영원히 녹슬지 않는다. 이 두 가지 물질을 복용하고 사람의 몸을 연마함으로써 사람이 늙지도 않고 죽지도 않게 할 수 있다. (『포박자』「금단」)

황금은 불변하는 성질이 있기 때문에 사람이 이것을 먹으면 황금과 같이 불변하여 늙지 않는다고 생각하였다. 그리고 단사는 다시 환원되는 성질을 가지고 있으니 이것을 먹으면 단사와 같이 사람도 다시 젊어진다고 믿었다.

그래서 갈홍은 "자그마한 단약의 최하등이라도 상등의 초근목피보다는 훨씬 우수하다. 보통의 초근목피는 구우면 이내 재가 되고 말지만 단사는 구우면 수은이 되고 몇 번이나 변화시키면 또 단사로 되돌아간다. 그러므로 이것은 모든 초목과는 아주 다르다 :『포박자』「금단」"라고 설명하였던 것이다. 그러나 수은은 맹독성 물질이라 건강에 도움이 되기는커녕 오히려 목숨을 앗아갈 수 있다.

이를 몰랐기 때문에 이것을 복용하고 생명을 잃은 사람이 적지 않았다. 예를 들면 당(唐, 618~906)나라 두 번째 천자인 태종(太宗, 재위 626~649)은 훌륭한 군주였으나 장생약을 먹고 갑자기 쓰러져 죽었고, 11대 황제인 헌종(憲宗, 재위 805~820)도 금단에 관심이 많아 유필(柳泌)이라는 술사에게 금단을 만들게 하여 그것을 먹고 사망하였다. 12대 황제인 목종(穆宗, 재위 820~824)도 단약을 먹어 일찍 죽었다. 이와 같이 당나라 때에는 황제들이 단약을 먹다가 수은 중독으로 죽은 사례가 유난히 많았다.

선행(善行)의 실천

갈홍은 도교의 이론을 집대성한 사람이지만 나아가 유·불·도 삼교의 합일을 생각하기도 하였다. 그래서 그는 불교의 내용도 받아들이고 유학의 가르침도 첨가하였다. 그는 우리가 오래 살고 신선이 되려면 내단과 외단만으로 부족하고 반드시 착한 일을 많이 해야 한다고 주장하였다. 즉, 착한 일을 많이 하면 귀신이 도와 주기 때문에 장수할 수 있다고 하였는데, 착한 일을 하는 목적이 어디까지나 귀신의 도움을 받으려는 데 있으니 유학의 이론과는 거리가 멀다.

『포박자』에 따르면 하늘과 땅에는 인간의 행위를 감독하는 신이 있으며, 인간이 범하는 행위의 경중에 따라 큰 것은 일기(一紀), 작은 것은 일산(一算)에 해당하는 수명을 빼앗는다. 일기란 300일이고 일산은 3일이다.

또 우리 몸에는 삼시(三尸)라고 하는 세 종류의 귀신이 있어 경신일(庚申日)이 될 때마다 하늘에 올라가 사람의 죄상을 고한다.

이 세 종류의 귀신은 우리 몸에 있는 상단전(上丹田)·중단전(中丹田)·하단전(下丹田)에 각각 살고 있다.

상단전에 살고 있는 상시(上尸)는 보물을 좋아하며 눈과 머리 부위의 질환을 일으키기도 한다. 중단전에 살고 있는 중시(中尸)는 맛있는 음식을 좋아하며 배꼽과 오장 부위를 갉아먹기도 한다. 하단전에 살고 있는 하시(下尸)는 색욕을 좋아하여 사람을 미혹시키며 콩팥 질환을 일으켜 신체 내부의 정기와 골수를 소모시키고 뼈를 쇠약하게 만든다. 그러므로 우리는 행동을 삼가고 조심하며 착한 일을 많이 해야 한다.

또 우리가 땅의 신선이 되려면 300가지의 착한 일을 해야 하고, 하늘의 신선이 되려면 1,200가지의 착한 일을 해야 한다. 만약에 1,199가지 착한 일을 하고 한 가지 악한 일을 행하면 앞에서 행한 착한 일은 모두 없어져 무효가 되어 버린다. 갈홍은 『포박자』에서 당시 도교에서 사용하고 있던 계율들을 이렇게 요약하였다.

그런데 도교의 여러 가지 계율을 보면 모두 다음과 같이 말하고 있다. 장생을 구하려면 반드시 선을 쌓고 공을 세우며, 사람들에게 자비를 베풀고, 자기를 용서하듯 남도 용서하며, 곤충에까지 그 인애함을 미치게 하라. 남의 좋은 일을 기뻐하고 남의 고생을 가엾게 여겨라. 남의 위급함을 도와 주고 남의 가난을 구제하라. 손으로 살아 있는 생물을 다치게 해서는 안 되고, 입으로는 화를 불러올 말을 해서는 안 된다. 남이 이득 얻는 것을 보면 내가 얻는 것처럼 생각하고, 남이 손해 본 것을 보면 내가 본 것처럼 생각하라. 잘난 체하지 말고

자만하지 마라. 자기보다 나은 사람을 질투하지 마라. 사악한 자에게 아첨하지 마라. 이렇게 함으로써 덕 있는 자가 되며 하늘로부터 복을 받는다. [『포박자』「미지」(微旨)]

선행의 실천과 장수(長壽) 사이에 연관성이 있다는 이론이 독특하다. 착한 일을 하면 기분이 좋아져 마음이 편안해질 수 있으니 건강에 좋을 수 있다. 반드시 하늘이 상을 내리지 않는다 하더라도 마음이 편해지고 기분이 좋아지는 상태 자체가 보약보다 몸에 좋을 수 있다.

요즘도 과학자들은 인간의 수명을 늘이기 위해 여러 가지 연구를 하고 있다. 사실 현대에 와서 사람의 수명은 옛날과 비교해 엄청나게 늘어났다. 이것만하더라도 의학의 공헌은 대단하다고 할 수 있다. 그런데 다시 더 수명을 연장하려는 노력은 조금 지나치다는 생각이 든다.

인간의 수명도 분명 적당함이 있는데 그것을 넘어 오래 산다고 무조건 좋은 건 아니다. 어떻게 생각하면 자라나는 세대에게 오히려 피해를 주는 일이라 볼 수 있다. 예컨대 산에 수령이 천년이나 되는 커다란 나무가 있어 오랫동안 넓은 지역을 차지하고 있다면 다른 어린 나무의 성장에 결코 도움이 되지 않을 것이다.

제8장
불교의 전래
...

석가의 가르침

불교의 전개

불교의 중국 전래

불교의 전래

석가의 가르침

　불교는 중국에서 발생한 종교가 아니라 인도에서 들어온 종교이다. 불교의 창시자는 기원전 563년 북인도 히말리야 기슭에 있는 카필라밧투에서 샤꺄족의 왕족으로 태어난 고타마 싯다르타이다. 고타마는 당시의 사상을 비판하고 자신의 가르침을 펼쳤다.

　우선 그는 지나친 고행(苦行)과 무절제한 쾌락 추구가 우리를 고통으로부터 해방시켜 줄 수 없음을 깨닫고 중도(中道)를 따라야 함을 강조하였다. 그리고 형이상학적인 논쟁도 우리의 고통을 해결하는 데 아무런 도움이 되지 못한다고 보았다. 그에게 있어 가장 시급한 과제는 사람을 고통으로부터 구해 내는 일이었다.

　어떤 사람이 독화살에 맞아 죽어간다면, 우리가 먼저 해야 할 일은 화살의 기원이나 본성 그리고 그 활을 쏜 사람이나 맞은 사람에 대한 지식의 수집이 아니라 그의 몸에서 화살을 뽑아 줌으로써 고통을 덜어 주는 치료이다. 마찬가지로 고(苦)의 독화살이 인간성 속에 묻혀 있을 때, '세계가 영원한가? 유한한가? 신이 있는가? 영혼이 육체와 다른가?' 따위의 형이상학적 문제에 몰두하는 사람도 어리석을 뿐이다.

그러면 고타마의 가르침은 무엇인가? 먼저 그는 존재하는 모든 것의 실체성을 부정하는 연기설(緣起說)을 주장하였다. 연기란 "말미암아 일어난다"라는 의미로, 이 세상의 모든 것은 반드시 그럴 만한 조건이 있어서 생긴다는 말이다. "이것이 있으므로 저것이 있고, 이것이 생기므로 저것이 생긴다. 이것이 없으므로 저것이 없고, 이것이 없어지므로 저것이 없어진다"라고 한 『아함경』(阿含經)의 구절이 연기를 잘 설명하고 있다.

태어남이 있기에 죽음이 있는 것처럼 존재하는 모든 것은 이것이 있기에 저것이 있고, 이것이 없어지면 저것도 없어진다. 고타마에 따르면 세계의 모든 현상은 직접적인 원인인 인(因)과 간접적인 원인인 연(緣)에 의해 어떤 모습을 띠고 나타난 것에 불과하다. 예컨대 쌀과 보리는 그 씨가 인(因)이고 노력·자연·거름 등이 연(緣)이라 할 수 있다. 그래서 모든 것은 단순히 인연에 의해 가상적인 모습을 띠고 있을 뿐 고유한 속성이 본래부터 있는 것이 아니다.

불교에서는 이러한 연기설을 열두 단계로 나누어 12연기로 설명하고 있다. 이 12연기설은 개별자아를 중심으로 설명하고 있지만 생명현상 전체에 대한 설명으로 볼 수 있다. 불교는 본래 따로 객관세계의 개념을 건립하지 않았으므로 세계의 해석 역시 이 이론 가운데 포함되어 있다.

　12연기의 구체적인 내용은 다음과 같다. 우리 인간은 근본적으로 실상을 알지 못하기[無明] 때문에 맹목적인 의지활동이 생겨나고[行], 여러 가지 의지활동이 있음으로써 의식이 생겨나며[識], 의식적인 지각이 있기 때문에 정신과 육체의 현상이 생겨난다[名色]. 정신과 육체의 현상에 힘입어 여섯 가지 감각[六入]이 형성되고, 여섯 가지 감각이 있음으로써 밖의 대상과 접촉함[觸]이 있게 된다. 외부의 대상과 접촉함으로써 여러 가지 느낌을 받아들이게 된다[受]. 여러 가지 느낌을 받아들임으로 인하여 여러 가지 탐욕과 갈망이 생겨난다[愛]. 갈망 다음에 오는 것이 바로 집착[取]이다. 집착 때문에 개별주체 또는 영혼이 생겨난다[有]. 개별주체 또는 영혼이 있음으로써 생명이 있게 되고[生], 생명이 있음으로써 늙음과 죽음이 생기게 된다[老死].

　처음 2단계는 과거와 관련되어 있으며 현재를 설명한다. 다음 8단계는 현재에 속하며 마지막 2단계는 과거와 현재에 일어나고 있는 것에 의해 결정되는 미래를 나타낸다. 석가는 깨달음에 이르기 바로 전에 이 연기의 사슬에 대해 명상하였다고 하며, 누구든 괴로움과 윤회의 원인을 바르게 이해하면 그 사슬의 속박에서 해방된다고 하였다.

　이러한 연기설과 더불어 또 하나 석가의 중요한 가르침은 삼법인설(三法印說)이다. 제행무상(諸行無常)·제법무아(諸法無我)·일체개고(一切皆苦)가 바로 그것이다.

　제행무상에서 행(行)이란 일반적인 의욕활동을 가리킨다. 그래서 제행무상의 원래 의미는 여러 가지 의욕활동의 끊임없는 바뀜을 말한다. 인간은 영원한 욕구 가운데 있으며 우리의 의욕활동은 하나의 욕구를 만족시킬 때 또 다른 욕구로 옮겨 간다. 예컨대 갈증이 해소되면 곧 맛있는 음식이 생각나고 맛있는 음식을 먹고 나면 또 다른 욕구가 생겨나게 된다.

 이러한 욕구의 끊임없는 변화로 말미암아 우리들은 괴로움을 겪게 된다는 이론이 바로 제행무상이다. 나중에 이 이론은 우리의 의욕활동뿐만 아니라 존재하는 모든 것이 영구불변하지 않고 항상 변화한다는 의미로 바뀌었다.

 제법무아에서 법(法, dharma)이란 여러 가지 뜻을 지닌 말인데 여기서는 보편적인 사물이나 존재를 의미한다. 따라서 제법무아란 존재하는 모든 것은 나의 소유가 아니라는 의미이다. 그러나 오늘날 우리는 주로 이 말을 존재하는 모든 것은 고정되어 있지 않으며 항상 새롭게 바뀌기 때문에 실체라고 할 수 있는 것이 아무것도 없다는 뜻으로 해석한다. 여기서 부정되는 것은 존재하는 모든 것의 실체성뿐만 아니라 자아의 실체성도 포함된다.

 일체개고란 삶은 고통스러울 뿐이라는 의미이다. 삶을 고통으로 파악한 인생관은 석가의 독특한 생각이 아니라 기존의 인도 전통사상이 가지고 있던 인생관을 이은 것이다. 인생이 괴로운 원인은 바로 사람들이 가지고 있는 여러 가지 욕구 때문이다. 욕구가 있는데 그것이 충족되지 않기 때문에 고통이 생긴다. 인생에 있어 즐거움보다 괴로움을 더 본질적인 것으로 파악한 인도 사람들의 생각이 독특하다.

 석가의 가르침에는 연기설과 삼법인 이외에 사성제(四聖諦)도 있다. 사성제란 네 가지 거룩한 진리라는 의미이며, 불교경전에 의하면 석가가 깨달은 후 제자들에게 최초로 설법한 내용이다. 사성제의 내용은 이미 설명한 가르침과 중복되는 부분도 있지만 보다 적극적으로 문제를 해결하는 방법을 제시하고 있는 점이 다르다. 사성제의 구체적인 내용은 다음과 같다. 첫째는 고성제(苦聖諦), 둘째는 집성제(集聖諦), 셋째는 멸성제(滅聖諦), 넷째는 도성제(道聖諦)이다.

고성제란 이미 삼법인에서 보았듯 인생은 괴로움이라는 가르침이다. 불교에서는 이 인생의 괴로움을 다시 여덟 가지로 나누어 설명하고 있다. 태어나는 괴로움·늙는 괴로움·병드는 괴로움·죽는 괴로움·미운 사람을 만나는 괴로움·사랑하는 사람과 헤어지는 괴로움·구하는 것을 얻지 못하는 괴로움·인간의 생존을 구성하는 다섯 가지 요소[오온(五蘊) : 색(色)·수(受)·상(想)·행(行)·식(識)]의 괴로움이 바로 그것이다.

집성제란 그 고통의 원인을 말하는데 괴로움이 쌓이는 원인은 내가 애타게 바라는[渴愛] 대로 일이 이루어지지 않기 때문이다. 가질 수 없는 것을 가지려 하거나 피할 수 없는 것을 피하려 하는 이런 경향성은 마음속에서 심한 갈망을 일으킨다. 우리는 이 갈망에 속박되어 자유롭지 못한 생활을 하게 된다.

이 갈망은 세상을 참모습 그대로 보지 못하는 데서 생겨나는데 이를 무명(無明)이라 한다. 이 무명에서 맹목적인 행동이 나오고 또 분별하는 의식작용이 생기며 결국 죽음에 이르게 된다. 괴로움의 근원적인 원인은 결국 무명에 있다.

멸성제란 고통의 원인이 소멸된 상태를 말한다. 불교에서는 갈애와 무명을 초월하여 열반(涅槃)이나 해탈(解脫)의 경지에 이르는 것을 궁극의 목표로 삼고 있다. 갈애와 무명이 고통의 원인이므로 이것을 없애면 고통이 사라지게 된다. 이렇게 고통이 사라진 상태가 곧 해탈이요 열반이다. 해탈은 속박에 대해서 하는 말이고 열반은 생사(生死)에 대해서 하는 말이다.

도성제란 열반이나 해탈의 경지에 도달하는 구체적인 수행 방법들을 말한다. 석가는 지나친 쾌락에 빠져도 안 되고 지나치게 고행을 해도 안 된다는 중도(中道)를 제시하였다. 그는 이 중도를 다시 팔정도(八正道)로 나누어서 설명하였다. 정견(正見 : 올바른 견해)·정사유(正思惟 : 올바른 생각)·정어(正語 : 올바른 말)·정업(正業 : 올바른 행위)·정명(正命 : 올바른 생활)·정정진(正精進 : 올바른 노력)·정념(正念 : 올바른 기억)·정정(正定 : 올바른 선정)이 팔정도의 구체적인 항목이다. 선정(禪定)이란 정신집중과 정신통일을 말하는데 일반적으로 좌선(坐禪)이라고 한다.

불교의 전개

석가가 열반한 직후 500명의 제자가 라자가하(王舍城)에서 집회를 갖고 그들의 기억 속에 남아 있던 스승의 가르침을 서로 확인하였다. 불교도들은 이 집회를 상기티라고 하는데, 이 말은 가르침을 모두 함께 소리 내어 암송하는 일을 의미하지만 한역불전(漢譯佛典)에서는 결집(結集)으로 번역하고 있다.

이 결집에서는 마하캇사파가 상좌에 앉아 의장으로서 두 명의 암송자를 선택했는데 아난다와 우파리가 뽑혔다. 아난다는 오랫동안 석가의 시중을 들었으므로 스승이 어디서 누구에게 어떤 가르침을 베풀었는지를 누구보다 잘 알고 있었다. 그리고 우파리는 계율에 관해 가장 잘 알고 있는 사람으로 인정받았기 때문에 선출되었다.

결집회의는 먼저 마하캇사파가 우파리에게 출가자의 생활규정이나 금제(禁制)인 율(律)에 관해서 질문하는 것으로부터 시작되었다. 마하캇사파는 계율(戒律)에 대해서 어디서, 누구에 대하여, 어떠한 연유로 석가에 의해 제정되었는가 하고 물으면 우파리는 여기에 대해 순서대로 대답하였다.

그 다음에는 마하캇사파가 아난다에게 석가의 가르침인 법(法)에 대하여 질문하였다. 율(律)의 경우와 마찬가지로 마하캇사파가 아난다에게 그 가르침이 언제, 어디서, 누구에 대하여, 어떻게 설해졌는가를 묻고 여기에 대해 아난다가 대답하였다.

이렇게 석가의 가르침과 계율이 이 두 명의 암송자에 의해 재현되었다. 그리고 그것이 참석한 제자들의 검토를 거쳐 확인되면, 이번에는 그것을 전원이 함께 암송했으며 이렇게 함께 암송함으로써 그것은 기억 속에 일정한 형태로 간직되었다.

거의 100년 뒤에 두 번째 결집회의가 와이샬리에서 열렸다. 그 목적은 계율에 대한 여러 가지 의문을 해결하는 데 있었다. 그 후 아쇼카 황제 주최로 B.C. 249년경에 세 번째 결집회의가 빠딸리뿌뜨라에서 열렸다. 약 천여 명의 승려가 참석하였고 그 회의의 주요 목적은 장로(長老)를 따라 교리를 체계화하고 명료히 하는 일이었다. 이때 진보적인 대중부(大衆部)와 보수적인 상좌부(上座部)의 분열이 생겼고, 경(經)·율(律)·논(論) 삼장(三藏)이 모두 갖추어졌다.

경(sutra)은 날실의 뜻으로 석가가 말한 진리는 일관되고 불변하여 날실과 같다는 데서 생긴 이름이다. 율(vinaya)은 정당한 행위로 옳지 못한 행위를 복종시킨다는 뜻으로, 석가가 악(惡)을 막고 선(善)을 닦기 위하여 만든 계율이다. 논(abhidharma)은 법(dharma)에 대한 해석인데 대부분 불제자들이 논술한 내용이다.

교리와 계율에 대한 견해 차이로 상좌부와 대중부로 나뉜 불교는 결국 이십여 개의 부파(部派)로 나뉘게 되었다. 대표적인 부파로 설일체유부(說一切有部)・독자부(犢子部)・설산부(雪山部)・화지부(化地部)・음광부(飮光部)・경량부(經量部) 등이 있다.

석가의 가르침 가운데 부파간의 철학적 견해 차이를 보이게 한 문제는 주로 무아설(無我說)과 업보(業報)에 관한 문제, 인간존재를 구성하는 요소들인 법(dharma)의 수와 종류 및 본성에 관한 이론 그리고 불타관(佛陀觀) 등이었다.

서기 2세기경에 이르러 용수(龍樹, Nāgārjuna)가 중관학(中觀學)을 건립함으로써 대승불교가 나타나게 되었다. 용수의 제자 제파(提婆: Āryadeva)가 이것을 계승하여 발전시킴으로써 이 학설은 일시에 크게 성행하였다.

이들의 학설은 『반야경』(般若經)을 근거로 하고 있기 때문에 반야종(般若宗)으로 불리웠다. 이것이 뒤에 중국불교도들이 말하는 공종(空宗) 또는 삼론종(三論宗)이다. 삼론이란 말은 용수가 지은 『중론』(中論)과 『십이문론』(十二門論) 그리고 그의 제자 제파가 지은 『백론』(百論)을 가리킨다.

용수의 중관학은 『대반야바라밀다경』(大般若波羅蜜多經)에 근거하고 있는데 그는 『대지도론』(大智度論)과 『중론』(中論)을 지어 중관학을 체계화하였다. 중관학은 상주(常住)와 단멸(斷滅), 아(我)와 비아(非我), 물질과 정신, 육체와 영혼, 실체와 과정, 단일과 다수, 긍정과 부정, 동일과 차이 등의 모든 독단적이고 배타적인 이원론을 피하고 붓다의 참된 정신인 중도를 따른다.

그래서 이 사상은 영원불변하는 실재(實在)가 있다고 인정하는 유(有)의 입장도 부정하고, 모든 것이 없다고 생각하는 무(無)의 입장도 부정한다. 이 세상의 모든 현상은 인(因)과 연(緣)이 화합하여 발생하였고 인연을 벗어나면 이런 일체의 현상도 없다는 견해이다. 그러므로 어떤 것도 자기의 실재성을 가지고 있지 않다고 주장한다. 모든 것[法]은 스스로 존재하지 못하는 공(空)일 뿐이다. 여기서 말하는 공(空 : śūnya 또는 śūnyatā)은 영원불변하는 독립된 실체(實體)가 없다는, 즉 모든 존재는 자성(自性)이 없다는 의미이다. 따라서 공은 아무것도 없다는 의미의 무와는 완전히 다르다.

용수는 『중론』에서 인연이 모든 것을 생기게 했다는 의미로 공이란 말을 사용하였다. 그러므로 붓다의 연기설과 그의 공은 같은 내용이라 할 수 있다. 그는 나아가 인연도 깨뜨려야 한다고 하였다. 인연 역시 객관적으로 실재하는 것이 아님을 말한다.

존재하는 모든 것은 영원불변하게 스스로 존재하지 못하고, 잠시 그러한 모습을 띠고 있으므로 가명(假名)이라고도 한다. 가명이란 헛이름을 말하는데, 어떤 대상의 이름이란 말하는 과정에서 그렇게 이름을 붙인 방편일 뿐이고 실제로 존재함을 의미하지는 않는다. 그러나 세상 사람들은 이것을 깨닫지 못하고 현상적인 차별의 세계를 절대적인 실재로 잘못 생각함으로써 유나 무에 집착하여 괴로워한다.

용수는 이렇게 모든 것은 공이라고 주장하면서도 절대적이며 인연에 구애받지 않는 실재가 있다는 사실을 인정하고 있다. 그에 따르면 붓다는 두 가지 진리, 즉 이름과 형태를 통해 파악되는 세계 곧 현상적인 세계에 관한 진리와 모든 이름과 형태를 초월한 있는 그대로의 실재에 관한 진리를 가르쳤다.

현상세계는 철저하게 연기의 원리에 지배된다. 현상세계에서는 절대적인 진리나 절대적인 실재에 대한 진리가 있을 수 없다. 현상세계에서의 진리는 모두 다른 진리와 체계에 의존적이고 상대적이다. 이런 진리를 용수는 속제(俗諦)라고 하였는데 이는 세속적인 진리라는 의미이다.

속제와 같은 차원이 낮은 진리가 있고, 또 한층 더 높은 차원의 진리가 있는데 이것을 그는 진제(眞諦)라고 하였다. 진제는 번뇌와 망상을 떠난 부처님의 마음이 보는 초월적인 진리이다. 세속적인 진리를 보는 인식의 상태를 마음[心], 생각, 혹은 식(識)이라 부르며 초월적인 높은 진리를 보는 마음을 지혜 혹은 반야(般若)라 부른다.

이렇듯 속제와 진제는 구분이 되지만 속제를 떠나 진제가 따로 있는 것은 아니다. 그래서 용수는 속제를 떠나서는 진제를 깨달을 수 없다고 하였다. 부처님의 경지에서는 오히려 진속(眞俗)의 구별이 없다.

중관학과 더불어 대승불교의 양대 산맥을 이루는 철학이 바로 유식학(唯識學)이다. 이 철학은 우리가 일상적으로 경험하는 사물들이 자성(自性)이 없어 공이며 순전히 마음에 의해 구상되거나 조작된 현상이라면, 결국 이들 사물은 우리의 마음, 즉 식(識, vijñāna)에 의존하고 있는 존재라고 주장하였다.

그래서 우주의 모든 존재는 식(識)이 변하여 되거나 식이 만들어 낸 현상에 지나지 않는다. 이와 같이 유식학은 존재를 인식으로 환원하는 이론을 체계화하였다. 이 철학은 『해심밀경』(解深密經)에 근거하고 있으며 이를 보다 체계화한 사람은 미륵(彌勒, Maitreya, 270~350경)이다. 미륵을 이어 유식학을 크게 발전시킨 사람은 무착(無着, 310~390)과 그의 동생 세친(世親, Vasubandhu, 320~400)이다. 무착의 『섭대승론』(攝大乘論)과 세친의 『유식이십론』(唯識二十論)·『유식삼십송』(唯識三十頌) 등이 유식학을 대표하는 저술이다.

'유식'(唯識)에서 '식'(識)이란 산스크리트어 'vijñāna'나 'vijñapti'를 번역한 말이다. 'vijñāna'란 말은 주로 의식 혹은 인식의 작용 그 자체를 말하며 그것이 어느 감각기관에 의존하여 생기는가에 따라 안식(眼識)·이식(耳識)·의식(意識) 등이 된다.

그래서 'vijñāna'란 말은 단지 식(識) 자체를 의미하기도 하고 어떤 대상을 내용으로 하는 식(識)을 의미하기도 한다. 그리고 'vijñapti'란 인식되어진 것, 인식의 내용 혹은 표상을 의미한다. 우리가 보통 인식의 대상으로 여기고 있는 것은 객관적 실재가 아니라 마음에 나타난 표상일 뿐이라는 이론이다.

유식학에서는 팔식(八識)을 말하는데 안식(眼識)·이식(耳識)·비식(鼻識)·설식(舌識)·신식(身識)·의식(意識)·말나식(末那識)·아라야식(阿賴耶識)이 그것이다. 앞의 다섯 가지 식은 다섯 가지 감각능력을 가리키고 의식은 심리활동을 가리킨다. 우리가 얻은 감각들은 대상들에 대해 사유나 분별없이 지각을 하고 뒤섞여 있어 반드시 통합작용을 통해 통합되어야 지식이 된다. 이러한 통합작용을 의식이라 한다.

다시 이 여섯 가지 식 배후에서 그들에게 통일성을 부여하고 그들이 활동하는 전제가 되는 식이 있다. 이것을 제7식 또는 말나식(manas)이라 한다. 이 식은 자고 있을 때나 깨어 있을 때를 가리지 않고 활동하면서 정신활동의 연속성을 유지시켜 준다. 'mana'는 본래 의념(意念)을 뜻하는데 생각하고 헤아리는 식으로서, 여기서 나[自我]라는 관념이 생겨 아집을 일으킨다.

또한 제7식의 배후에는 자아의 본체가 되는 제8식 또는 아라야식(阿賴耶識)이 있다. 아라야(ālaya)라는 말은 창고라는 뜻이기 때문에 장식(藏識)이라고 번역되는데, 그 속에는 몸과 말과 뜻으로 인해 생긴 업(業, karma)의 종자들이 들어 있다. 아라야식은 모든 식의 근본이 되는 식이므로 본식(本識)이라고도 한다.

이 식으로부터 다른 모든 식이 마치 큰 바다의 물결같이 전변(轉變)하여 일어난다. 아라야식의 전변이란 아라야식 안에 저장되어 있는 종자들이 발아하고 성숙하여 나타나는 여러 가지 식의 분별작용을 말한다. 이것은 다름 아닌 우리의 일상적 경험의 세계이다.

이처럼 아라야식 속에 잠재해 있던 종자들이 여러 가지 식으로 나타나는 작용을 전식(轉識)이라 하고, 이와 더불어 현상세계가 나타나는 것을 현행(現行)이라 한다. 주체와 객체, 인식하는 자와 인식되는 것, 신체와 환경 등이 모두 아라야식의 전변에 의하여 나타나는 현상일 뿐이다.

이렇게 드러난 현상세계에서 우리는 몸과 말과 뜻으로 업을 짓고, 업은 종자들을 물들여 아라야식에 저장된다. 업이란 원래 인간의 갖가지 행위를 뜻한다. 이것이 인과의 관념과 결합되어 시간적인 전후에 걸쳐 작용하는 일종의 힘으로 간주되었으니 '그 씨앗에 그 열매'라는 사상이다. 곧 착한 행위에는 좋은 결과가 악한 행위에는 나쁜 결과가 온다. 어떤 종자들은 현현(顯現)되지 않고 종자로만 계속 존재하기도 한다.

아라야식은 흐르는 물과 같이 항시 변천하면서 윤회의 주체를 이루는 존재이다. 아라야식은 항상 활동하고 있으나 어떤 구체적인 인식작용도 하지 않는다. 아라야식 자체는 번뇌에 덮여 있지도 않고 선하지도 않고 악하지도 않은 중성이지만, 아라야식 속에 있는 종자들은 선악의 구별이 있다. 아라야식 속에 있는 깨끗한 종자를 무루종자(無漏種子)라 하고 더러운 종자를 유루종자(有漏種子)라 하는데, 무루종자는 해탈의 근원이 되고 유루종자는 생사의 유전을 결정하는 개별 자아의 특성이 된다.

유식학에서는 결국 이 세상의 모든 존재를 식의 변화와 드러남에 불과하다고 본다. 그런데 보통사람들은 이것을 깨닫지 못하고 눈앞의 모든 존재를 실재하는 것으로 생각하고 거기에 집착한다. 이것을 유식학에서는 변계소집성(遍計所執性)이라 한다.

우리가 경험하는 세계가 실제로 존재한다고 느끼는 것은 우리에게 바로 이러한 허망하게 분별하는 의식 활동이 있기 때문이다. 그러나 허망하게 분별하는 식의 작용도 아라야식의 종자에 의존하는 의타적인 존재이다. 이것을 의타기성(依他起性), 즉 다른 것의 인연에 의존하는 모습이라 부른다.

우리가 여러 가지 식의 의타기성을 깨닫는 순간, 우리는 식의 본성 그 자체를 보고 있는 것이다. 모든 차별성과 주관과 객관의 분열과 대립을 초월한 있는 그대로의 모습인 진여(眞如)를 보게 된다. 이것을 원성실성(圓成實性)이라 부른다.

불교의 중국 전래

불교는 중국의 서쪽지역에 해당하는 서역(西域)을 거쳐 중국에 전래되었다. 그러나 오늘날 불교가 중국에 전래된 시기를 확정하는 것은 아주 어렵다. 이 문제에 대해 여러 가지 서로 다른 의견이 있지만, 한나라 애제(哀帝) 원수(元壽) 원년(B.C. 2)에 대월씨국 왕의 사신인 이존(伊存)으로부터 『부도경』(浮屠經)을 구두로 전해 받았다는 기록이 가장 믿을 만하다.

이것은 어환(魚豢)의 『위략서융전』(魏略西戎傳)에 기록되어 있다고 『삼국지』(三國志)에 나오는 배송지(裵松之)의 주(注)는 말하고 있다. 전한시대에 대월씨국은 이미 불교를 숭상하고 있었는데, 대월씨국 왕이 보낸 사신이 『부도경』을 중국에 구두로 전하자 중국의 박사 경로(景廬)가 전해 받았다고 한다.

전한 말 애제 때 불교가 전래되었다고 하는 것 이외에는 전한 불교에 관한 문헌은 없고 후한에 들어와서야 비로소 불교에 관한 내용이 문헌에 약간 보인다. 그러나 불교가 중국에서 확실하게 기초를 다진 것은 후한 말 환제(桓帝) 때 서역으로부터 들어온 안세고(安世高)와 지루가참(支婁迦讖)에 의해서이다.

안세고는 안식국(安息國)의 태자로 숙부에게 나라를 물려 주고 한나라 환제 건화(建和) 2년(148)에 낙양에 와서 불경 30여 권을 잇달아 번역하였다. 안세고는 선학(禪學)에 치중하였으므로 그가 번역한 불경 역시 소승불교에 속하는 선학이 중심이 되었다.

지루가참은 월지국 사람으로 안세고보다 조금 뒤에 들어왔는데, 그가 번역한 불경은 주로 대승 공종(空宗) 반야(般若) 계통에 속한다. 지루가참이 중국에 올 때는 용수가 가르침을 세운 지 오래되지 않았으므로 그는 반야경문을 가지고 중국에 왔다.

한대(漢代)는 불교가 처음 전래된 시대였으므로 그 당시 사람들은 아직 불교를 제대로 이해하지 못하였다. 그래서 사람들은 중국 고유의 사상으로 불교를 이해하고 설명하였다. 그 당시는 황로신선학(黃老神仙學)의 방술사상이 유행하고 있었기에 사람들은 황로 방술의 신선학사상으로 불교를 이해하였다.

당시의 중국사람들은 부처를 신이나 신선으로 생각하였다. 그리고 그들은 불교에서 말하는 열반적정(涅槃寂靜)을 노자가 말한 무위로 이해하여, '열반'을 '무위'로 번역하였다. 한대의 사람들은 욕망을 없애고 사치스러움을 버린다는 노자의 사상으로 불교의 기본 교의를 이해하려 들었다. 불교에서는 애착과 욕망이 고통의 원인이라 하여 욕망을 제거하라 주장하는데, 이러한 사상은 바로 과욕(寡欲)과 무욕(無欲)을 주장하는 노자의 사상과 그대로 일치한다.

중국에 대승의 반야공관(般若空觀)을 최초로 소개한 경전이 지참이 번역한 『도행반야경』(道行般若經)이다. 이 책의 「진여품」(眞如品)에서는 세계 본체의 이치를 설명하고 있는데, 당시 한나라에서는 「진여품」을 「본무품」(本無品)으로 번역하였다. '본무'는 노자사상의 개념이다.

노자는 세계의 본원을 무라고 생각하였는데 한대의 승려들은 노자의 이 본무사상으로 불교의 진여를 해석하였다. 그래서 그들은 대승 공종(空宗)의 '모든 것은 다 공이다'[一切皆空]라는 사상이 모든 것은 다 무에 근본한다는 노자의 사상이라고 설명하였다.

이러한 경향은 위진시대에도 계속되었다. 위진시대는 노장사상을 숭상하는 현학이 출현한 시기이다. 위진현학 가운데 특히 하안과 왕필이 제창한 귀무(貴無)학설의 영향이 가장 컸다. 하안과 왕필은 무를 근본으로 하는 노자의 철학사상을 이어, 세계의 본체는 무이며 현상세계의 각종 구체적 존재물은 단지 이 본체세계의 외적 표현에 지나지 않는다고 여겼다.

이 시대를 풍미한 현학 사조에서 영향을 받아 불교 승려들은 위진현학으로 대승의 반야공관을 이해하고 해석하였다. 이를 바탕으로 한대에 전래된 대승 반야공관은 위진시대에 들어 광범위하게 전파될 수 있었다. 특히 양진(兩晉)시대에는 전대미문의 대승 반야학 바람이 일었다.

이에 따라 반야학 내부에도 수많은 학파가 생겨 이른바 육가칠종(六家七宗)이라 불리는 종파들이 활동하였다. 당시 중국불교도들이 노장현학사상으로 교의를 해석한 불교를 사람들은 격의불교(格義佛敎)라고 부른다.

이 당시에 가장 영향력이 있었던 승려로는 도안(道安, 312~385)이 있다. 상산(常山) 사람인 도안은 후조(後趙)의 불교를 대표하는 고승 불도징(佛圖澄)에게 사사하여 두각을 나타내었지만, 얼마 뒤 후조 말에 혼란이 일자 그는 남방의 양양(襄陽)으로 갔다. 그가 양양의 단계사(檀溪寺)에 기거하자 이름이 사방으로 알려져 학자들이 몰려와 스승으로 모셨다.

그러다가 379년 양양을 공략한 전진(前秦)왕 부견(符堅)이 초청하여 장안의 오중사(五重寺)에 머물게 되었다. 그 문하에 모인 승려들이 수천 명에 달했다고 한다. 그는 번역된 경전들의 목록을 작성하고 번역을 돕기도 하였으며 경전의 서문을 짓고 경전에 주석을 달기도 하였다.

도안은 중국 반야사상의 발전에 공헌한 이외에도 계율의 정비나 승제(僧制)의 제정을 실시하고 교단의 확립에 공헌한 사람으로서 중국불교사에 큰 위치를 차지하고 있다. 그도 처음에는 역시 격의(格義)의 방법을 따라 경전을 강의하였으나 중년 이후부터는 점차 격의불교를 비판하는 입장을 취하였다. 그러나 그 당시에는 아직 인도의 중요한 저작들이 중국에 전래되지 않았다. 예컨대『중론』은 409년에야 비로소 한문으로 번역되었다. 그래서 도안의 반야에 대한 이해도 한계가 있을 수밖에 없었다.

도안과 같은 시기의 불교도는 대부분 반야학을 다루었으나 이미 격의의 영향을 받아 도가의 입장을 취하여 불교이론을 해석하였다. 그 결과 비록 소견이 깊고 얕은 차이가 있으나 반야의 근본 취지를 완전하게 이해하지는 못했다.

이런 상황은 구마라집(鳩摩羅什)이 중국에 와서 여러 논(論)을 번역 강의한 뒤에 크게 변화하였다. 그래서 반야학이 중국에 참으로 전해진 것은 역시 구마라집이 전교를 시작한 때부터 였다. 그는 당나라 현장과 함께 역경사(譯經史)의 이대역성(二大譯聖)이라 불린다.

구마라집은 쿠챠인으로 7세에 출가하여 어머니와 함께 서역의 여러 나라를 다니며 불교를 연구하였는데, 겨우 열한 살의 나이로 외도(外道)들과 토론하여 그들을 굴복시켰다고 전해질 정도로 신동이었다. 20세에 쿠챠에서 계(戒)를 받았으나 그의 명성은 이미 멀리 중국에까지 전해져 전진의 부견은 소문을 듣고 그를 초빙하기 위해 여광(呂光)에게 명하여 쿠챠를 토벌하고 구마라집을 데려 오게 하였다.

여광은 쿠챠를 쳐 구마라집을 데려 오던 도중 전진이 멸망하고 후진이 일어섰다는 소식을 듣고 고장(姑藏)에 머물면서 독립하여 후량(後涼)을 세웠다. 이리하여 구마라집은 여기서 15년을 보냈는데 후진의 요흥(姚興)이 후량을 토벌하고 그를 장안으로 데려 왔다.

그의 번역 경전은 74부 384권이나 되는데 이때 번역한 경전들이 후세 불교교학에 미친 영향은 지대하다. 특히 대승논부들이 처음으로 중국에 전래되었으며 이로 인하여 삼론종, 성실종이 흥기하게 되었다.

그리고 그는 역경(譯經)사업에 많은 노력을 기울였을 뿐만 아니라 훌륭한 사상가이며 교육자이기도 하였다. 그를 찾아오는 문하생이 항상 수천 명에 달하였고 그 가운데 특출한 제자만도 80명이나 되었다. 이 많은 문하생은 다음 시대의 불교를 대표하게 되는데 동진(東晋)시대(317~420) 및 남북조시대(421~589) 초기의 불교는 바로 구마라집 계통 사람들의 불교였다 해도 과언이 아니다. 제자 가운데 특히 승조(僧肇)·도생(道生)·혜관(慧觀)이 가장 유명하였다.

승조(僧肇, 384~414)는 구마라집이 고장에 있을 때 그의 명성을 듣고 제일 먼저 제자가 된 사람이다. 그 뒤 구마라집을 따라 장안에 들어가 그와 함께 경(經)과 논(論)을 번역하는 데 힘을 쏟았다. 승조는 일생 동안 스승의 불경 번역을 돕는 한편, 스스로 『반야무지론』(般若無知論), 『부진공론』(不眞空論), 『물불천론』(物不遷論), 『열반무명론』(涅槃無名論) 등을 저술하여 반야삼론학을 천명(闡明)하였다.

승조는 용수의 중관철학의 실질을 깊이 깨달은 사람으로 중관불교를 중국의 노장현학과 결합시키고자 하였다. 이전의 불교 현학화가 주로 현학으로 불교를 해석하였다면, 그는 불교 고유의 사상과 방법으로 그 당시 현학과 불교의 공동 관심사를 해결하고자 하였다.

승조의 불교학이 토론한 문제는 분명히 당시의 현학이 토론한 문제와 밀접한 관계를 맺고 있다. 예컨대 승조가 『부진공론』에서 토론한 유무(有無)의 문제는 위진현학과 현학화된 반야학이 토론한 유무 문제를 다시 정리하였다. 또 그는 『물불천론』에서 동정(動靜)의 문제를 토론하였다. 동정의 문제는 당시 현학가들 사이에서 중요한 토론 거리였다. 또 『반야무지론』과 『열반무명론』에서는 선진시대 노자와 위진현학가들이 토론한 문제, 즉 성인이 무지(無知)한가 아니면 유지(有知)한가, 무명(無名)인가 아니면 유명(有名)인가 하는 문제를 다루었다.

종합적으로 말하자면 승조의 사상은 중관철학을 바탕으로 위진시대의 현학과 불교가 토론한 문제를 일차 종합하였다고 할 수 있다. 그는 중관철학 고유의 특징, 즉 유도 아니고 무도 아니며 유이기도 하고 무이기도 하다는, 유무 어느 한 쪽으로 치우치지 않는 중도사상을 가지고 당대의 현학과 불교 각 파의 사상을 통일하였다.

구마라집 문하에서 승조와 함께 공부했던 도생(道生)은 거록(鉅

鹿) 사람이다. 처음에 그는 도안(道安)과 동학인 축법태(竺法汰)를 스승으로 섬기다 나중에 장안에 가 구마라집에게 배웠다. 말년에 그는 건업(建業)으로 가 열반불성설(涅槃佛性說)을 전하였다.

열반학은 대승경전인 『열반경』(涅槃經)을 배우고 연구한다 해서 생긴 이름이다. 『열반경』은 주로 불성학설(佛性學說)을 강론한다. 불성(佛性)은 원래 부처의 본성이라는 뜻이지만 차츰 사람이 부처가 될 수 있는 가능성을 가리키는 개념으로 발전하였다. 『대열반경』은 사람은 모두 불성이 있어서 누구든지 부처가 될 수 있다고 주장한다.

도생은 『대열반경』의 내용이 완전하게 전해지기 전에 이미 일천제(一闡提 : 善根을 끊어 버린 사람)도 불성을 갖고 있으며 아울러 부처가 될 수 있다고 주장하여 다른 승려들로부터 배척을 당하기도 하였다. 중생이 모두 불성을 가지고 있어 누구나 성불할 수 있다는 이론은 나중에 천태·화엄·선종의 각 파에서도 똑같이 채용하였다. 그러나 선근을 끊어 버린 일천제에게는 불성이 없고 불성에도 차등이 있다는 주장이 있는데, 이것은 인도의 유가학파(瑜伽學派)와 중국의 법상종(法相宗)이 제시하였다.

그는 당시에 영향력 있던 점오성불설(漸悟成佛說)을 따르지 않고 돈오성불설(頓悟成佛說)을 주장하여 교계에 일대 파문을 일으키기도 하였다. 도생에 따르면 진리는 완전하여 분리할 수 없기 때문에 진리를 깨닫는 일 역시 단계를 나눌 수 없고 한번에 깨달아야만 비로소 부처가 될 수 있다. 이것이 바로 그가 말한 돈오(頓悟)이다.

삼론학의 전통은 용수에서 시작하여 마침내 구마라집에 이르고, 그 뒤 도생·담제(曇濟)·도랑(道朗)·승전(僧詮)·법랑(法朗, 507~581)에게로 계승되어 길장(吉藏, 549~623)에 의해 완성되었다. 여기서 도량은 사실 승랑(僧朗)을 말한다. 승랑은 강남의 섭산(攝山, 江蘇省) 서하사(栖霞寺)의 법도(法度) 밑에서 수학하고 거기서 삼론을 강설한 사람으로 강남에서 일어난 삼론종의 사실상 초조(初祖)이다.

승랑의 제자인 승전은 섭산의 지관사(止觀寺)에 주석(主席)하며 삼론을 강술하였는데 승전의 문하에서 법랑이 나왔다. 법랑은 장안의 홍황사(興皇寺)에 머물면서 대중을 교화하였고 그의 문하에서 길장이 나와 삼론종을 대성시켰다.

길장의 선조는 안식국 사람이며 그가 태어난 곳은 금릉(金陵 : 南京)이다. 아버지를 따라 진제삼장(眞諦三藏, 499~569)을 만났고 진제로부터 길장이라는 이름을 받았다. 아버지도 출가하여 도량(道諒)이라 하였는데 언제나 길장을 데리고 법랑의 법석(法席)에 참석하였다. 그것이 인연이 되어 길장도 출가하여 법랑의 제자가 되고 삼론을 공부하였다.

어려서부터 명석하여 이름을 날렸지만 21세에 구족계를 받고부터는 더욱 명성이 알려져 진(陳)나라 계양왕(桂陽王)으로부터 대단한 존경을 받았다. 진나라가 망하고 수(隋, 589~618)나라가 강남을 통일하자 길장은 회계(會稽)의 가상사(嘉祥寺)에 머물면서 삼론의 강술과 저술에 전념하여 삼론종의 교의를 체계화하였다.

수나라가 들어서자 길장은 황제의 존경을 받았는데 양제(煬帝)는 양주(揚州)에 혜일도장(慧日道場)을 세워 길장을 이곳으로 초청하였으며, 장안에는 일엄사(日嚴寺)를 세워 거기서도 살게 하였다. 그는 이곳에서 성대하게 팔불중도(八不中道)의 묘리를 강의하였을 뿐만 아니라 당나라 때는 십대덕(十大德)의 한 사람으로 뽑혀 승려계를 관리하다 623년 75세에 입적하였다.

　삼론종의 교리는 파사현정(破邪顯正)·이제설(二諦說)·팔불중도 등으로 요약할 수 있다. 파사란 모든 잘못된 견해나 집착을 부정하여 어느 것에도 붙잡히지 않는다는 뜻인데 그렇게 하면 중도의 도리가 나타난다. 따라서 파사와 현정은 다른 것이 아니고 파사가 그대로 현정이다.

　그리고 만물은 인연에 의하여 생기니 공하여 실체가 없다. 세상에서 있다[有]·진실되다[眞]고 하는 말은 속제(俗諦)이고, 일체는 공(空)이며 가(假)라고 하는 말은 진제(眞諦)이다. 유에 집착하는 사람에게는 진제를 말해 주고 공에 집착하는 사람에게는 속제를 말해 줌으로써 모든 사람을 진공묘유(眞空妙有)의 세계로 인도한다. 진·가 2제는 어느 것 하나도 빠뜨릴 수 없는데 유만을 주장하거나 공만을 주장하면 모두 편견에 사로잡힌 사견일 뿐이다.

　팔불중도란 중생들의 어리석음이 생멸(生滅)·단상(斷常)·일이(一異)·거래(去來)의 여덟 가지에 집착하는 견해에서 온다고 보고, 불생(不生)·불멸(不滅)·부단(不斷)·불상(不常)·불일(不一)·불이(不異)·불거(不去)·불래(不來)의 팔불(八不)을 주장하는 교리이다. 이 여덟 가지의 미혹에서 벗어나면 어디에도 집착하지 않는 중도(中道)의 도리가 나타난다. 이러한 가르침을 기본으로 하는 삼론종은 종파로서 중국에서 번창하지 못하였으나 당나라 때 일본으로 건너가 일본 나라(奈良)불교의 중심을 이루었다.

　미륵(彌勒)과 무착(無着)의 유식사상을 더욱 발전시키고 완성한 사람은 무착의 동생 세친(世親)이다. 세친의 유식사상은 일찍이 남북조(南北朝) 때의 보리유지(菩提流支, Bodhiruci)·늑나마제(勒

那摩提, Ratnamati) 등에 의해 전해져 훗날 지론종(地論宗)이 되고, 다시 진나라의 진제(眞諦, 499~569)에 의해 전해진 사상은 섭론종(攝論宗)이 되었다.

그리고 현장에 의해 호법(護法, Dharmapāla, 430~507)과 계현(戒賢, Śīlabhadra) 계통이 전해지는데 그의 제자 규기(窺基, 632~682) 때에 이르러 법상종이 성립되었다. 남북조 때 북위(北魏) 불교의 융성함은 실로 놀라울 정도였는데, 특히 교단의 발전이 눈부셨다. 사원 수 약 3만, 승니의 수 약 2백만이라고 하니 그 발전 규모는 가히 상상을 초월한다.

북위의 선무제(宣武帝)는 친히 보리유지의 역경장(譯經場)에서 필수(筆受)의 역할을 맡았으며, 또 군신을 위하여 『유마경』을 강의할 만큼 불교 신봉자였다. 인도에서 건너온 보리유지・늑나마제・불타선다(佛陀扇多, Buddhaśānta)는 모두 선무제 치하에서 번역 사업에 종사한 사람으로 그들이 508년에 번역한 세친의 『십지경론』(十地經論)은 지론종을 일으켰다.

늑나마제와 보리유지는 지론에 대해 의견이 일치하지 않았다. 그리하여 늑나마제를 계승한 혜광(慧光) 계통을 남도파(南道派)라 하고, 보리유지를 이은 도총(道寵) 계통을 북도파(北道派)라 불렀다. 이 두 파의 지론종은 위(魏)와 제(齊) 두 나라에서 성행하였으나 그 후 화엄종이 일어나 그에 통합되었다.

진제(眞諦)는 서인도 출신으로 양(梁)나라 무제(武帝)의 초청을 받고 546년에 해로를 이용하여 광주(廣州)에 도착하였고, 548년 수도로 들어와 무제의 환대를 받았다. 중국에서 그의 생활은 전란 등에 의하여 안정되지 못하였으나 그 사이에도 항상 번역을 잊지 않았고 오로지 그 일에 몸을 바쳤다.

그가 제자들과 함께 번역한 경론은 기록상으로 64부 270권이다. 그의 경론들은 대승불교의 유식학 연구를 재촉하였고, 특히 『대승기신론』(大乘起信論)과 『섭대승론』(攝大乘論)이 가장 큰 영향을 끼쳤다. 『섭대승론』은 남조 섭론종의 주요한 이론적 근거가 되었고, 『대승기신론』은 대승의 각 학파에 커다란 영향을 주어 중국을 비롯한 한국과 일본에서 많은 연구를 낳게 하였다.

진제에 의해 일어난 섭론종은 담천(曇遷, 542~607) 등에 의해 강북에 전해지고부터 활발하게 되었고, 정토교(淨土敎)에까지 영향을 미쳤지만 유식종(唯識宗)이 일어나자 거기에 흡수되었다.

유식종은 법상종(法相宗)이라고도 하며 당나라 명승인 현장(玄奘, 600~664)과 규기(窺基, 632~682)가 그 창시자이다. 현장은 629년에 서역으로 불법을 구하러 떠났다. 그는 엄청난 위험과 고난을 참아 내며 천산북로(天山北路)를 따라 인도에 들어갔다. 당시의 나란타사에는 불교대학이 있었는데 많은 인재가 사방에서 모여 계현(戒賢) 밑에서 수학하고 있었다. 현장도 그의 문하에 들어가 이곳에서 유식의 깊은 뜻을 터득하였다.

그 뒤 그는 여러 곳을 돌아다니다가 645년에 장안으로 돌아왔다. 그가 인도에 머문 기간은 17년간이었다. 현장이 불교사에 남긴 공적은 대단하다. 특히 역경사(譯經史)에서 구마라집과 함께 그의 업적은 많은 칭송을 받고 있다. 인도에서 올 때 가져온 소승과 대승의 경·율·논은 모두 657부로 20마리의 말에 싣고 왔다고 한다. 그는 장안에서 역경사업과 더불어 가르침을 폈다.

법상종에서 무엇보다 중요하게 생각한 경전이 바로 『성유식론』

(成唯識論)이다. 이것은 세친의 『유식삼십송』을 호법이 주석한 책이다. 우리가 실재라고 생각하는 객관세계는 실재가 아니라 관념 형성이 밖으로 드러난 것일 뿐이라는 이론이 유식사상의 핵심이다.

  법상종은 객관세계의 모든 사물은 식(識)의 산물이라고 주장한다. 결국 객관세계의 실재성은 부정되고 주관만이 존재한다는 이론이다. 법상종은 객관세계를 상분(相分)이라 하고 주관적인 인식능력을 견분(見分)이라 한다. 상분은 식에서 변화되어 나온 것으로 실재하는 객관세계가 아니며, 우리의 인식은 결국 견분을 사용하여 상분을 아는 활동이다.

  법상종에서는 이러한 관념론을 논증하기 위하여 복잡한 이론을 만들어 내었다. 이 내용은 현실과 거리가 너무 멀고 실제 생활에 도움이 안 되는 번쇄(煩瑣) 철학의 전형이 되고 말았다. 이러한 이유로 법상종은 당나라 8대 학파 가운데 수명이 가장 짧았다.

제9장
중국불교
•
•
•
천태종

화엄종

선종

중국불교

　중국에서 수(隋)·당(唐) 이전의 시대는 불교 연구의 시기로 주로 서역에서 불교를 수입해 배웠으나 수대(隋代)에 접어들면서 연구의 결실을 맺고 종파불교가 형성되기 시작한다. 따라서 수·당의 불교는 더 이상 외래 종교가 아닌 중국불교로서 자리를 잡게 되었다.

　이처럼 새롭게 건립된 불교 종파에는 천태종(天台宗)·삼론종(三論宗)·유식종(唯識宗)·화엄종(華嚴宗)·선종(禪宗) 등이 있다. 그 중 천태종·화엄종 그리고 선종이 가장 중국불교다운 특징을 갖추고 있다. 앞의 두 종파는 비록 인도불교의 경전에 의거하고 있으나 스스로 여러 가지 논(論)을 지어 새로운 이론을 건립하였다.

　선종은 일정한 경전과 논(論)에 의존하지 않는다. 또한 종교적 전통을 중시하지 않는다. 그래서 '가르침 이외에 따로 전한 것'[敎外別傳]이라 말한다. 그러므로 이 세 가지 종파는 모두 상당한 독립성을 갖추고 있어 대체로 인도불교의 교리를 따르지 않는다.

천태종

『법화경』(法華經)은 후진(後秦)의 구마라집이 쓴 『법화경』 번역문이 세상에 나온 뒤 점차 중국에 전파되었다. 법화경 교리를 연구하는 것이 당시 불교 학승들 사이에 일대 풍조를 이루어 진(陳)·수(隋)에 이르러는 『법화경』에 근거하여 천태종(天台宗)이 창립되었다.

또 구마라집이 번역한 인도 대승불교 창시자 용수(龍樹)의 저작인 『대지도론』(大智度論)과 『중론』(中論)은 천태종의 사상 형성에 중요한 밑받침이 되었으며, 이 때문에 후세 천태종에서는 용수를 시조로 추앙하였다. 천태종은 수나라 때 생겨 당나라 때 가장 융성하였다.

인도의 용수를 초조(初祖)로 하여 2조는 북제(北齊)의 혜문(慧文), 3조는 혜사(慧思), 4조는 지의(智顗)이다. 혜문은 북제 사람으로 6세기 중엽에 하북(河北)과 회남(淮南)지방에서 활동하였다고 한다. 이 혜문에게 배운 사람이 혜사(慧思, 515~577)이다.

혜문에게서 법화의 묘리를 터득한 혜사는 그 뒤 다시 여러 스승을 찾아다녔다. 양(梁)나라 원제(元帝) 3년(554)경, 광주(廣州, 河南省)의 대소산(大蘇山)에 들어갔고, 뒤에 남방 남악(南岳, 湖南省)에서 10여 년을 머물렀다. 이 때문에 그는 남악선사라는 칭호를 얻었다. 『대승지관법문』(大乘止觀法門)·『안락행의』(安樂行義)·『제법무쟁삼매법문』(諸法無諍三昧法門)·『입서원문』(立誓願文) 등을 저술하였는데, 모두 법화의 깊은 뜻을 논한 저작이다.

그러나 천태이론을 제대로 체계화한 사람은 지자대사(智者大師)였다. 지자대사의 본명은 지의(智顗, 538~597)이며 혜사의 제자이다. 진(陳)나라 말에 천태산의 수선사(修禪寺)에 거처하였고 금릉(金陵)에서 『법화경』을 강의하였다. 진이 망한 뒤 여러 곳을 다니며 설법하였다. 수나라 개황(開皇) 11년(591)에는 양주(揚州)에 머물렀고 12년(592)에는 형주(荊州)로 갔으며 15년(595)에 다시 금릉으로 갔고 17년(597) 11월에 세상을 떠났다.

지의는 평생 붓을 잡고 글을 쓴 적이 거의 없었다. 그가 남긴 3대 주요 저작인 『법화현의』(法華玄義)·『마하지관』(摩訶止觀)·『법화문구기』(法華文句記)는 모두 그가 강론할 때 제자들이 기록한 것이다. 뒤에 그의 제자 관정(灌頂)이 정리하여 세 권의 책으로 편성하였다. 이것이 뒷날 천태종에서 말하는 삼대부(三大部)이다. 천태종은 『법화경』을 이론적 근거로 삼고 지의의 사상이 집약된 『법화현의』·『법화문구』·『마하지관』을 기본 경전으로 삼기 때문에 법화종이라고도 한다.

천태종은 지(止)·관(觀)을 똑같이 중시하였는데, 지관이란 선정(禪定)과 지혜(智慧)를 균등하게 닦는 수행법으로, 여기서 지(止)는 멈추어 모든 번뇌를 그치는 것이고, 관(觀)은 자신의 본래 마음을 관찰하고 사물의 본성을 꿰뚫어보는 것을 말한다. 지의는 『마하지관』에서 지관의 종류를 점차지관(漸次止觀)·부정지관(不定止觀)·원돈지관(圓頓止觀) 세 가지로 나누었다.

지(止)는 범어(梵語)로 사마타(samatha)인데 사마티(samāthi)와 의미가 같으며 주로 마음이 한 곳에 집중되어 있는 상태를 가리킨다. 명상(瞑想)에서 마음을 집중하는 방법과 집중된 상태가 바로 사마타이자 사마티라고 할 수 있다. 관(觀)은 범어로 위빠사나(vipassanā)인데 통찰이나 내적 성찰을 의미한다. 이것은 명상에서 마음이 집중되어 있으면서 깨어 있어 순간순간 일어나는 상황을 관찰하고 있음을 말한다.

지의에 따르면 이 현상세간은 세 부분으로 나눌 수 있다. 국토세간(國土世間)·중생세간(衆生世間)·오온세간(五蘊世間)이 그것이다. 국토세간은 감정이 없는 것들의 세계를 말하고, 중생세간은 감정이 있는 존재들의 세계를 말하고, 오온세간은 물질세계와 정신세계를 함께 가진 인간의 세계를 말한다. 이 3대 부분이 혼합 조직되어 현재의 세간을 형성하고 있다.

중생의 세계는 다시 10종의 영역으로 나누어진다. 곧 지옥(地獄: 가장 밑바닥에 있는 지옥의 존재이다)·아귀(餓鬼: 죽은 존재, 다른 말로는 굶주린 정령이라 한다)·축생(畜生: 성격상 순진하며 동물계 전체를 포함한다)·수라(修羅: 싸움을 일삼는 정령들)·인간(人間: 성격상 중립이다)·천상(天上: 있는 그대로의 초인간, 붓다의 가르침 없이는 완전한 깨달음을 얻을 수 없다)·성문(聲聞: 붓다의 직계 제자)·연각(緣覺: 남을 가르치지 않는 자력의 부처)·보살(菩薩: 부처가 될 자)·불(佛: 부처의 영역)이 그것이다.

이 가운데 앞의 여섯은 일반영역이고 뒤의 넷은 성역(聖域)이다. 이 10가지 구별을 십계(十界)라고도 부른다. 십계는 비록 계(界)라 부르지만 실제로 한계가 분명하게 정해져 있지 않다. 10가지의 경계(境界)는 모두 서로 통하여 각 경계에 9종의 경계를 포함하고 있다.

예컨대 지옥계 중에도 불계(佛界)의 인자(因子)를 함유하고 있다. 백정(白丁)이 칼을 버리기만 한다면 곧바로 부처가 될 수 있다. 그래서 지옥계에서 지옥은 단지 눈앞의 현성(顯性 : 현실태)이요 기타 구계(九界)는 모두 장래의 은성(隱性 : 가능태)이다. 마찬가지 이치로 불계 역시 이와 같다. 만약 한 번 나쁜 마음이 생겨나기만 하면 바로 지옥에 떨어지고 만다.

그러므로 이 십계는 비록 그 경계가 같지는 않으나 그것들의 기회는 서로 같다. 때문에 십계를 양상(樣相)으로 말하면 곧 백계(百界)가 있는 셈이다. 그리고 이 백계 중에는 각각의 일계(一界)마다 모두 10개의 여시(如是 : 양상)를 가지고 있다. 10개의 여시는 바로 상(相 : 형상)·성(性 : 성질)·체(體 : 바탕)·력(力 : 힘)·작(作 : 작용)·인(因 : 원인)·연(緣 : 환경)·과(果 : 결과)·보(報 : 보상)·본래구경(本來究竟 : 궁극의 상태)이다. 그래서 백계 중에는 1,000개의 여시가 있다.

다시 거기에 삼세간의 구별을 보태면 곧 삼천세계(三千世界)가 된다. 이 삼천세계가 바로 현재의 세간 중에 있는 일체의 존재와 변천의 인과(因果)이다. 그러나 삼천세계란 결코 객관에 존재하지 않고 다만 우리의 심중(心中)에 있을 뿐이다. 이것이 바로 지의가 말한 일념삼천(一念三千)이다.

지의에 따르면 자아가 어떠한 경계에 있더라도 다른 모든 경계로 통할 수 있어, 올라가고 내려오는 일과 나아가고 물러가는 일이 모두 일념(一念)으로 돌아간다. 이러한 생각은 먼저 주체의 절대자유를 전제하고 있다. 대개 자아가 어떤 경계에 도달하든 주체가 이미 절대자유라면 영원히 제한이 없으며 역시 보증도 없다. 따라서 성인을 만들 수도 있고, 성인 역시 타락하여 범인이 될 수도 있다.

나아가 이 사상은 만법(萬法)이 서로서로 융화됨을 말하고 있다. 만약 백계(百界)·천여(千如)·삼세간(三世間)을 모두 객관적인 세계로 본다면 일념삼천은 곧 각각의 세계가 서로 연결되어 있음을 나타내고 있다. 다시 말해 이 세계의 모든 존재는 서로 스며들고 궁극적으로는 통일되어 있다.

이렇게 지의는 세계관에서 일념삼천을 주장하였고 진리관에서는 일심삼관(一心三觀)을 내세웠다. 삼관이란 곧 공관(空觀)·가관(假觀)·중관(中觀)을 말한다. 관(觀)이란 지혜의 투시이다. 현상세계를 공(空)하다고 부정하는 견해가 공관이고, 현상세계가 모두 잠시의 화합일 뿐이지만 그것을 긍정하는 견해가 가관이며, 이 두 가지가 함께 구비되어야 비로소 진리를 체득할 수 있다고 보는 견해가 중관이다.

일심삼관이란 이러한 삼관 중의 어느 관(觀)에도 다른 이관(二觀)이 갖추어져 있어 삼관은 원융(圓融)의 관계에 있음을 말한다. 다시 말해 공(空) 속에 가(假)와 중(中)이 있고, 가 속에 공과 중이 들어 있고, 중 속에 공과 가가 있다는 이론이다. 결국 일심삼관이란 한 마음으로 이 세 가지 관을 이룰 수 있다는 주장이다.

삼관은 주체의 측면에서 말한 것이고 객체의 측면에서 말하면 삼제(三諦)가 된다. 삼제는 『중론』의 삼시게(三是偈)에서 제시된 공·가·중을 말하는데, 제(諦)는 진리를 뜻한다. 공제(空諦)는 진제(眞諦)를 말하고 제법성공(諸法性空)은 만물의 본질이 공하다는 의미이다. 가제(假諦)는 속제(俗諦)라고 하며 사물의 가상 혹은 가명으로 객관적 존재인 세속적 진리이다. 가의 존재를 인정한다는 의미는 세속세계의 인정이다. 중제는 공도 아니고 가도 아니라는 진리이다. 그리고 이 세 가지 진리가 서로 연결되어 있다는 이론이 삼제원융(三諦圓融)이다.

천태종에서는 삼제(三諦)가 일체 사물의 실상이며 동시에 일체 사물 속에 존재한다고 보았기 때문에 삼제는 중생의 마음속에 있다고 여긴다. 이른바 한 생각이 일어날 때 그것이 곧 공이고 가이며 중이라는 말이고, 삼제는 서로 원융하고 하나여서 걸림이 없다고 생각하였다. 이것이 바로 삼제원융설이다. 이것은 사실상 일심삼관설에서 발전된 사상이다. 일심삼관과 삼제원융은 사실 하나의 이치를 두 가지 측면에서 말한 이론이다.

천태종은 지의와 관정 때 전성기를 맞이한 뒤 차츰 쇠락하였고, 중당(中唐) 때 잠연(湛然)의 노력으로 한때 재기하였다. 잠연은 무정물에도 불성이 있다[無情有性]고 하며, 초목과 불에도 불성이 있다고 주장하였다. 그 뒤 무종(武宗)의 훼불(毁佛)정책으로 천태종은 차츰 쇠락해 갔으며, 11세기 초 일본의 최징(最澄)이 법을 구하러 중국에 와 천태산에서 잠연의 제자 도수(道邃), 행만(行滿)과 천태종의 교의(敎義)를 연구한 다음 일본으로 돌아가 천태종과 밀교(密敎)를 전하였다. 그리고 송나라 때 고려의 승려 의천(義天)도 중국에서 천태학을 배워 고려에 전하였다.

화엄종

화엄종(華嚴宗)은 현수대사(賢首大師) 법장(法藏, 643~712)에

의해 개종된 종파지만 초조(初祖)로는 당나라 초기의 두순(杜順, 557~640)을, 제2조는 지엄(智儼, 602~668)을 들고 있으며 법장은 제3조가 된다.

화엄종은 이처럼 당대(唐代)에 일어났지만 『화엄경』의 연구는 일찍부터 성행하고 있었다. 동진 때(418) 불타발타라(佛陀跋陀羅)에 의해 『화엄경』이 번역되었고, 이후 많은 사람이 연구하였다.

두순(杜順)의 이름은 법순(法順)인데 성이 두(杜) 씨이기 때문에 두순이라 부른다. 수나라 개황(開皇) 13년(593)에 두순은 『화엄경』에 의거해 강설하였고 많은 제자를 얻었다. 그의 제자 지엄은 12세에 출가하여 두순에게 학문을 배웠다. 20여 세가 되었을 때 깨우친 바 있어 『화엄경수현기』(華嚴經搜玄記)를 썼다. 다시 『화엄공목장』(華嚴孔目章)·『화엄오십요문답』(華嚴五十要問答)을 지었으며 화엄종 성립의 기초를 닦았다. 그의 많은 제자 가운데 의상(義湘)과 법장이 유명하다.

법장은 사실상 화엄종의 개조이다. 장안에서 태어난 그는 지엄의 『화엄경』 강론을 듣고 그의 문하에 들어가 출가 이전부터 화엄의 묘리를 터득하였다. 지엄이 입적한 뒤 670년에 머리를 깎고 측천무후(則天武后)가 세운 태원사(太原寺)에 머물렀다. 그는 칙명을 받고 태원사에서 『화엄경』을 강론하였는데 무후가 이를 듣고 감명하여 현수대사(賢首大師)라는 호(號)를 내렸다.

서기 680년에 일조(日照)가 산스크리트어 『화엄경』을 가지고 장안에 왔다. 법장은 그 산스크리트어 판본에 근거하여 진(晉)나라 때의 번역 『육십화엄』(六十華嚴) 가운데 빠진 글을 보충하였고, 695년에 실차난타(實叉難陀)와 다시 화엄을 번역하였다. 이 번역본을 『팔십화엄』(八十華嚴) 혹은 『당역화엄』(唐譯華嚴)이라 부른다.

측천무후는 법장에게 실차난타와 함께 번역한 『팔십화엄경』을 궁중에서 강설하도록 청했고, 그가 『화장세계품』(華藏世界品)을 강설할 때는 강당이 진동했다고 한다. 측천무후는 그 소리를 듣고 상서로운 징조라고 여겨 새로 번역된 『화엄경』의 서문을 직접 지었다.

그리고 법장이 측천무후를 위해 경전을 강의하면서 금사자(金獅子)를 예로 들어 설명하자 불현듯 측천무후가 그 뜻을 알아차렸다고 한다. 이것을 『화엄금사자장』(華嚴金獅子章)에 기록하였는데 당대의 뛰어난 저작으로 알려져 있다.

법장은 평생 동안 『화엄경』을 연구하고 그 사상을 펼쳤다. 모든 화엄경 번역본을 교감하고 정리하여 비교적 완전한 번역본을 내놓았다. 그의 저작은 대단히 많지만 대부분 화엄경 교리에 대한 해설과 논술이다. 주요 저작에 『화엄경탐현기』(華嚴經探玄記)·『화엄경지귀』(華嚴經旨歸)·『화엄경문의강목』(華嚴經文義綱目)·『화엄책림』(華嚴策林)·『화엄오교장』(華嚴五敎章)·『화엄경문답』(華嚴經問答) 등이 있다.

화엄종의 중요한 사상은 '법계관'(法界觀)·'십현문'(十玄門)·'육상설'(六相說) 등에 잘 나타나 있다. 법계(法界)라는 말은 불교경전에서 흔히 볼 수 있는데 여러 가지 뜻을 가진다. 어떤 종파에서는 법계가 현상계를 가리키기도 하고 본체계를 지칭하기도 하며 때로는 현상계와 본체계를 함께 의미하기도 한다.

화엄종에서의 법계는 마음을 본체로 삼기 때문에 심본체를 의미하며 이것을 일진법계(一眞法界)라고도 한다. 일진법계의 관점은 법계란 바로 우주만유로 마음에 나타나는 정신적・물질적・본체적・현상적인 경계들을 포함하고 있지만, 오로지 마음만이 진실한 존재이며 마음 이외의 사물들은 헛되다고 본다.

화엄종에서는 법계를 사법계(事法界)・이법계(理法界)・이사무애법계(理事無礙法界)・사사무애법계(事事無礙法界)로 나누었다. 사법계는 생(生)・멸(滅)・차별(差別)이 있는 물질현상계를 가리킨다. 이법계는 생성과 소멸이나 차별이 없고 영원히 없어지지 않는 우주 진리, 즉 진여불성이나 실상 또는 법성의 세계를 말한다.

이사무애법계는 사법계와 이법계의 관계에 대한 이론이다. 사법계에는 차별이 있지만 이법계에는 차별이 없다. 차별이 있는 사법계는 일시적인 환영[假]이고 차별이 없는 이법계는 영원한 실재[眞]이다.

그런데 사법계는 독립적으로 존재할 수 없고 반드시 이법계에 의존해야 하기 때문에 리(理)와 사(事)는 떨어질 수 없다. 따라서 리가 곧 사요, 사가 곧 리여서 리와 사가 서로 어우러져[相卽相入] 원융무애(圓融無礙)하니 이것을 이사무애법계라 한다.

사사무애법계란 현상계의 모든 사물 사이에 그 어떤 차별도 없다는 이론이다. 이미 리가 사이고 사가 리라고 했으니 현상계의 사물들 하나하나가 모두 동일한 진여(眞如)의 드러남이라고 볼 수 있다. 또한 현상계의 사물들은 각기 진여를 드러낼 뿐만 아니라 나머지 모든 사물을 반영한다. 결론적으로 현상계의 각종 사물은 서로 포용하고 원융무애하여 차별과 대립이 없다는 것이다.

사사무애(事事無碍)의 법계연기를 체계적으로 관찰한 구체적 설명이 십현문(十玄門)이다. 이미 지엄이 『일승십현문』(一乘十玄門)을 지어 이것을 설명하였는데, 법장은 지엄의 이론을 계승하여 그의 『탐현기』에 '십현문'을 서술하였다. 법장이 측천무후에게 금사자의 비유로 설명한 이론이 바로 이것이며, '십현문'은 다음과 같다.

1) 동시구족상응문(同時具足相應門) : 모든 것이 서로 협력하여 실재하고 동시적으로 흥기한다는 상호 연관의 이론이다. 모든 것은 공간뿐만 아니라 시간적으로도 서로 협력하여 실재한다. 과거·현재·미래의 차이는 없으며 이 셋의 각각은 다른 것을 포용한다. 이들은 서로 다르고 시간적으로 분리되어 있는 것 같지만 모든 존재는 통합되어 우주적인 견지에서 하나의 본체를 이룬다. 십현문 가운데 가장 기본적인 입장을 나타내고 있기 때문에 총설이라고도 하며, 제2문 이하는 이것을 자세히 설명한 내용이라 할 수 있다.

2) 광협자재무애문(廣狹自在無礙門) : 간격이 멀든 가깝든 모든 존재가 아무런 장애가 없이 서로 친교한다는 완전한 자유의 이론이다.

3) 일다상용부동문(一多相容不同門) : 유사성이 없는 것들이 서로 관통한다는 이론이다. 유사성이 없는 모든 실재가 뭔가 공통점을 지닌다. 즉, 하나 속에 여럿이 있고 여럿 속에 하나가 있으며 일체는 통일되어 있다.

4) 제법상즉자재문(諸法相卽自在門) : 자유의 이론인데 모든 요소가 서로 동일시된다는 궁극적 차별로부터의 자유이다. 이는 모든 존재의 보편적 동일화이다. 스스로를 타자와 동일시

함으로써 종합적인 동일화가 이루어진다.

5) 은밀현료구성문(隱密顯了俱成門) : 은폐된 것과 노출된 것이 서로 보완함으로써 전체를 이룰 것이라는 보완성의 이론이다. 한 쪽이 내부에 있다면 다른 쪽은 외부에 있고 그 반대의 경우도 성립한다. 양쪽이 서로 보완함으로써 하나의 본체가 완성된다.

6) 미세상용안립문(微細相容安立門) : 작은 것에 큰 것이 들어가고 하나에 여럿이 들어가도 하나와 여럿이 서로 파괴하지 아니하고 각각 질서정연하게 있는 것을 말한다. 겨자에 수미산을 넣고 하나의 작은 티끌에 대천세계를 넣어도 현상을 파괴하지 않는 것은 이 문의 설에 의한다.

7) 인다라망경계문(因陀羅網境界門) : 제석천의 궁전에 걸려 있는 그물눈마다 달린 보배 구슬이 서로 비추어 하나를 들면 전체가 거기에 수렴하여 있는 것처럼 모든 것이 서로 반영하고 있는 것을 말한다.

8) 탁사현법생해문(託事顯法生解門) : 불가사의하고 미묘한 깊은 뜻을 눈앞의 비근한 사물에 기탁(寄託)해서 표현하여 이해하기 쉽게 하기 위한 설이다. 하나와 여럿의 상즉상입은 사사물물에 뚜렷하고 밝게 나타나, 그것이 단지 상징이나 비유에 그치지 아니하고 사(事)의 세계에 그대로 화엄의 법문이 드러나고 있음을 가리킨다.

9) 십세격법이성문(十世隔法異成門) : 과거 · 현재 · 미래에는 각각 삼세가 있어서 모두 구세가 되고, 여기에 전체로서 일세를 더하면 모두 십세가 된다. 십세는 모두 다르지만 서로 관통하고 있으므로 전체 속의 하나, 하나 속의 전체라는 원리

가 완성된다.

10) 주반원명구덕문(主伴圓明具德門) : 주인과 수행원이 조화롭고 밝게 더불어 일하는 미덕을 완성한다는 이론이다. 만약 누군가가 주인이라면 다른 모두는 그의 수행원으로서 일할 것이다. 즉 전체 속에 하나, 하나 속에 전체라는 원리에 따라 그들은 서로의 내면에 스며들어가 진실로 하나의 완성된 전체를 형성한다.

또한 화엄종에서는 법계연기의 원리를 육상(六相)으로 설명하기도 하였다. 모든 존재는 육상(六相), 즉 총상(總相)·별상(別相)·동상(同相)·이상(異相)·성상(成相)·괴상(壞相)을 가지고 있다. 법장은 『오교장』에서 육상을 집에 비유하여 설명하였다.

예를 들면 집은 기둥·서까래·대들보 등으로 이루어져 있는데 그 집 전체를 가리킬 때 총상이라고 한다. 별상은 기둥·서까래·대들보 하나하나를 가리킨다. 동상은 기둥·서까래·대들보가 동일한 집을 위한 요소임을 말한다. 이상은 기둥·서까래·대들보가 모두 같은 집을 이루는 요소이지만 서로 다름을 말한다. 성상은 기둥·서까래·대들보가 모여 하나의 집을 이룸을 말한다. 괴상은 기둥·서까래·대들보가 하나의 집을 만들지만 각기 본래의 모양을 그대로 유지하고 있음을 가리킨다.

모든 존재는 육상을 갖추고 있으며 이 육상은 서로 다른 상을 방해하지 않고 전체와 부분, 부분과 부분이 일체가 되어 원만하게 융화되어 있다. 다시 말해 육상은 서로 원융무애한 관계에 놓여 있어 하나가 다른 다섯을 포함하면서도 여섯이 각기 나름의 모습을 잃지 않음으로써 법계연기가 성립한다.

화엄종은 자신들의 교리가 가장 뛰어나다고 해서 원교(圓敎)라 부르고, 다른 파나 심지어 인도불교 전체까지도 편교(偏敎)라고 하였다. 그들은 일진법계(一眞法界)사상을 핵심으로 하여 세계 일체현상의 본원은 마음이 조건[緣]을 따라 일어나기 때문에 마음을 떠나 달리 한 물건도 없으며, 일체 사물의 관계란 상대방 안에 내가 있고 내 안에 상대방이 있어 원융무애하다고 주장하였다.

하나와 여럿[多], 전체와 개별의 관계를 상즉상입(相卽相入)으로 설명하는 화엄종의 이론은 실제로 사물의 차별성을 부정하고 있다. 화엄종은 현상계란 모두 허상이고 거짓이며, 오직 본질적인 진여(眞如)만 진실하기 때문에 망상을 끊어 버리면 일체지(一切智)·자연지(自然智)·무애지(無碍智)를 얻어 성불할 수 있다고 하였다. 또 사물에 대한 차별 인식을 버리면 성불할 수 있다고 가르쳤다.

원융무애사상은 화엄종의 모든 이론체계의 중심으로 불교 각 파의 사상을 융합하여 지니고 있다. 화엄종의 제5조인 종밀(宗密, 780~841)이 화엄종과 선종사상을 융합한 일이 그 전형적인 예이다. 화엄종은 이외에도 유·불·도 삼교를 융합해야 한다고 주장하였다. 이처럼 일체가 아무런 장애 없이 완전히 융합하는 원융사상은 당나라 통일에 영향을 끼쳤지만 종밀이 입적한 뒤 쇠락하였다.

선종

선종(禪宗)은 천태 및 화엄 두 종파에 비해 더욱 중국다운 특징을 갖추고 있다. 선종은 스스로 교외별전(敎外別傳)을 칭하면서 여타의 종파와 다른 독특한 면모를 보인다. 선종은 중국 고유의 문화적 전통 위에서 불교를 최고도로 중국화한 종파이다. 따라서 선종은 불교 중국화의 완성과 성숙을 표시한다고 할 수 있다.

선종은 인도불교의 대승 공종(空宗)과 유종(有宗) 두 사상을 종합하였고, 중국 유가의 윤리사상과 도가의 주정학설(主靜學說)도 융합하였다. 특히 중국전통철학 가운데서도 간이(簡易)함을 숭상한 도가의 사유방식 위에서 중국과 인도의 문화를 하나로 융해시켜 중국 특색을 갖춘 불교를 주조해 냈다.

이것은 인도불교와도 다를 뿐만 아니라 전통적인 불교사상과도 다른 정신을 갖고 있다. 선종은 다른 종파처럼 특정 불경을 전거로 삼지 않으며 이전 종파가 보여 주던 번쇄한 이론을 배척하고 간략한 공부를 주장한다.

그와 동시에 선종은 자신을 부처의 교외별전·이심전심(以心傳心)·불립문자(不立文字) 등으로 묘사한다. 이로써 선종은 중국 고유의 사유방식으로 불교를 새롭게 해석, 완전히 새로운 중국불교가 된다. 중국사상사에 선종이 미친 영향이 가장 컸기 때문에 사람들은 중국불교를 흔히 선학(禪學)이라 부르기도 한다.

설화에 따르면 석가모니가 영산집회(靈山集會)에서 전도할 때 말없이 꽃을 들어 대중들에게 보였다. 그 뜻을 아는 자가 아무도 없었으나 마하가섭(摩訶迦葉)만이 홀로 미소를 지었다고 한다. 부처님은 가섭이 그 의미를 깨달았음을 알고 대중들에게 "내 심중에 있는 정법(正法)과 묘리(妙理)는 이미 가섭에게 전달되었다"라고 말하였다.

그럼 석가가 가섭에게 전해 준 가르침은 무슨 정법이며 무슨 묘리일까? 그 자리에 있던 사람들은 모두 알지 못했는데 가섭만 미소를 지어 석가가 전하는 뜻을 이해했음을 표명하였다. 이처럼 신비로움이 가득 찬 설법이 바로 선종의 이심전심으로 제일 오래된 고사(故事)이다. 이 설을 근거로 가섭존자가 부처님의 심전(心傳)을 얻었다 하여 그를 선종의 초조(初祖)로 삼는다.

선종 역사서에 따르면 보리달마(菩提達磨, 470~534)는 인도 선종 28대조이며 중국 선종의 초조이다. 보리달마가 중국에 온 때는 520년 양(梁)나라 무제(武帝) 시절이었다. 무제는 그를 남경(南京)으로 초청하여 대화를 나누었다.

황제가 말하였다. "나는 즉위한 이래 많은 사원을 건립해 왔고 많은 성전을 필사해 왔으며 많은 비구와 비구니들을 공양해 왔소. 이로 인해 내겐 얼마나 큰 공덕이 있소?" 이에 대해 달마가 대답하였다. "전혀 공덕이 없습니다."

무제는 다시 물었다. "무엇이 숭고한 진리의 가장 깊은 뜻입니까?" 달마가 대답하였다. "그것은 텅 비어 있습니다. 아무것도 숭고하지 않습니다." 이에 무제는 그치지 아니하고 다그쳤다. "그렇다면 누가 지금 나와 대면하고 있는 것이오?" 달마는 말했다. "나는 모릅니다"

황제는 그의 말을 이해할 수 없었다. 보리달마는 홀연히 양자강을 건너 북위(北魏)의 수도인 낙양(洛陽)으로 갔다. 거기서 잠시 체류한 뒤 숭산(嵩山)으로 가 소림사(少林寺)에 거주하였다. 여기서 그는 9년 동안 머물렀는데 건물 뒤의 벽을 대면하고 침묵으로 명상하였다.

어느 날 유학자인 혜가(慧可)가 보리달마에게 와서 가르침을 구하였다. 그는 아무런 답변을 듣지 못하였다. 그러자 그는 눈 속에 서 있다가 자신의 왼팔을 자름으로써 구도의 진심과 열망을 나타냈다. 이에 보리달마는 그를 제자로 삼고 전수의 표식으로 그에게 가사(袈裟)와 발우(鉢盂)를 주었다.

그래서 혜가는 제2조가 되고 다시 제3조는 승찬(僧璨), 제4조는 도신(道信), 제5조는 홍인(弘忍)으로 이어졌다. 제5조 홍인에게는 두 사람의 유능한 제자, 신수(神秀)와 혜능(慧能, 638~713)이 있었는데 뒤에 남북 두 파로 나뉘었다. 남쪽은 혜능을 대표로 삼고 북쪽은 신수를 대표로 삼았다. 그 뒤 북파는 쇠퇴하여 사라졌고 혜능 일파가 선종의 정통이 되었다.

혜능은 제5조 홍인의 문하에 있을 때 방앗간에서 일하는 사람에 불과하였다. 홍인의 문하는 700여 명이 될 정도로 번성하였으므로 당시엔 어느 누구도 혜능을 거들떠보지 않았다. 혜능은 체중이 가벼워 디딜방아를 찧을 수가 없어 허리에 돌을 매달고 묵묵히 곡식 찧는 일을 하였다.

어느 날 홍인은 선종의 제6조를 정하고자 급히 모든 문인을 불러 놓고 각각 하나의 게송(偈頌)을 지어 오라고 하였다. 그 내용이 홍인의 마음에 드는 사람에게 가사를 전하겠다고 선언하였다. 그러나 제자들은 신수가 바로 그 사람임에 틀림없다고 믿고 있었기 때문에 누구도 감히 게송을 지으려는 생각을 하지 않았다.

신수는 게송을 지었으나 이를 스승에게 제출할 용기가 없어 전후 4개월에 걸쳐 열세 번이나 스승의 방 주변을 서성거렸다. 그러다 한 방법이 떠올라 밤중에 사람들이 알지 못하는 사이에 남쪽 회랑 벽에 그것을 써 붙였다. 혹 스승이 이것을 보고 좋다고 하면 그때 이름을 밝히고, 만약 그렇지 않으면 밝히지 않을 생각이 었다. 그 게송은 다음과 같다.

몸은 보리수요 마음은 명경대(明鏡臺)라네. 때때로 부지런히 털고 닦아서 티끌로 더럽혀지지 않게 하라. [『육조단경』(六祖壇經)]

다음날 홍인이 이를 보고 게송을 격찬하며 문인에게 명하여 향을 사르고 예배케 하고 모두 암송하게 하였다. 그리고는 밤 삼경에 남몰래 신수를 불러 그가 지은 것인지를 물었다. 신수는 "실은 제가 지었으나 결코 6조의 자리를 바라지는 않았습니다. 원컨대 화상이시여! 다만 자비로써 저에게 지혜가 있는지 없는지를 가르쳐 주소서"라고 대답하였다. 그러자 홍인은 엄하게 그를 나무라고 다시 하나의 게송을 지어 제출하라고 명하였다. 그러나 신수는 그렇게 하지 못했다.

그때 한 동자가 대중의 흉내를 내어 신수의 게송을 외우며 방앗간 옆을 지나갔다. 혜능이 그를 불러 그 내용을 듣고 자신은 여기 온 지 8개월이 지나도록 늘 디딜방아만 밟고 있었을 뿐 불당 앞에는 가본 적이 없다고 하면서 자기도 그 게송에 배례하고 싶다고 하였다. 그러나 문자를 알지 못하는 혜능은 동자에게 읽어 주기를 청하였다. 그리고 동자에게 자기의 게송을 그 옆에 써달라고 부탁하였다.

보리는 본래 나무가 아니며 심경 역시 대(臺)가 아니어서 본래

한 물건도 없는데, 어디에 먼지가 쌓이겠는가? (『육조단경』)

다음날 아침 홍인이 이것을 보고 신발로 문질러 지워 버렸다. 그 다음날 홍인은 돌연 방앗간을 방문하였다. 그는 쌀을 찧고 있는 혜능을 보고 "쌀은 충분히 찧었는가?" 하고 물었다. 혜능이 "쌀은 잘 찧었으나 아직 체질을 하지 못했습니다"라고 대답하였다. 홍인은 묵묵히 지팡이로 방아를 세 번 두들기고 갔다.

혜능은 그 뜻을 깨닫고 그날 밤 삼경에 스승의 방에 들어갔다. 홍인은 증표로 가사를 주면서 "너를 제6대 조사(祖師)로 삼는다. 이 가사를 전하는 자는 목숨이 실낱같이 위태롭다. 너도 사람들에게 알려지면 해를 입게 된다. 속히 떠나라"라고 하였다.

다음날 이것을 안 신수의 문인들은 칼을 품고 그를 추적하였다. 혜능은 대수령(大庾嶺)을 넘어 남쪽으로 가서 그들의 박해와 추적을 피해 사냥꾼의 무리에 섞여 몸 숨기기를 15년이나 계속하였다.

은둔 생활 뒤 그는 소주(韶州)의 조계보림사(曹溪寶林寺)에서 '직지인심(直指人心), 견성성불(見性成佛)'이라는 '돈오론'(頓悟論)을 널리 펼치니 신수가 북방에서 제창한 '점오론'(漸悟論)과 대비하여 역사에서는 남돈북점(南頓北漸), 남능북수(南能北秀)라 하였다.

측천무후와 당나라의 중종 모두 혜능을 데려 오고자 하였으나 그는 완곡하게 거절하였다. 그가 입적한 후 당나라 헌종이 그를 추모하여 대감선사(大鑑禪師)라는 시호를 내렸다. 그에게는 신회(神會)·회양(懷讓)·행사(行思) 등 40여 명의 제자가 있었는데, 그 가운데 법해(法海)는 혜능의 설법을 모아 후대 선종의 경전이 된 『육조법보단경』(六祖法寶壇經)을 편찬하였다.

혜능은 선종의 6조이지만 선종사에 전무후무한 인물이라 할 만하다. "마음을 알고 본성을 보면 순간에 깨달아 성불한다"[識心見性 頓悟成佛]라는 그의 주장은 선종을 확립시킨 이론적 특성이다. 그의 이론을 근거로 만든 『단경』은 중국의 모든 불교 종파의 경전 가운데 유일하게 중국인이 쓴 책으로 선종의 모태가 되었다. 결국 그가 개창한 남종이 중국 선종과 후기 불교 종파의 주류를 이룬 점으로 보아 혜능은 선종의 실제적인 창시자라 할 수 있다.

혜능은 전통 불교를 과감하게 공격하였다. 그 당시 유행한 불교 정토종(淨土宗)은 "항상 아미타불을 외워 서방의 극락세계에 다시 태어나길 빌어라"라고 주장하였는데, 그는 이에 대해 다음과 같이 의심하였다.

> 동방 사람은 죄를 지으면 염불하여 서방에서 태어나기를 구하는데, 그러면 서방 사람이 죄를 지으면 염불하여 어느 나라에서 태어나기를 구할 것인가? (『육조단경』)

이것은 아주 진지하게 생각해야 할 문제이다. 혜능은 매우 독자적인 사상을 가진 사람으로 결코 전통 불교에 맹종하려 하지 않았다. 이 문제를 해결하기 위해 그는 자성청정심(自性淸靜心)이 곧 불성이라는 학설을 내세우고, 남조(南朝) 축도생의 불성학설과 돈오성불사상을 계승하여 사람은 모두 불성을 갖고 있으며 누구든지 돈오성불할 수 있다고 말하였다.

그러므로 그는 "자성이 깨달았다면 중생이 부처요, 자성이 미혹되었다면 부처가 중생이다 :『육조단경』"라고 생각하였다. 바로 부처가 나의 본성 속에 있기 때문에 "부처는 성품에서 만들어지는 것이니 몸 밖에서 구하지 말라 :『육조단경』"라고 하였다.

즉, 마음이 청정하면 서방(극락정토)이 여기서 멀리 떨어져 있지 않으며, 마음이 청정하지 않으면 아무리 염불을 하더라도 서방에 이를 수 없다. 혜능은 불성은 항상 청정하여 해와 달의 밝음과 같다 하였다. 그러나 외부 대상에 대한 집착으로 말미암아 망념이 마음을 가려 자성이 밝게 드러날 수 없으면, 해와 달이 구름이나 안개에 덮이듯 위는 밝고 아래는 어두워 해와 달의 밝은 빛을 볼 수 없다고 설법하였다.

자성 밖에 따로 부처가 있지 않다. 부처는 인간의 본성 속에 있고 인간세상에 있다. 그러므로 마땅히 인간세상에서 해탈을 구해야 한다. 해탈은 속세의 번뇌를 벗어나 청정을 이루어 냄으로써 인간세상을 벗어나는 것이다. 이렇듯 불법이란 인간세상 안에 있기 때문에 인간세상 밖으로 벗어나려 할 필요가 없다.

이미 부처를 자성 속에서 구하고 세상 밖으로 벗어나고자 하지 않기 때문에, 수행의 과정 역시 출가하여 속세를 벗어날 필요가 없다. 출가하여 수행하나 집에서 수행하나 마찬가지이다. 그래서 혜능은 이렇게 말한다.

수행을 하고 싶다면 집에서도 할 수 있다. 반드시 출가하여 절에 들어갈 필요가 없다. 집에 있으면서 잘 수행한다면 마치 동방나라에 있으면서 마음씨가 착한 사람, 그런 사람과 같다. 절에 있더라도 수행을 안 한다면 서방나라에 있으면서 마음씨가 나쁜 사람과 같다. 마음만 깨끗하다면 그대로 자기 본성이 서방나라에 있는 것이 된다. (『육조단경』)

혜능은 청정을 얻고 해탈을 구하기 위해 무념설(無念說)을 제시하였다. 무념의 목적은 마음을 청정하고 허정하게 유지하여 어떠한 잡념도 끼어들지 않도록 하는 데 있다. 그러면 무념이란 무엇인가? 무념이란 생각하면서도 생각에 집착하지 않는 마음이다. 따라서 무념이란 무주(無住)이다. 즉, 생각에 머물러 있지 않는 것이다. 혜능은 이렇게 말한다.

만약 과거 생각이나 현재 생각이나 미래 생각이 순간순간으로 연속되어 끊어지지 않는다면 이를 일컬어 속박이라 한다. 반대로 모든 존재에 대하여 순간순간으로 의식에 얽매이지 않는다면 그야말로 속박이란 것은 없다. 이것이 무주(無住)를 근본으로 삼는다는 것이다. (『육조단경』)

한 가지 생각에 집착하면 생각에 얽매이게 된다. 생각에 집착하지 않아야만 비로소 생각의 속박을 떨쳐 버릴 수 있다. 이른바 무념이란 생각에 집착하지 않고 마음의 자연상태에 맡기는 방법이다. 이에 따라 어떠한 외계의 대상이나 내심의 사념(思念)에 얽매이지 않게 된다. 이것이 바로 무념 또는 자재해탈(自在解脫)이다.

따라서 무념이란 마음속에 어떠한 생각도 하지 않는 그런 상태가 아니다. 혜능은 마음속에 아무런 생각도 하지 않는 사람은 목석과 같이 죽은 사람이라 여긴다. 무념이란 세상과 격절하여 외부세계와 전혀 접촉하지 않는다는 뜻이 아니다.

외부세계와 접촉하며 생각도 하지만 다만 외부세계나 생각에 집착하지 않는다는 의미이다. 다시 말해 생각하고 생각하되 이 생각으로부터 마음에 어떤 간섭을 받지 않는다. 그러므로 혜능의 이른바 무념해탈법은 결코 인간세상을 벗어나라고 요구하지 않는다. 인간세상 속에 살며 해탈을 구하되 사물에 얽매이지 않고 인간 본마음의 청정을 지켜가는 방법이다.

혜능은 또 이러한 무념해탈법은 가고, 머무르고, 앉고, 눕는 어떠한 때에도 모두 통용되며, 어떤 형식, 어떤 시간적 제한이나 조건에도 구애받지 않는다고 말한다. 따라서 어떤 현상에도 집착하지 않으면 되기 때문에 굳이 좌선이라는 형식을 갖추어 수행할 필요도 없다. 이런 생각에서 혜능은 좌선과 선정에 대해서도 새로운 해석을 내렸다.

> 무엇을 선정(禪定)이라 하는가? 밖의 사물 형상에 구애되지 않는 것을 선(禪)이라 하며, 안의 마음이 어지럽지 않은 것을 정(定)이라 한다. 만약 밖의 사물 형상에 집착하면 안의 마음이 어지러워지고, 만약 밖의 사물 형상에서 벗어나면 안의 마음이 어지러워지지 않는다. (『육조단경』)

외부 사물의 형상에 집착하지 않아 안의 마음이 동요되지 않는 상태가 바로 선정이다. 따라서 굳이 좌선공부를 하지 않더라도 어느 때 어느 곳에서든 무념을 으뜸으로 삼아야만 해탈할 수 있다. 혜능의 무념해탈법, 노자의 주정설(主靜說)과 장자의 좌망(坐忘)·심재(心齋)는 모두 마음의 허정(虛靜)상태를 유지하여 사물에 얽매이지 않고자 한다는 데 공통점이 있다. 그런데 노자의 주정설과 장자의 좌망설의 경우 모두 감각과 사유를 버려야 비로소 허정의 상태에 이를 수 있다고 주장하고, 그러한 상태가 정좌(靜坐)를 통해서만 실현될 수 있다고 하였다.

그러나 혜능의 무념설은 결코 생각을 배제하라고 요구하지도 않고 더욱이 언제 어디서나 해탈할 수 있다고 주장한다. 이러한 혜능의 무념설이 노자나 장자의 사상보다 차원이 높음을 알 수 있다. 그렇지만 결국 혜능의 무념설은 노자의 주정설이나 장자의 좌망이라는 기초 위에서 발전되었다고 할 수 있다.

선의 수행에는 특수한 과정이 있다. 고요한 명상 속에 자신의 마음을 집중하기 위하여 구도자에게 공안(公案)이 주어지는데, 이것으로 구도자의 깨달음이 얼마나 진전하였는지 자질을 시험한다.

주제를 받으면 수행자는 선방에서 침묵을 지키고 앉아 명상을 한다. 다리는 가부좌를 취하고 몸은 바른 자세로 곧바로 펴고 눈은 완전히 감지도 뜨지도 않은 채 편안히 앉아 있어야 한다. 이것을 좌선이라 하는데 이 자세를 취하면 밤낮으로 며칠간은 명상을 계속할 수 있다.

먹을 때나 잘 때나 늘 일상생활을 적절히 단속해야 한다. 철저히 유지해야 할 일은 침묵이다. 명상하고 있을 때나 식사하고 있을 때나 목욕하고 있을 때 어떠한 말도 발설해서는 안 되며 어떠한 소음도 내어서는 안 된다.

선을 공부하는 수행자가 문제에 대한 충분한 준비를 갖추었다고 생각하면, 스승의 거처를 사적으로 방문하여 문제 해결을 위해 자신이 이해하고 꾀하는 바를 설명한다. 스승이 만족하면 그를 인정하겠지만 그렇지 못할 경우 수행자는 명상을 계속해야 한다. 선종에서 사용하는 몇 가지 공안을 예로 들어본다.

1) 고양이의 목을 자른 이야기[斬猫] : 어느 날 두 스님이 고양이를 양쪽에서 서로 빼앗으려는 것을 보고, 남전선사[南泉禪師, 이름은 보원(普願), 748~834]가 고양이를 들어올리며 말하기를 "한 마디 일러봐라. 그러면 고양이 목을 자르지 않겠다.[道得卽不斬]"라고 하였다. 그러나 아무도 말이 없자 남전선사는 칼을 빼 고양이의 목을 잘라 버렸다. 뒤에 남전선사는 그의 제자 조주[趙州 : 이름은 종심(從諗), 778~897]에게 똑같은 질문을 했는데, 조주선사는 총명하고 지혜로운 사람이어서 그 뜻을 곧 알아차리고 짚신을 벗어 머리 위에 얹고 가 버렸다. 남전선사는 그때 "조주가 있었더라면 고양이의 목을 자르지 않아도 되었을 텐데"라고 말하였다.

2) 관세음보살 이치로 들어가는 문[觀音入理] : 백장[百丈, 이름은 회해(懷海), 749~814]은 스님들이 단체로 일에 참여하는 보청(普請)제도를 만들었다. 하루는 다 같이 김을 매고 있는데 마침 절에서 북을 쳐 공양 시간을 알리자, 한 스님이 그 소리를 듣고 크게 웃으면서 호미를 둘러메고 돌아갔다. 이때 백장선사가 그 스님을 찬탄하여 말하기를 "훌륭하도다! 이것이 관세음보살 이치로 들어서는 문이로다"라고 하였다. 모든 사람이 절로 돌아온 뒤 백장선사는 그 스님을 불러 "조금 전에 무엇 때문에 그렇게 크게 웃었는가?"라고 묻자, "배가 고팠는데 북소리를 듣고 돌아와 밥을 먹었습니다"라고 대답

하였다. 이 말을 듣고 백장선사는 미소를 지었다.

3) 개에게 불성이 있는가[拘子有佛性] : 어떤 스님이 유관선사(惟寬禪師, 755~817)에게 "개에게 불성이 있습니까?"라고 묻자, 유관선사가 "있다"라고 하였다. 또 묻기를 "스님에게도 불성이 있습니까?"라고 하자, 선사가 "없다"라고 하였다.

4) 발우를 씻으러 가다[洗鉢盂去] : 어떤 스님이 조주선사에게 청하기를 "몇 명의 학인이 총림에 들어와 스님께 가르침을 청합니다"라고 하자, 조주선사가 그에게 "죽은 먹었는가?"라고 물었다. 스님이 "먹었습니다"라고 답하자, 조주선사가 다시 말하기를 "발우나 씻으러 가게"라고 하였다. 이 말을 듣고 그 스님은 홀연히 깨달았다.

5) 물오리에 얽힌 이야기[野鴨子話] : 백장선사는 마조[馬祖, 이름은 도일(道一), 709~788]에게 가르침을 받았다. 어느 날 두 사람이 길에서 물오리 무리가 날아오는 것을 보고, 마조선사가 "저것이 무엇인가?"라고 묻자, 백장선사가 "물오리입니다"라고 답했다. "어디로 가는가?" 하자, 백장선사가 "날아가는 겁니다"라고 답하였다. 마조선사가 백장의 코를 비틀어 쥐니 백장선사는 아팠지만 소리를 지르지 않았다. 이어 마조선사가 "너 또한 도가 날아가 버렸구나"라고 말하자, 백장선사는 그 말을 듣고 곧 깨달음을 얻었다.

승려들의 검소하고 절제된 생활은 현대에 와서도 여전히 좋은 본보기가 되고 있다. 모든 사람이 승려와 같이 생활한다면 현대사회에서 발생하는 여러 가지 문제가 해결될 수 있을 것이다. 예컨대 승려들은 식사를 검소하게 하기 때문에 음식물 쓰레기가 전혀 생기지 않는다. 그리고 그들의 소식(小食)은 세계의 식량문제를 해결하는 하나의 대안이 될 수 있다. 현대인의 식생활은 문제가 많다. 많이 먹기 때문에 남들에게 그만큼 피해를 주게 된다. 뿐만 아니라 살이 찌면 몸무게를 줄이느라 많은 비용을 쓰기도 한다. 이것처럼 낭비가 되는 일도 없을 것이다.

육식을 하지 않는 승려의 식생활도 현재 인류가 직면한 심각한 식량문제를 해결하는 데 도움을 줄 수 있다. 사람들이 고기를 먹지 않으면 지금의 식량으로 훨씬 더 많은 사람을 먹여 살릴 수 있기 때문이다. 소나 돼지 그리고 닭 따위도 결국 곡식을 먹여 키우는데, 그렇게 하여 고기를 먹는 방법보다 사람들이 직접 곡식을 먹는 식생활이 훨씬 더 효율적이다.

또한 승려들은 결혼을 하지 않으므로 자식을 낳지 않는다. 이런 생활은 현대의 인구문제를 해결하는 하나의 방법이 될 수 있다. 과거에는 인구가 많은 것이 좋다고 하였지만 지금은 그렇지도 않다. 오히려 인구가 너무 늘어나 여러 가지 문제가 발생하고 있고 또 인구문제가 인류의 미래를 어둡게 하고 있다.

지금은 모두가 결혼을 의무적인 관습으로 받아들이고 있어 결혼하지 않으면 이상하다고 생각하는 경향이 있다. 그러나 앞으로는 결혼하기 싫은 사람은 자유롭게 결혼을 하지 않고 살아갈 수 있도록 배려하는 사회 분위기를 만들어 가야 한다. 이러한 배려가 인구문제를 해결하는 데도 도움을 줄 수 있을 것이다.

생각해 보면 불교는 결혼하기 싫은 사람들이 모여 원만한 생활을 잘 해 나가고 있는 가장 이상적인 단체를 만들어 낸 종교이기도 하다. 불교는 이미 먼 미래를 내다 보고 거기서 발생할 수 있는 여러 가지 문제를 가장 잘 해결할 수 있는 방법을 찾았고 오래 전부터 그 방법을 직접 실천하고 있다. 그러므로 불교의 미래는 어둡지 않은 것 같다.

  요즘은 특히 불교의 명상법이 많은 사람의 호응을 얻고 있다. 현대사회가 옛날보다 살기는 편해졌지만 그렇다고 마음마저 편해진 것은 아니다. 현대인의 정신적인 스트레스는 옛날보다 오히려 더 심하다고 한다. 그러한 스트레스를 완화시키는 데 불교의 전통을 잇는 여러 가지 명상법이 효과가 있다.

제10장
신유학

. . .

장재

정호와 정이

주희

왕수인

신유학

　중국의 당대(唐代)는 불교가 최고점에 다다르는 시기라 할 수 있다. 그러나 오르막이 있으면 내리막이 있는 법, 불교는 이때를 고비로 점차 쇠퇴의 길을 가게 된다. 불교는 심원한 철학을 발전시켰지만 이것이 실제로 일반인들에게 어느 정도 도움을 줄 수 있었을지 의문이다. 하루하루 어렵게 살아가야 하는 사람들은 불교의 심원한 철학보다 실질적인 도움을 원하지 않았을까?
　뿐만 아니라 많은 군주와 귀족들은 불교의 참뜻을 제대로 이해하지 못하고 지나치게 성대한 불교행사를 벌임으로써 국가 재정을 궁핍하게 만들고 백성들의 살림살이를 더욱 어렵게 만들었다. 그래서 이 시대 불교의 극성은 삶을 윤택하게 하는 데 도움이 되지 못하고 오히려 힘들게 만들었다.
　이러한 불교의 문제점을 지적하고 그것을 유학으로 해결해야 한다고 주장한 학자가 바로 한유(韓愈, 768~824)이다. 그의 불교에 대한 태도는 그가 당시 헌종에게 올린 「논불골표」(論佛骨表)라는 글에 잘 나타나 있다. 이 글에서 그는 불교를 잘 신봉하는 나라일수록 빨리 망하였다고 했다가 헌종의 노여움을 사 거의 죽을 뻔하였다. 그러한 어려움에도 굽히지 않고 그는 불교를 비판하고 유학의 도(道)를 역설하였다. 이러한 한유의 노력에 효과가 있어 유학은 서서히 다시 살아나기 시작하였다.

송대(宋代, 960~1278)가 되면서 유학이 본격적으로 새로운 모습을 갖추게 된다. 가장 중요한 일은 역시 원시유학에 부족한 우주론을 보충하는 것이라 할 수 있다. 그래서 그 당시 유학자들은 불교와 도교에 비해 상대적으로 부족한 부분인 형이상학적인 내용을 많이 연구하였다.

여기서 탄생한 유학은 기존의 유학에 불교와 도교의 내용이 가미된 형태이다. 특히 불교의 영향이 매우 커 송대의 유학은 불교와 원시유학이 결혼해서 낳은 자식이라 해도 과언이 아니다. 유학 안에 있는 이러한 불교적인 성향은 결국 신유학을 지나치게 형이상학적인 논의에 몰입하게 만들고 인간의 내면세계의 문제에 몰두하게 만드는 결과로 나타나게 된다.

북송시대의 유학자 가운데 대표적인 사람으로는 소강절(邵康節), 주염계(周濂溪), 장횡거(張載 : 橫渠), 정명도(程顥 : 明道), 정이천(程頤 : 伊川) 등이 있는데, 사람들은 이들을 '북송오자'(北宋五子)라고 불렀다.

소강절(邵康節, 1011~1077)은 특히 『주역』(周易)을 깊이 연구하였고 이 책으로부터 우주론을 도출하였다. 그러나 그의 복잡한 이론은 설득력이 약하고 유학의 본래 의도와도 상당히 거리가 먼 것 같다.

다음으로 주염계(周濂溪, 1017~1073)는 태극도(太極圖)를 그려 태극(太極)으로부터 만물이 나오는 과정을 설명하고 있는데 주희는 이것을 매우 높이 평가하고 그대로 수용하였다. 주염계 이후 태극은 신유학에서 일반적으로 만물의 근원이라는 의미로 받아들여지게 되었다. 그러나 주염계가 말한 태극은 정신적인 근원이 아니라 질료적인 근원이라 할 수 있다. 다시 말하면 태극을 기(氣)로 보아 만물의 근원을 물질적인 것으로 생각하였다.

장재

장재(張載 : 橫渠, 1020~1077)는 섬서(陝西)의 미현(郿縣)에 있는 횡거진(橫渠鎭)에서 제자들을 가르쳤기 때문에 후세 사람들은 그를 횡거(橫渠) 선생이라 불렀다. 그는 주염계와 마찬가지로 우주의 근원을 정신적인 존재가 아니라 질료(質料)적인 존재로 보고 무(無)에서 유(有)가 나온다고 한 노자의 주장을 반박하였다. 그리고 세계를 마음의 산물(産物)이라고 설명하는 불교에 대해서도 반대하였다.

장횡거의 태도는 소박한 실재론이라 할 수 있는데 그는 세계의 모든 현상을 기(氣)로 설명하려 하였다. 기는 중국에서 이미 오랫동안 사용되던 개념인데 이것을 가지고 세계 전체를 포괄적으로 설명한 것은 장횡거의 철학에서 시작되었다고 하겠다.

장횡거 이후 유학자들 모두 그의 이론을 어느 정도 수용하고 있다. 그는 노자의 주장에 반대하여 원래부터 "무(無)란 없다"라고 하면서 무라는 말 대신에 태허(太虛)라는 개념을 사용하였다. 텅 빈 공간처럼 보이는 허공도 사실은 기의 회박한 상태에 불과할 뿐이라는 주장이다. 그래서 그는 이렇게 말하였다.

> 태허에서 기가 모이고 흩어지는 것은 마치 물에서 얼음이 얼고 녹는 것과 같다. 태허가 바로 기임을 알면 무(無)가 없음을 알 것이다. [『정몽』(正蒙)「태화」(太和)]

장재의 이론 중 돋보이는 점이 있는데, 이는 감각으로 파악되는 존재뿐만 아니라 감각으로 파악되지 않는 존재까지도 모두 기로 설명하려고 했던 점이다. 즉, 눈으로 볼 수 없는 허공도 알고 보면 기로 꽉 차있다는 생각이다. 이러한 기가 모이면 눈으로 볼 수 있는 사물들이 형성되고 흩어지면 사물은 다시 사라지게 된다. 하지만 사물이 사라진다고 해서 그 사물을 이루고 있던 기까지도 완전히 사라지는 건 아니다. 사물이 사라져도 그 사물을 이루고 있던 기는 영원히 사라지지 않고 존재한다. 그러므로 장재가 생각한 기는 영원히 사라지지 않으므로 서양철학에서 말하는 실체(實體)가 될 수 있다.

서양철학에서 실체라는 말의 의미는 대체로 데카르트(R. Descartes, 1596~1650)가 정의한 것을 따르는데 어디에도 의존하지 않고 자립하는 존재를 말한다. 그는 제일실체로는 신이 있고 신이 만든 이차적인 실체로 정신과 물질을 들 수 있다고 하였다.

장재에 따르면 기는 처음부터 존재하였고 또한 사라지지도 않는다. 다만 개별적인 사물들이 생겨나고 다시 사라지는 일을 반복할 뿐이다. 이것을 장재는 다음과 같이 설명하였다.

> 기가 모이면 눈으로 볼 수 있는 형체가 생기고 기가 모이지 않으면 눈으로 볼 수 없는 무형에 머문다. 이제 그것이 모였다고 어찌 손님이라고 말하지 않을 수 있는가? 이제 그것이 흩어졌다고 어찌 무(無)라고 말할 수 있는가? (『정몽』「태화」)

손님이라고 말하는 이유는 사물들이 영원한 존재가 아니라 순간적으로 생겨났다가 다시 사라지는 유한한 존재이기 때문이다. 장재의 이러한 생각은 현대의 과학자들이 사물을 분자와 원자로 설명하는 방식과 매우 유사하다. 분자나 원자는 우리가 눈으로 직접 볼 수 없는 것인데 과학자는 사물들이 바로 이러한 것으로 이루어졌다고 설명하고 있다.

서양의 과학은 그리스 이후 꾸준하게 물질의 정체를 밝히려고 노력하였다. 중국에서는 고대부터 기로써 물질을 설명하였는데 기의 정체가 과연 무엇인가에 대해서는 그렇게 깊이 연구하지 않았다. 미시세계에 대한 연구에 있어 대체로 중국은 서양보다 뒤떨어졌다고 할 수 있는데, 그 원인 가운데 하나가 바로 기로써 물질을 설명하려는 세계관 때문이다.

서양의 원자론은 모든 물질이 원자라는 미세한 입자로 이루어져 있다고 본다. 그러므로 그 입자의 정체가 무엇인지 밝히려는 노력을 하지 않을 수 없다. 그런데 중국의 기는 입자가 아니고 이것 자체가 궁극적인 존재로 취급되어 더 이상 미시세계의 연구를 하지 않았다.

장횡거는 모든 것을 기로써 설명하고 있는데 여기에는 물질적인 존재뿐만 아니라 정신적인 존재까지도 포함된다. 그는 우리의 마음도 기로 이루어져 있다고 주장하는데 마음과 물질은 근본적으로는 다르지 않고 맑고 순수한 정도에 차이가 있다고 하였다. 다시 말해 맑고 순수한 기는 마음이 되고 탁하고 잡박한 기는 물질이 된다.

여기까지 오면 기라는 존재가 물질을 이루는 원자와 같은 입자를 말하지 않는다는 점을 분명히 알 수 있다. 기는 물질의 구성요소도 되지만 정신의 구성요소도 되는 이중적이고 중간적인 존재이다. 그리고 중국철학에서는 애초부터 정신과 물질의 이원론적인 세계관이 뚜렷하게 형성되지 않았다. 그래서 장재는 물질과 정신 양쪽을 모두 기로써 설명하였고 이러한 설명 방식을 후대의 학자들도 한결같이 따랐다.

같은 마음이라 하더라도 사람마다 마음이 서로 다른데 장재는 이것도 기의 맑고 탁함으로 설명하였다. 사람마다 마음이 조금씩 다를 수밖에 없는데 그 이유는 마음을 이루고 있는 기가 조금씩 다르기 때문이다.

여기서 더 나아가 장재는 사람의 선악(善惡)도 기의 청탁을 가지고 설명한다. 일찍이 맹자는 인간의 본성이 선하다고 주장하였지만 인간의 악은 어디에서 오는지를 분명하게 해명하지 못하였다. 이제 장재는 인간의 악이 바로 마음을 이루고 있는 기의 탁함에 기인한다고 말한다. 이러한 장재의 마음에 대한 이론은 이후 신유학들이 모두 진리로 받아들였으니 그의 공이 큼을 알 수 있다.

재미있게도 현대에 와서 과학자들이 유전자를 연구하여 인간의 질병과 재능 그리고 성격 등이 유전자에 의해 이미 결정되어 있다고 주장하고 있다. 특히 요즘은 질병에 대한 연구에 관심이 많지만 재능이나 성격에 대해서도 더 많은 연구가 이루어지리라 짐작된다. 이러한 결정론적인 사고방식은 장재가 주장한 내용과 크게 다르지 않다. 다만 장재는 기의 청탁을 가지고 인간의 성격과 재능이 이미 결정되어 있다고 주장했고, 현대의 과학자들은 그것을 유전자로 설명하는 차이가 있을 뿐이다. 어쨌거나 인간 안에 이미 그 인간의 성격과 재능을 결정하는 원인이 들어 있다는 생각은 똑같다.

장횡거는 인간의 본성(本性)을 두 가지로 나누어 설명하고 있는데 하나는 천지지성(天地之性)이고 또 하나는 기질지성(氣質之性)이다. 천지지성은 보편적인 인간의 본성을 말하고 기질지성은 개별적인 인간의 본성이라 할 수 있다. 장재가 천지지성과 기질지성 두 가지를 말한 이유는 인간의 공통성과 차별성을 설명하기 위해서이다. 이것을 장횡거는 이렇게 설명하였다.

> 천지지성이 인간에게 있음은 마치 물의 성질이 얼음에 있는 것과 같아서 얼고 녹는 것은 다르다 하더라도 그 존재는 하나이다. 그리고 빛을 받아들임에 적고, 많고, 어둡고, 밝고의 차이는 있지만 빛을 받아들이는 것은 다르지 않다. [『정몽』「성명」(誠明)]

천지지성은 인간이면 누구나 타고나는 본성인데 장횡거는 이것을 선하다고 하였다. 기질지성은 각 개인이 가지고 있는 본성으로 개인 사이에 차이가 있어 선할 수도 있고 악할 수도 있다. 말하자면

다 같은 물이지만 탁한 물도 있고 아주 맑은 물도 있는 것과 같다. 물이라는 점은 동일하지만 물도 여러 종류가 있을 수 있다. 같은 점을 지적하여 붙인 이름이 천지지성이고 각각 다른 점을 지적하여 붙인 이름이 기질지성이다.

사람의 유전자를 조사한 결과 99.9%는 모두 동일하고 나머지 0.1%에서 조금씩 개인차가 있다고 한다. 그러니까 사람이 가지고 있는 유전자는 거의 같고 차이가 나는 부분은 아주 작다. 이렇게 각 개인에 따라 다른 부분이 장재가 말한 기질지성과 비슷하다 하겠다. 그는 기의 다양한 차이로 말미암아 사람의 성격과 재능 그리고 심지어 그 사람의 운명까지도 달라진다고 생각하였다.

그런데 이러한 기질지성은 불변하는 본성이 아니라 공부와 노력을 통해 변화시킬 수 있다. 만일 사람의 기질지성을 변화시킬 수 없다면 개인적인 노력이 아무 소용이 없게 될 것이다. 착한 사람이 되려고 노력할 필요도 없고 열심히 공부할 필요도 없다.

그러면 착하게 태어난 사람은 착하게 살고 악하게 태어난 사람은 악하게 살고 재능이 있는 사람은 공부를 잘하고 재능이 없는 사람은 공부를 못하고 그것으로 끝나고 말 것이다. 정말 세상이 그렇다면 무슨 재미가 있겠는가?

현실을 그렇게 간단한 인과관계로 설명할 수 있다면 세상은 단순할 것이고, 그러면 인간사회를 설명하는 일도 전혀 어렵지 않을 수 있다. 그러나 현실은 그렇지 않다. 머리가 좋다고 다 공부를 잘하는 것도 아니고 머리가 나쁘다고 다 공부를 못하는 것도 아니다. 머리가 좋아도 노력을 하지 않으면 공부를 잘할 수 없고, 머리가 조금 나빠도 열심히 노력하면 얼마든지 공부를 잘할 수 있다.

이와 같이 그렇게 착하지 않은 기질지성을 타고났어도 열심히 노력하면 착한 사람이 될 수 있다. 후천적인 노력의 중요성이 바로 여기서 나타난다. 이러한 장횡거의 이론은 교육의 필요성을 뒷받침해 준다. 이것은 이후 모든 신유학자가 인정하는 이론이 되었다.

정호와 정이

정호(程顥 : 明道, 1032~1085)와 정이(程頤 : 伊川, 1033~1107)는 형제이고 하남(河南)의 이천(伊川) 사람이다. 이 두 사람의 사상은 다른 점도 있지만 같은 점이 많아 사람들은 그냥 이정(二程)의 사상이라 부르고 있다.

정명도(程明道)는 심(心)과 인(仁)을 강조하였는데 그를 심학(心學)의 시조로 생각하는 이유도 여기에 있다. 그는 또한 천리(天理)라는 개념을 스스로 깨달았다고 말하기도 하였다. 천(天)을 리(理)로 본 그의 생각은 천을 인격적인 존재로 생각한 유학의 전통과는 상당히 다르지만 이후 성리학에서 중요한 역할을 하게 된다.

그리고 공자의 인(仁)을 한층 더 발전시켜 천지와 일체가 되는 상태가 바로 진정한 인의 상태라고 해석하였다. 그는 의학(醫學)의 불인(不仁)이라는 말에 착안하여 진정한 인자(仁者)는 만물을 자기의 몸과 같이 생각하는 사람이라 정의하였다. 의학에서 불인이란 손발이 마비되어 그것이 내 몸이지만 내 몸으로 느끼지 못하는 상태를 가리키는 말이다.

남의 즐거움을 나의 즐거움으로 그리고 남의 고통을 나의 고통으로 느낄 수 있는 상태가 진정한 인의 상태라는 그의 해석은 오늘을 사는 우리에게 더욱 절실한 가르침이다. 나아가 그는 사람뿐만 아니라 이 세상의 모든 존재에 대해서도 내 몸과 마찬가지로 여겨야 한다고 하였다. 요즘과 같이 자연이 파괴되고 동식물의 멸종이 심각한 정도에 이른 때에 특히 우리는 정호의 사상에 주목할 필요가 있다.

많은 학자는 현대의 자연 파괴가 서양사상과 연관이 있다고 보는데, 그 이유 가운데 하나가 바로 자연과 인간을 엄격하게 분리하는 세계관이다. 인간은 인간이고 자연은 자연이라는 생각 때문에 자연을 조심성 없고 동정심 없이 마구 파괴할 수 있었다.

특히 데카르트가 동물을 기계와 같은 존재로 보고 정신을 가지고 있지 않다고 주장한 예에서 그 전형을 볼 수 있다. 더 나아가 서양 사람들은 유럽인이 아니면 인간도 아니라는 생각을 한 적도 있었다. 예컨대 옛날에는 아메리카 인디언이나 아프리카 사람들을 사람으로 생각하지 않았다. 그랬기 때문에 아무런 죄의식 없이 노예로 부렸으며 또 잔인하게 살상할 수 있었다.

이러한 서양사상과 다르게 정호는 일찍부터 다른 사람을 나와 같이 생각하고 더 나아가 다른 모든 사물까지도 나와 한 몸으로 여겨야 한다고 강조하였다. 오늘날은 모든 것을 진보와 발전이라는 기준으로 평가하기 때문에 세상은 더욱 삭막해졌고 우리의 환경은 온통 파괴되고 오염되어 버렸다.

그러나 자연과 환경이 우리와 별개의 존재가 아니라 바로 우리와 한 몸이라는 사실을 깨달아야 한다. 강물이 더러워지면 곧바로 우리 자신의 몸도 더러워지게 된다. 그러므로 사실은 강물이 우리 몸과 하나인 셈이다. 만물일체(萬物一體)의 의미를 오늘날보다 더 잘 깨달을 수 있는 시대는 없다.

정이천(程伊川)은 정호의 동생으로 신유학을 보다 발전시킨 중요한 인물이다. 신유학의 중요한 개념들은 이미 정이에서 대부분 나타난다. 그 개념 가운데 가장 중요한 것은 역시 리(理)라는 개념이다. 장횡거가 질료적인 존재를 강조했다면 정이천은 거기다 리(理)를 추가하였다.

리(理)는 아리스토텔레스(Aristoteles, B.C. 384~B.C. 322)의 형상(形相)과도 유사하고 서양의 정신과도 통하는 면이 있다. 정이천에 따르면 세상의 사물들은 모두 어떤 법칙이나 원리를 가지고 있다. 예컨대 소가 소이고 말이 말인 까닭은 거기에 다 어떤 이치가 있기 때문이다. 이것을 요즘 생물학에서는 소는 소의 유전자를 가지고 있고, 말은 말의 유전자를 가지고 있기 때문에 계속해서 말은 말을 낳고 소는 소를 낳는다고 설명한다.

정이천은 이러한 생각을 밀고 나가 리(理)가 기(氣)보다 근원적이라는 결론에 이르게 된다. 개별적인 사물들은 사라지고 다시 생겨나지만 그것의 원리인 리는 영구불변의 상태를 그대로 유지한다. 개별적인 콩이나 팥은 생겨났다 없어지지만 불변하는 콩의 리와 팥의 리가 있기 때문에 영원히 콩은 콩일 수 있고 팥은 또한 팥일 수 있다.

정이천은 윤리·도덕적인 문제도 모두 리로 설명하여 도덕률의 불변성을 강조하였다. 아무리 세상이 변하더라도 자식과 부모, 임금과 신하 사이에 존재하는 윤리와 도덕 법칙은 변하지 않는다. 그러므로 리는 불변하지만 기는 생겨났다 사라지는 존재이다.

그래서 이천(伊川)은 기가 영원히 존재한다는 장재의 주장을 반박하였다. 그에 따르면 리는 실체(實體 : substance)가 될 수 있지만 기는 실체가 될 수 없다. 정이천은 이러한 사물의 이치인 리는 모든 개별적인 사물이 가지고 있으며 그것을 아는 것이 바로 지식이라 생각하였다. 그래서 사물의 이치를 직접 연구하는 것[格物]과 사물의 이치를 끝까지 탐구하는 궁리(窮理)를 강조하였다.

사실 이 방법은 불교의 공부방법에 대한 비판으로부터 나왔다. 불교에서 말하는 돈오(頓悟)의 공부방법은 사물의 이치를 구체적으로 탐구하는 과정이 결여되어 있어 실생활에 도움을 주지 못한다. 정이천의 격물과 궁리는 일종의 경험론인데, 불교의 공부방법이 일상생활과 너무 동떨어진 것이라면 이 방법은 일상생활에 필요한 지식을 중요하게 생각한다.

그리고 이 방법은 대상(對象)에 대한 공부라 할 수 있는데 이 공부 이외에도 내적인 마음공부가 또 있다. 이것은 말 그대로 내 마음을 맑게 하거나 착하게 하는 공부를 말한다. 아무리 외적인 공부를 많이 하더라도 내적인 공부가 충실하지 못하면 아무 소용이 없다. 다시 말해 지식이 아무리 많더라도 마음이 착하지 못하면 그 앎이 올바르게 사용될 수 없다.

신유학에서는 마음을 착하게 하는 것도 수련을 통해 가능하다고 생각하였다. 그러한 방법으로 정이천은 경(敬)을 제시하였는데 그는 경을 주일무적(主一無適)으로 해석하였다.

주일무적이란 마음을 한 곳에 집중하여 다른 곳에 정신을 팔거나 잡념을 가지지 아니하는 명상법이다. 물론 이 방법은 정신을 집중하는 공부이기도 하지만 마음을 착하게 유지시키는 훈련이기도 하다. 그러므로 정신집중을 하되 선한 생각에다 마음을 집중하는 방법이다.

이러한 경의 공부도 불교의 마음공부에 대한 대안으로 나온 명상법인데, 불교에서는 무념무상(無念無想)을 강조했지만 정이천은 이것이 가능하지 않다고 비판하였다. 마음의 본질이 생각하는 일이기 때문에 생각을 멈추라는 요구는 이치에 맞지 않지만 정신을 한 곳으로 집중하는 일은 얼마든지 가능하다.

이러한 정이의 공부방법은 현대에도 그대로 활용할 수 있는 좋은 방법이다. 오늘날 우리는 교육에 지적인 능력만을 강조하고 있어 많은 지식을 얻는 데에만 몰두하고 무엇보다 중요한 내 마음을 선하게 만드는 마음공부에 대해서는 거의 신경을 쓰지 않는다.

이렇게 교육에서 지적인 능력만 강조하게 되면 아는 것은 많지만 사회 발전에 도움이 되지 않는 사람이 만들어질 확률이 높게 된다. 만일 머리도 좋고 아는 것도 많은 사람이 그것을 사회와 다른 사람을 위해 사용하지 않고 자신의 욕망을 충족하는 데 사용한다면 그의 지적인 능력은 오히려 사회의 악이 되고 만다.

실제로 오늘날 사회 지도층에 있는 일부 사람들이 온갖 방법을 동원하여 탈세를 일삼는다든지 범법행위를 하는 데서 그것을 잘 볼 수 있다. 그들은 사회를 위해 하는 일은 아무것도 없으면서 사회의 온갖 혜택은 모두 누린다. 이것의 원인은 사람들이 마음을 선하게 만드는 거경(居敬)공부는 하지 않고 지적인 능력만 강조하는 오늘날의 교육에 있다고 하겠다.

이를 보면 교육에 있어 사람을 선하게 만드는 데 보다 많은 시간과 돈을 투자할 필요가 있음을 깨닫게 된다. 그런데 오늘날 교육의 모습을 보면 눈에 보이는 부분에는 엄청난 투자를 하지만 보다 더 중요한 부분에는 거의 투자가 이루어지지 않고 있다. 이러한 기형적인 교육이 우리 사회의 발전에 걸림돌이 된다는 사실을 알아야만 한다.

공장을 세우고 기술을 가르치고 자금을 끌어오는 방법을 연구하는 데는 모두들 열심이지만 막상 거기서 공장을 운영하는 사람들의 도덕성에 대하여는 별로 말하지 않는다. 아무나 그 공장에 집어넣으면 저절로 공장이 원만하게 굴러간다고 생각하는 것 같다.

공장이 잘 돌아가려면 기술과 돈도 중요하지만 그것을 운영하는 사람들의 마음가짐이 더 중요하다. 아무리 좋은 머리를 가지고 있어도 그 머리를 회사의 발전을 위해 쓰지 않고 자신의 욕망을 위해 쓴다면 회사의 발전에 아무런 도움도 되지 못하기 때문이다.

주희

주희(朱熹, 1130~1200)의 호(號)는 회암(晦庵)이고, 자(字)는 원회(元晦)이다. 그는 휘주(徽州)의 무원(婺源) 사람으로 지남강군(知南康軍)과 보문각대제(寶文閣待制) 등의 관직을 지냈다.

그는 정호와 정이의 학문을 계속 이어 발전시켰고 이후 사상계에 커다란 변화를 불러일으켰다. 그는 특히 정이천의 학설을 종합·발전시켰으며, 유학의 경전들을 자신의 철학에 입각하여 모두 해석하였다. 이 작업은 방대한 것이었으며 이후 유학 발전에 지대한 영향을 끼쳤다. 특히 중국과 한국에서는 주희가 주석을 단 경전들을 과거의 교재로 채택함으로써 그의 철학은 최고의 권위를 갖게 되었다.

주희는 기본적으로 주염계가 그린 태극도를 우주론의 기본이론으로 수용하면서 태극을 정이천의 리로 보았다. 그래서 우주의 본원을 장재의 질료적인 기가 아닌 정신적인 리로 봄으로써 유심론적인 세계관을 확립하였다. 이러한 그의 생각은 중국적이기보다는 불교적인 색채가 농후하다. 그러므로 불교가 중국사상사에 미친 영향은 직접적인 영향과 간접적인 영향을 합쳐 대단하다.

주희는 리와 기에 대해 정이천보다 상세하게 설명하였는데, 리가 실체이고 기는 실체가 아니라는 점이 무엇보다 중요하다. 그러나 그는 리와 기를 체(體)와 용(用)의 관계로 봄으로써 이일원론(理一元論)적인 세계관을 명백히 밝히고 있다. 그의 이러한 철학은 관점에 따라 서로 다른 해석이 가능하기 때문에 이후 많은 철학자가 다양한 철학의 체계로 발전시켰다.

리는 정신적이고 기는 물질적이지만 이 둘은 근본적으로 다르지 않다. 이것은 결국 같은 존재의 두 가지 다른 모습일 뿐이기 때문에 데카르트의 정신과 물질 이원론과는 아주 다르다. 데카르트는 정신과 물질은 서로 다른 실체이기 때문에 서로 영향을 미칠 수 없을 정도로 다른 존재라 하였다. 그러나 리와 기는 서로 딱 붙어 있어 분리할 수 없다.

주희는 또한 개별적인 사물들 하나하나도 태극을 가진다고 해서 정이천의 이일분수설(理一分殊說)을 이어받았다. 리는 하나이지만 동시에 다양한 사물에 두루 나타날 수 있다. 이 이론은 리가 유일성과 다양성을 동시에 갖고 있음을 보여 주려고 한다. 기독교에서는 주로 신의 유일성만을 강조하려고 하지만 신유학에서는 태극의 유일성과 다양성을 동시에 주장하고 있다. 이러한 신유학의 이론은 초월적인 신의 존재를 부정하고 범신론으로 나갈 수밖에 없다.

그러나 주희는 개별적인 사물들도 하나의 온전한 태극을 가지고 있다고 말함으로써, 전체로서의 태극과 개별적인 사물들 속에 내재하는 태극 두 가지가 동시에 존재하게 된다. 그리고 이 두 가지 태극은 내용이 같다.

이것을 이해하는 것은 쉽지 않지만 중국불교의 역사를 안다면 그렇게 어려운 이론은 아니다. 화엄종의 인드라망7) 비유와 법장의 금사자론8)에서 이것을 이미 잘 설명하고 있기 때문이다. 주희의 이일분수설은 이러한 불교이론과 밀접하게 연관되어 있으므로 불교이론을 먼저 이해할 필요가 있다.

정이천의 철학을 이어받은 주희는 그와 마찬가지로 경(敬)을 강조하였고, 격물과 궁리를 학문의 중요한 방법으로 생각하였다. 사물에 나아가 이치를 탐구하는 격물을 통해 앎을 이룰 수 있다는 생각이니 주희는 경험론자라 할 수 있다. 그러나 철저한 경험론자는 아니고 합리론과 경험론을 종합한 입장을 견지하였다. 이러한 그의 이론은 이미 앞에서 언급 되었듯이 불교의 공부방법에 대한 비판에서 나온 결과라 하겠다.

---

7) 인드라는 불교에서 석제환인(釋提桓因 : 강력한 신들의 우두머리) 또는 제석천(帝釋天)이라고도 불리는데, 그 궁전에 있는 보석으로 만들어진 그물 모양의 장식, 이 장식에 있는 무수한 보석들 하나하나는 이 우주를 모두 반영하고 다른 보석까지도 반영한다고 함.

8) 법장은 화엄경의 이 내용을 금으로 만들어진 사자를 예로 들어 측천무후에게 설명하였다. 그 금사자의 부분부분에 다시 온전한 금사자가 들어 있다고 하였다.

다음으로 주희의 사상에서 중요한 부분이 마음[心]에 관한 이론이다. 주희는 정이천이 말한 "성(性)이 곧 리(理)이다"[性卽理]를 그대로 받아들여 마음을 설명하고 있다. 그는 이 세계를 설명할 때도 리와 기라는 개념을 사용하였고, 인간의 심(心)을 설명할 때도 똑같이 리와 기를 사용하였다.

이것은 정신과 물질이라는 두 가지 개념으로 이 세계를 설명하는 데카르트 이후 서양인들의 방식과 상당히 다르다. 주희의 이론에 의하면 정신과 물질 모두에 리와 기를 적용할 수가 있다. 그러니 주희가 생각하는 마음[心]은 질료적인 요소와 비질료적인 요소의 결합체이다.

우리 마음의 성(性)이 바로 리라고 하는 말은 마음 가운데서 비질료적인 요소가 바로 성(性)이라는 의미이다. 이것을 주희는 체와 용으로 설명하기도 한다. 마음의 본체에 해당하는 부분이 성(性)이고 그 작용이 바로 정(情)이다. 그렇다면 성은 리이고, 정은 기라는 말도 가능하게 된다. 마음의 작용을 가리키는 말이 정인데, 주희는 기가 활동능력을 가졌다고 했으니 정과 기는 서로 일치하는 면이 있다.

신유학에서는 성(性)에 대한 논의가 상당히 많은데, 사실 이것도 불교의 영향이라 할 수 있다. 그런데 불교에서 말하는 성(性)은 유학에서 말하는 인간의 본성을 의미하는 개념이 아니라 자성(自性, atman)으로서 서양철학의 개념인 실체(substance)와 비슷하다.

자성이 없다는 이론이 불교의 학설 가운데 가장 중요한 부분이기 때문에 불교에서는 성을 자주 거론한다. 그런데 같은 성 자를 쓰지만 유학에서 말하는 성은 맹자와 순자가 논의한 인간의 본성을 의미한다.

 인간의 본성은 맹자와 순자를 이어 송대의 유학에서도 가장 중요한 논의로 등장한다. 맹자는 이미 인간의 본성이 선하다고 하였는데 문제는 인간의 악을 어떻게 설명하느냐 였다. 맹자는 그 부분에 대해 상세하게 설명하지 않았다.

 여기에 대해 장횡거는 성(性)을 기질지성과 천지지성으로 나누어 천지지성을 원래의 선한 본성이라 하고, 기질지성은 기질의 차이로 말미암아 생겨나는 성으로 여기서 악이 발생한다고 설명하였다. 다시 말하면 인간의 악을 기의 차이로 설명하려고 하였다.

 사람의 생김새가 모두 다르듯 인간의 기질도 서로 다를 수밖에 없는데, 순수한 기질을 가진 사람도 있고 잡박한 기질을 가진 사람도 있다. 악은 바로 이러한 순수하지 못한 기질 때문에 생긴다는 설명이다.

 주희도 장횡거의 이론을 흡수하고 한층 더 발전시켰는데 기와 함께 리가 추가된 점이 특징적이다. 주희는 인간 본성의 선함은 리 때문이라 하고 그것을 본연지성(本然之性)이라 하였다. 그리고 기로 말미암아 악의 가능성이 있는 성을 기질지성이라 하였다.

 사람의 마음은 리와 기의 합으로 이루어져 있는데, 모든 사람에게 있는 리는 동일하지만 기는 맑고 흐린 정도가 각기 다르기 때문에 사람들의 마음이 달라진다. 이것을 주희는 여러 개의 유리병에 동일한 보석을 넣어 두고 어떤 병에는 맑은 물을 넣고 또 어떤 병에는 흐린 물을 부었을 때, 우리에게 그 보석들이 각기 다르게 보인다는 사실을 예로 들어 설명하였다.

장횡거와 주희는 이 이론으로 악의 근원을 설명하였고, 또한 개인적인 노력을 통해 기질지성의 변화가 가능하다고 하여 왜 수양과 교육이 필요한지도 밝혔다. 성리학에서 공부의 목적은 기질을 변화시켜 착한 마음을 가진 사람이 되는 데 있다. 그리고 최종 목표는 바로 성인이다.

원래 유학에서 성인에 대한 숭배가 있었지만 성인이 공부의 최종 목표가 된 데에는 불교의 영향이 있었다. 불교의 가르침은 누구나 깨달아 부처가 되는 공부가 그 핵심을 이룬다. 이러한 불교사상이 유학에 영향을 끼쳐 성리학에서도 공공연하게 성인을 공부의 최종 목표로 삼았다.

이러한 유학의 공부방법은 겉으로는 유학을 표방하고 있지만 속으로는 불교를 많이 닮아서 마음의 수양에만 너무 치중한 경향이 있었다. 그 결과 사회 전체가 전반적으로 정적(靜的)인 상태가 되었고, 개인들도 내면세계에 더 많은 관심을 보였다.

왕수인

왕수인(王守仁 : 陽明, 字는 伯安, 1472~1528)은 절강(浙江)의 여요(余姚) 사람으로 호는 양명(陽明)이고, 명나라 헌종(憲宗) 성화(成化) 8년에 태어났다. 그는 37세 때 귀주(貴州)의 용장(龍場)이라는 유배지에서 문득 크게 깨닫게 되어 자신의 철학체계를 세우게 된다. 우리는 이러한 일화에서 왕양명(王陽明)이 불교의 영향을 받았음을 느낄 수 있다.

그의 철학은 주희철학의 비판에서 출발하고 있는데 그는 객관세계에서 사물의 이치를 탐구해야 한다는 가르침에 반대하였다. 그에 따르면 내 마음에 모든 이치가 다 들어 있기 때문에 굳이 객관세계의 사물에 일일이 신경을 쓸 필요가 없다.

그는 맹자가 말한 양지(良知)를 근거로 치양지(致良知)를 주장하였다. 치양지란 양지를 잘 보존하고 확충시키는 공부를 말하고 양지란 선천적인 앎을 말한다. 주희의 신유학이 불교의 교종에 가까운 유학이라 한다면 왕양명의 신유학은 불교의 선종에 가깝다고 할 수 있다.

왕양명이 주희를 비판하는 쟁점을 보면 당시 신유학이 얼마나 마음을 착하게 만드는 일에 몰두하였던가를 알 수 있다. 실제로 마음을 착하게 만드는 데 있어 책을 많이 읽거나 사물의 이치를 많이 아는 것이 크게 도움이 되지 않는다. 불교의 깨달음이 객관세계에 대한 박학(博學)과 별로 관계가 없는 것과 비슷하다.

왕양명은 주희가 제시하는 공부방법이 너무 거추장스럽다고 비판하고 간단한 방법을 제시하였다. 그 공부방법이 바로 내 마음을 바르게 하는 일이다. 그래서 주희가 해석한 『대학』의 격물(格物)을 반대하고 격(格) 자를 정(正)으로 해석하였다. 그리고 물(物) 자를 사(事 : 일)로 해석하였는데, 심(心)의 발동이 의(意 : 뜻)이며 뜻이 머무는 그 자리가 바로 물(物)이다.

예를 들어 부모를 섬기는 데 뜻이 있으면 부모를 섬기는 그것이 곧 하나의 물(物)이며 임금을 섬기는 데 뜻이 있으면 임금을 섬기는 일이 곧 하나의 물(物)이다. 그래서 격물(格物)이란 자신의 생각을 바로잡는 일이며 생각의 내용을 바르게 하는 마음공부라 할 수 있다.

왕양명의 철학은 명대(明代, 1368~1644)에 크게 유행하게 되는데 이것은 그 공부방법이 선종과 같이 간단하기 때문이다. 주희 당시에도 육상산(陸象山, 1139~1193)은 "육경(六經)이 나에 대해 주석을 단 것"이라 주장하면서 내 마음에 이미 모든 이치가 다 들어 있다고 하였다.

그는 또한 "우주 안의 일이 내 안의 일이요, 내 안의 일은 우주 안의 일"이라 함으로써 주관적 관념론의 입장을 분명히 밝히기도 하였다. 이러한 유학의 경향은 모두 불교의 영향이라 할 수 있으니, 불교의 영향력을 다시 한번 확인할 수 있다.

요컨대 신유학의 철학사적 의미는 철학자들이 경전에 구속되지 않고 자기 나름의 철학체계를 자유롭게 전개할 수 있었다는 데 있다. 그래서 철학자들이 논의할 수 있는 영역이 엄청나게 넓어졌기 때문에 수많은 학자가 각기 다양한 생각을 제시할 수 있었다.

이러한 면에서 신유학이 유학의 영역을 확대하는 데 중요한 역할을 하였다고 하겠다. 장횡거와 이정 그리고 주희 이후에 중국과 한국 그리고 일본에서 신유학이 수많은 학자를 배출하고, 또한 다양한 철학의 체계가 나오게 된 것은 이러한 성리학의 특성 때문이라고 할 수 있다.

전통적인 유학의 주제는 분야가 한정되어 있어 학자들에게 연구거리를 그렇게 많이 제공할 수 없었다. 그런데 리와 기 같은 형이상학적인 개념들이 유학에 들어옴으로써 이제 유학자들은 전통적인 유학에 크게 구애받지 않고 각자 색다른 철학의 체계를 구성할 수 있게 되었다. 특히 질료적인 존재와 비질료적인 존재의 구분에 대한 생각을 많이 하게 되었고, 질료적인 존재와는 완전히 다른 정신에 대해서도 사색하게 되었다.

우리는 리를 세계의 근원으로 보는 철학자들의 생각에 주목할 필요가 있다. 리를 세계의 근원으로 보는 철학은 기를 세계의 근원으로 보는 유학자들에게 많은 도전을 받았다. 그리고 중국의 공산화 이후 중국에서는 기를 세계의 근원으로 보는 신유학자들을 유물론자(唯物論者)라 하여 높이 평가하기도 하였다.

물론 우리가 경험하는 세계는 물질이 우선하고 또 그렇기 때문에 물질만 가지고 세계를 설명하려는 경향이 있다. 그러나 철학의 체계를 단순히 현실세계를 설명하는 이론으로 보아서는 안 된다. 만일 철학이 현실세계나 현상세계를 설명하는 학문에 머무른다면 철학과 과학은 구별될 수 없다. 그리고 과학은 여러 가지 보조수단인 기계를 가지고 보다 철저하게 자연을 관찰하고 연구하기 때문에 철학보다 앞설 수밖에 없다.

철학은 주로 사색에 의존하는 학문이므로 철학의 체계는 과학의 결과와 다를 수 있다. 그러나 이것을 근거로 철학이 과학에 비해 뒤떨어진다고 판단해서는 안 된다. 철학의 체계는 사색을 통해 얻어 낸 결과물이지 현실을 있는 그대로 설명하는 것이 아니다.

리가 세계의 근원인가 아니면 기가 세계의 근원인가 하는 문제도 이러한 관점에서 접근하여야 한다. 철학이 단순히 현실을 설명하는 학문이라고 생각하는 사람들은 기가 세계의 근원이라고 주장하는 철학자들의 말이 옳다고 동조하는 경향이 있다. 그래서 리를 세계의 근원이라고 주장하는 철학을 무조건 부정한다.

하지만 우리는 보이는 세계에 대한 경험에만 의존하려는 이러한 태도에 만족할 수 없다. 이러한 태도는 철학을 아주 좁은 영역에

묶어놓고 철학을 과학과 동일시하기에 철학의 발전에 도움이 안 된다. 철학자들은 사색을 통하여 질료적인 물질과 다른 정신적인 존재를 추구하였고 그것에 의미를 부여한 철학의 세계를 만들어 왔다. 이러한 일은 이성의 능력을 확대하고 정신세계의 깊이와 폭을 넓히는 데 커다란 공헌을 하였다.

　이러한 의미에서 신유학자들이 만들어 낸 철학의 체계는 대단히 훌륭하다. 그들은 사람이 생각할 수 있는 영역을 확장하였으며 그 결과 방대한 철학의 체계를 구축하였다. 전통적인 유학의 체계 안에서는 이런 일들이 가능하지 않았을 것이다. 송대의 신유학자들은 유학의 새로운 가능성을 보여 주었고 실제로 유학을 발전시켜 새로운 시대를 열었다.

제11장
청대(淸代)의 고증학

．
．
．

고염무

대진

청대(淸代)의 고증학

고증(考證)이란 형이상학을 주로 하는 신유학을 비판하면서 나온 개념이다. 불교를 비판하고 나온 신유학은 스스로 실학(實學)이라고 말하였지만 그 내용이 상당히 형이상학적이고 또 공허한 점이 없지 않다. 특히 양명학의 경우에는 경전을 소홀히 하는 경향까지 있으므로 불교의 선종에 가깝다.

그러므로 고증학은 리(理)와 기(氣), 심(心)과 성(性) 등에 대한 형이상학적인 논쟁보다는 경전에 나타나는 성인의 뜻을 정확히 파악하는 공부를 목표로 하였다. 이러한 학문을 여러 가지 이름으로 불렀는데, 예를 들어 실증을 중요시한다는 각도에서 실학이라 부르기도 하고 또 증거를 취함에 있어 한유(漢儒)들의 경(經)과 주(註)를 특별히 중시하기 때문에 한학(漢學)이라고도 하였으며, 이론상 원시유학을 존숭한다는 점에서는 고학(古學)이라고도 불렀다.

청대(淸代, 1644~1911)에 성행한 고증학의 창시자에 대해서는 여러 가지 설이 있는데 고염무(顧炎武), 방이지(方以智), 모기령(毛奇齡), 황종희(黃宗羲) 등이 창시자로 거론된다. 그러나 대체로 고염무를 고증학의 창시자로 보는 설이 가장 유력하다.

그리고 고증학에 대해서 부정적인 평가도 많은데 장태염(章太炎, 1869~1936) 같은 학자는 고증학 연구에 대해 세상을 외면하고 은거하는 학문으로 평가하기도 하였다. 그의 생각이 근거가 없지는 않지만 송대의 정주학(程朱學)이나 명대의 양명학이 공허한 형이상학에 너무 몰두했기 때문에 그에 대한 반작용이라 보는 편이 더 설득력을 갖는다. 이것을 우리는 고염무의 주장에서 잘 볼 수 있다.

고염무

고염무(顧炎武, 1613~1682)의 호는 정림(亭林)이고, 강소성(江蘇省)의 곤산(崑山)에서 명나라 신종(神宗) 만력(萬曆) 41년에 출생하였다. 그는 과거에 여러 차례 응시하였으나 실패하였고 명나라가 망하고 나서는 청나라에 대항하여 투쟁하였다.

그는 일생 동안 벼슬길에 나아가지 않고 전국을 여행하였다. 항상 두 필의 말을 몰고 다니면서 번갈아 탔으며 두 필의 당나귀에는 책을 싣고 다녔다고 한다. 그는 각 지방을 돌아다니면서 그곳의 산천과 풍속 그리고 역사상 흥망의 자취를 고증하고 금석(金石)과 경제(經濟) 등에 대해서도 연구하였다.

고염무는 육상산과 왕양명의 심학(心學)을 격렬히 공격하였는데 심학의 유행이 명나라 멸망의 첫째 원인이라고 생각하였다. 실제로 양명학은 주자학을 지리멸렬하다고 비판하고 간단한 공부방법을 제시하였는데 그 방법은 내 마음만 깨끗하게 하면 된다는 것이다. 그러니 선종의 공부방법과 유사하지 않을 수 없다.

따라서 제대로 공부 안 한 사람들이 스스로 깨달았다고 하면서 사람들을 우롱하는 경우가 흔하게 되니 철두철미하게 공부하는 풍조가 점차 쇠퇴하였다. 공부에 철저하지 못한 사람들의 이런 의식이 결국 사회 기강을 무너뜨리고 사람들을 나태하게 만들었다. 그래서 고염무는 이렇게 말하였다.

> 한탄스럽게도 백년 이래 학자들은 심(心)이라든가 성(性)이라든가 하는 말을 자주 하지만 그 의미는 조금도 알지 못하고 있다. 명(命)과 인(仁)에 대해서는 공자께서도 자주 말하지 않았고 성(性)과 천도(天道)는 자공(子貢)도 들은 적이 없었다. 성명(性命)의 이치는 『역전』(易傳)9)에 기록되어 있으나 사람들이 말하는 경우는 매우 드물었다. 선비에 대해 질문하면 "자기가 행한 일에 대해 부끄럼을 느낄 줄 아는 사람"이라고 답하고, 학문하는 것에 대해서는 "고대의 문물과 제도를 좋아하며 민첩하게 배워야 한다"라고 하셨다. [『정림문집』(亭林文集)권3, 「여우인논학서」(與友人論學書)]

한마디로 고염무는 형이상학적인 논쟁을 주로 하는 이학(理學)이나 심학(心學)을 반대하였다. 공자는 그러한 형이상학적인 문제

---

9) 『역전』이란 『역경』을 해석하거나 보충 설명한 것을 말한다.

들에 대해 자주 언급하지 않았기 때문에 그것은 유학 본래의 문제가 아니라는 주장이다.

실제로 불교의 영향을 받은 신유학은 불교를 본받아 형이상학적인 논쟁을 주요한 일로 삼았다. 신유학은 불교를 비판하면서 등장하였지만 그 영향을 받아 결국은 불교와 유사한 학문이 되고 말았다. 이러한 형이상학적인 논쟁에 빠져 있으면 자연 현실문제를 소홀히 다룰 위험이 있다. 여기에 대해 고염무는 강하게 비판하고 나왔다. 불교의 영향을 받은 유학이 내적인 개인문제에 몰두함으로써 외적인 사회문제를 등한시한 것은 사실이다.

고염무가 살았던 시기는 명나라가 무너지고 청나라가 들어서는 혼란한 시대였다. 그에게 명나라가 망한 사건은 커다란 충격이었는데 그 원인이 바로 육왕(陸王)의 심학이라 생각하였다.

그래서 그는 말하기를 "육예(六藝)의 글을 습득하지 않고 백왕(百王)의 경전을 고증하지 않고 당대(當代)의 사무를 종합하지 않는다. 공자의 학론(學論)과 정론(政論)의 대강(大綱)에 대해서는 일체 묻지 않고 일관(一貫)이니 무언(無言)이니 하는 것만 말한다. 명심(明心)이니 견성(見性)이니 하는 공담(空談)으로 자신을 수양하고 사람들을 다스리는 실학(實學)을 대신한다. 팔다리가 나태해지고 만사가 폐지되며 신하들은 없어지고 각지가 어지러워진다. 나라가 전복되고 사직이 폐허가 된다 :『일지록』(日知錄)권7,「부자지언성여천도」(夫子之言性與天道)"라고 하였다.

고염무는 왕양명을 그 죄가 걸주(桀紂)보다 심하다고 비판하였으니 그가 얼마나 심학을 싫어했는지 알 수 있다. 그는 "옛날에 범무자(範武子)가 말하기를 '왕필(王弼)·하안(何晏) 두 사람의 죄가 걸주보다 심하다. 당세에 끼치는 해는 가볍고 후세에 끼치는 해는 중하며 자신이 덕을 잃음은 작은 일이고 대중을 미혹시키는 죄는 크다'고 하였다 : 『일지록』권18, 「주자만년정론」(朱子晚年定論)"라고 한 것을 인용하면서 왕양명이 바로 그런 인물이라고 혹평하였다.

그래서 고염무는 "한 사람이 천하를 바꾸고 그 영향이 백여 년 동안 계속된 것으로 옛날에는 왕이보(王夷甫)의 청담(淸談)과 왕개보(王介甫)의 신설(新說)이 있었고, 지금에 이르러서는 바로 왕백안(王伯安)의 양지(良知)가 그렇다 : 『일지록』권18, 「주자만년정론」"라고 말해 왕양명의 학설이 오랫동안 좋지 못한 영향을 끼쳤다고 비판하였다.

『세설신어』(世說新語)에는 왕이보와 원선자(阮宣子)의 일화가 나온다. 태위(太尉)로 있던 왕이보가 원선자에게 노장과 공자의 같고 다른 점이 무엇인가 물으니 원선자는 "같지 않을까요?"[將無同]라고 대답하였다. 태위는 이 대답이 마음에 들어 그를 즉시 관리로 임명했다고 한다.

왕이보란 진(晉)나라 사람으로 이름은 왕연(王衍)이며 청담을 매우 좋아했던 인물이다. 왕개보란 다름아닌 왕안석(王安石)이다. 고염무도 정주(程朱)와 마찬가지로 왕안석을 싫어하였던 모양이다. 왕안석은 신법(新法)10)을 만들어 개혁을 단행하려고 하였으나

---

10) 왕안석(1021~1086)은 송나라의 정치가로 개혁을 갈망한 신종(神宗) 황제에 의해 발탁되어 역사적으로 유명한 파격적인 개혁정책을 실시하게 되었다. 그가 실시한 개혁은 광범위한 것으로 청묘법(靑苗法)·시역법(市易法)·모역법(募役法)·보갑법(保甲法)·보마법(保馬法) 등이 있다.

보수파들의 강력한 저항에 부딪혀 실패하고 말았다.

고염무는 정주(程朱)의 이학(理學)에 대해서도 반대하여 "경학이 곧 이학이다"라고 주장하였다. 유학의 경전을 떠나 공허한 형이상학적인 말들을 하는 학문을 반대하고 보다 경전에 충실해야 한다고 강조하였다.

그래서 말하기를 "이학이라는 말은 송나라 사람들에게서 비롯되었다. 옛날의 이학이란 경학이다. 그것은 수십 년이 걸리지 않고서는 통할 수 없다. 그러므로 '군자는 일생을 바쳐『춘추』를 배운다'고 하였다. 그런데 지금 말하는 이학이란 선학이다. 오경을 기본으로 하는 것이 아니고 단지 어록만을 참고할 뿐으로 첩괄(帖括)의 문체보다도 더욱 쉽다 :『정림문집』권3,「여시우산서」(與施愚山書)"라고 하였다.

첩괄이란 당나라 때 진사의 과거에서 경서 가운데 어떤 글자를 따서 종이쪽지에 쓴 문제에 대해 그 경서 내용을 총괄하여 답안을 작성하는 시험을 말한다. 경서의 내용을 제대로 공부하지 않고 대충 알고 넘어간다는 말이다.

고염무는 육왕의 심학을 심하게 비판하였다. 그러나 정주에 대해서는 그 사변성(思辨性)은 비판하였으나 그들의 하학(下學)과 격물(格物)에 대해서는 찬동하였다. 그는 형이상학적인 이론보다 경험적인 이론을 중시하였고 현실적인 문제를 하나하나 공부하는 방법을 강조하였다. 그러므로 그는 성리학의 이기(理氣)나 성명(性命) 그리고 심성(心性)과 같은 형이상학적인 문제에 대해서는 관심이 없었다.

대체로 그는 기를 실체로 인정하고 리가 기에 종속한다고 보았다. 고염무는 공허한 심학을 비판하고 원시유학으로 돌아가자고 힘써 주장하였다. 그러면서 그는 성인의 도(道)를 "박학어문(博學於文)"과 "행기유치(行己有恥)"로 요약하고 이것을 실천해야 한다고 역설하였다.

박학어문이란 말은 『논어』의 「옹야」(雍也) 25장에 나오는 말로 "군자는 널리 학문을 공부하고"라는 말에서 가져왔다. 여기서 문(文)은 모든 학문을 가리키는데 통속적으로 말하면 시서(詩書)·육예(六藝)이고 심각하게 말하면 천하를 안정되게 다스리는 학문이다. 이것이 바로 후세에 실학으로 불린 내용이다.

이와 관련하여 그는 "군자가 널리 학문을 공부함에 자기로부터 가문과 국가 그리고 천하에 이르기까지 도수(度數)를 마련하고 발하여 음용(音容)이 된 것은 문(文)이 아닌 것이 없다 : 『일지록』권 7, 「박학어문」"라고 설명하였다. 도수란 여러 가지 제도를 말하니 예(禮)도 여기에 속한다. 음용이란 목소리와 모습으로 음악을 가리킨다. 다시 말하면 공자가 말한 예(禮)와 악(樂)이 그것이다.

행기유치란 부끄러움을 아는 처신(處身) 또는 염치가 있는 행동을 의미한다. 행기유치는 『논어』의 「자로」(子路) 20장에 나오는 말인데 공자가 선비[士]의 조건으로 가장 먼저 내세운 덕목이니 그 중요함을 짐작할 수 있다. 고염무는 명나라가 멸망하게 된 원인이 지식인들이나 벼슬아치들의 부끄러움을 모르는 파렴치함에 있었다고 생각하였다.

사람이 부끄러움을 모르면 무슨 일이나 할 수 있고 그런 사람들이 많아지면 결국 사회질서가 무너지고 만다. 어떤 나라든 수치심을 모르는 사람들이 많아져 사회의 가치관이 전도되면 그 나라는 오래 갈 수 없다. 이것을 그는 정확하게 지적하였다.

그래서 말하기를 "성인의 도(道)는 어떠한 것인가? 그것은 바로 학문을 널리 닦고 행동함에 수치를 아는 것이다. 한 몸으로부터 천하·국가에 이르기까지 모두 배울 일이다. 부자(父子)·군신(君臣)·형제(兄弟)·붕우(朋友)로부터 출입·왕래·사수(辭受: 사양하는 것과 받는 것)·취사(取舍: 쓰는 것과 버리는 것)에 이르기까지 모두 수치가 존재하는 일이다 :『정림문집』권3, 「여우인논학서」"라고 하였다. 수치를 아는 사람은 감히 남에게 욕먹는 일을 하지 않는다.

사람이 수치심이 없으면 무슨 일이든 할 수 있으니 그런 사람이 되지 말라고 고염무는 충고하였다. 나라가 망해도 지조 없이 다시 다른 권력에 빌붙어 잘 먹고 잘살 궁리만 하는 사람들을 우리는 많이 보지 않았는가? 그런 사람들은 오히려 지조 있는 사람들을 웃기는 사람들이라고 비웃으며 자신의 이익을 챙기는 데 여념이 없다.

그리고 신기한 점은 세상의 많은 사람이 그런 사람들을 부러워하고 그것이 나쁜 일인지도 모른다는 것이다. 당시의 당사자는 물론 다른 사람들도 그것이 그렇게 나쁜 일이라는 사실을 모른다는 데 문제가 있다. 세상이 완전히 바뀌었을 때 비로소 사람들은 그것이 옳지 않았음을 깨닫게 된다.

우리가 고염무를 고증학의 창시자로 보는 데는 그만한 이유가 몇 가지 있는데, 첫째는 그 연구방법이 귀납적이고, 둘째는 독창성을 강조했으며, 셋째는 연구하여 얻은 결과를 실제에 사용했다는 점을 들 수 있다.

우선 그의 학문하는 방법은 귀납적이었는데, 그는 아무런 근거없이 어떤 주장을 하지 않았고 항상 확실한 증거를 제시하면서 자신의 주장을 전개하였다. 그래서 『사고전서제요』(四庫全書提要)에서는 "고염무의 학문은 근본이 있으며 넓고 풍부하지만 일관성이 있다. 하나하나의 일에 반드시 그 시작과 끝에 대해서 상세하게 연구하고 증거를 얻은 다음 글을 썼다. 그러므로 많은 증거를 인용하였지만 서로 저촉되는 것은 적다 : 『일지록제요』(日知錄提要)"고 평가하였다.

그리고 그의 학문은 남의 견해를 따라가는 방식이 아니라 자신이 스스로 생각한 내용을 체계화하였기 때문에 독창적이다. 그는 『일지록』의 서문에서 이렇게 말하였다.

> 나는 젊어서부터 책을 읽다가 얻은 것이 있으면 그때마다 그것을 기록하였다. 거기에 합당하지 않은 것이 있으면 때때로 다시 고쳤고, 또 옛날 사람이 나보다 먼저 지적한 것이 있으면 삭제하였다. 30여 년이 쌓여서 책을 이루었는데 자하(子夏)의 말을 따와 『일지록』이라고 하였다. [『일지록』「자서」(自序)]

남의 생각이나 문장을 단순히 흉내내는 글쓰기를 거부하고 스스로 연구하고 생각한 내용을 글로 써야 한다고 역설했다. 고염무는 당시에 글쓰는 사람들이 옛날 사람들의 생각과 문장을 모방하기에 급급하다고 비판하였다. 그들은 광산에서 직접 구리를 캐내는 작업은 하지 않고 남들이 구리를 캐내어 만든 돈을 다시 녹여 새로운 돈을 만드는 사람들과 똑같다고 혹평했다.

남들이 잘 만들어 놓은 돈은 그 자체로 이미 가치를 가지고 있는데 그것을 다시 녹여 별로 가치도 없는 새로운 돈을 만드는 일은 정말 쓸데없는 짓이다. 그래서 직접 산에서 구리를 캐내어 돈을 만들듯 자신이 생각한 내용을 쓰라고 강조하였다.

그의 학문이 실용을 강조했다는 사실은 무엇보다도 그의 심학 비판에서 잘 드러나고 있다. 유학은 원래부터가 실용을 위주로 하는 학문이지 형이상학적인 사색이나 이론에 치중하는 학문이 아니라는 점을 강조하고 다시 원래의 유학으로 돌아가자고 주장하였다. 이러한 그의 사상은 이후 고증학의 발전에 커다란 영향을 끼쳤다.

그가 30여 년간 노력하여 완성한 『일지록』은 널리 고증을 구하는 학문의 방법과 말에 반드시 근거가 있어야 함을 보여 주는 하나의 모델이 되었다. 그리고 그에 따르면 유가의 의리(義理)는 경서 밖에 있지 않고 경서 속에 있기 때문에 경서의 연구를 우선으로 해야 하고 경서의 연구는 우선 문자를 중요시해야 한다. 문자의 연구는 반드시 그 음(音)을 아는 데서 시작해야 한다. 언어는 성음(聲音)으로써 의미를 전달하고, 문자는 단지 어음(語音)을 기록하는 부호에 지나지 않기 때문에 음이 중요하다. 그래서 그의 저서 『음학오서』(音學五書)는 청대 고증학자들의 경전이 되었다.

대진

대진(戴震, 1723~1777)은 안휘성(安徽省)의 휴녕(休寧) 사람으로 자(字)는 동원(東原)인데 청나라 옹정(雍正) 원년(元年)에 태어나

건륭(乾隆) 42년에 세상을 떠났다. 그는 건륭 27년(1762)에 거인(擧人)에 합격하였다. 그 뒤 6차례나 회시(會試)에 응시하였으나 급제하지 못하였다. 건륭 38년에는 『사고전서』(四庫全書)를 편찬하는 일을 담당하는 편수관(編修官)으로 초대되어 천문(天文)·산법(算法) 그리고 경부(經部)의 여러 고적(古籍)을 정리 편찬하고 제요(提要)를 집필하였다.

고염무는 주로 육왕의 심학을 비판하였으나 대진은 정주도 비판하였다. 그는 주희가 말한 도통설(道統說)을 부정하고 주염계를 비롯하여 이정(二程)과 주희가 유학의 정통이 아니라고 주장하였다. 왜냐하면 송대의 신유학에는 노자와 불교의 사상이 섞여 있기 때문이다. 그래서 그는 이렇게 말하였다.

그러나 송나라 이래로 유자(儒者)들은 모두 노자·석가의 말을 해독하는 데 힘쓰면서 그 자신이 노자·석가의 설을 따르는 줄은 모르고 있었다. 이리하여 일일이 경(經)에 억지로 끌어다 맞추고 육경(六經)과 공맹의 말이라고 일컫는다. 이런 설들이 사람들을 미혹하기는 쉽지만 그것을 격파하기는 어려우니 이런 상태가 지금에 이르기까지 이미 수백 년이나 되었다. [『맹자자의소증』(孟子字義疏證) 권하(卷下)]

실제로 신유학은 유학과 불교 그리고 노장의 사상이 종합되어 있다고 할 수 있는데 이것은 물론 시대의 상황과 필요 때문이었다. 그런데 이제 청나라 학자들은 그러한 신유학의 순수성을 거론하게 되었다. 이는 역시 신유학이 여러 가지 한계를 가지고 있다는 사실을 말해 주고 있다.

　불교의 형이상학적인 문제의 천착이 세상살이에 크게 도움을 주지 못했듯이 신유학의 형이상학적인 논쟁이 현실의 문제를 해결하는 데 아무런 도움을 주지 못했다. 원래 유학은 내적인 문제보다 외적인 문제에 치중하는 실천적이고 실용적인 성격이 강한 학문이지만 신유학은 아무래도 내적인 문제를 강조하기 때문에 유학의 근본과는 실제로 거리가 있다.

　유학이 근본적으로 노장사상이나 불교와는 다르기 때문에 유학의 경전을 해석할 때 노장과 불교의 이론에 입각하여 해석하게 되면 본래의 의미가 손상될 수밖에 없다. 대진이 『맹자자의소증』(孟子字義疏證)을 써서 자기 나름의 새로운 해석을 하게 된 이유도 바로 여기에 있다.

　이 점에 대해서 그는 "맹자는 양주(楊朱)와 묵적(墨翟)을 배척하였다. 후세 사람들은 양주, 묵적, 노자, 장자, 불교의 말에 젖어 그들의 말을 맹자의 말과 혼합시켰다. 이로부터 바로 맹자 후학인 나의 불가피한 과제가 제기된다 : 『맹자자의소증』서(序)]"라고 설명하였다.

　대진 자신은 이렇게 잡다하고 순수하지 못한 부분을 제거하고 순수한 맹자의 생각을 밝히겠다고 선언하였다. 특히 그는 주회의 리(理)에 대해 강한 거부감을 나타내었다.

　성인의 도는 천하 사람들이 모두 감정을 나타내게 하고 욕망을 이루게 해서 세상을 다스리는 것이다. 후세의 유학자들은 감정이 미세하고 유감이 없는 데 이르면 이것을 리(理)라고 부른다는 것을 모른다. 그들이 말하는 리는 가혹한 관리들의 법(法)과 같다. 가혹한 관리는 법으로써 사람을 죽이고 후세의 유학자들은 리로써 사람을 죽인다. 점차 법을 버리고 리를 논하니 죽어도 구할 수가 없다. [『동원집』(東原集)권9 「여모서」(與某書)]

송대의 신유학자들은 인간의 욕망이나 감정을 좋지 못한 악으로 규정하고 그것을 억압하거나 없애라고 가르쳤다. 그러나 대진은 이러한 사상을 과감하게 비판하면서 감정은 나타내고 욕망은 이루어야 한다고 주장하였다.

대진에 따르면 성인이란 사람들에게 감정과 욕망을 통제하고 없애라고 말하지 않고 그들이 감정을 표현할 수 있게 해 주고 욕망을 충족시켜 주는 정치를 한 사람이다. 그리고 유학의 가르침은 원래 도가와 불교의 가르침과 다르게 욕망을 없애려고 애쓰지 않고 욕망을 알맞게 성취하도록 한다.

『예기』에서 말하기를 "음식과 남녀에 인간의 가장 큰 욕망이 존재한다"라고 하였다. 성인이 천하를 다스릴 때에는 백성들의 감정을 체득해서 백성들이 욕망을 이루게 했다. 여기서 왕도(王道)가 갖추어진다. 사람들은 노자·장자·석가는 성인과는 다르다는 것을 알아 그들의 무욕설(無欲說)을 들었으나 오히려 믿지 않았다. 그런데 송대의 유학자들은 그것을 믿고 그들이 성인과 같다고 생각했으니 그래서 모두가 리(理)와 욕(欲)의 구별을 말할 수 있게 되었다. [『맹자자의소증』권상(卷上) 「리」(理)]

대진은 유학이 도가나 불교의 사상과 다른 점은 욕망을 긍정하느냐 그렇지 않느냐의 차이로 보았다. 그래서 인간의 욕망을 부정하는 송대 이학의 사상은 참된 유학의 정신이 아니라고 비판하였다. 그는 인간의 욕망을 긍정하는 자신의 주장이 유학의 정신과도 일치한다고 생각하였다.

이러한 그의 사상은 송대의 유학이 지나치게 인간의 욕망을 억압하고자 했기 때문에 나타난 반작용이라고 할 수 있다. 특히 통치자나 귀족이 온갖 사치를 다 누리면서 일반 백성에게 욕망을 없애라고 가르친다면 이것은 큰 문제가 아닐 수 없다. 유학자들은 언제나 인간의 지나친 욕망이 문제를 일으키기 때문에 늘 욕망을 줄여야 한다고 가르쳤지만 통치자들은 이것을 백성을 억압하는 도구로 이용할 수가 있다.

대진이 볼 때 욕망을 무조건 나쁘다고 보는 사상은 인간에 대한 잘못된 이해에서 나온 것이다. 그러므로 그는 감정의 표현과 욕망의 성취를 적극적으로 외치고 나왔다. 그가 감정과 욕망에 대해 이렇게 긍정적인 주장을 하고 나온 이유는 그것을 지나치게 사회적으로 억압하고 있다는 확신이 있었기 때문이다. 그래서 그는 리로써 사람을 죽인다고 공공연하게 주장하였다.

대진의 주장은 상당히 진보적 사상이라 할 수 있다. 지금도 여전히 인간의 기본 욕구를 제대로 충족하지 못하는 사람이 수없이 많다. 이들이 인간답게 살아가도록 도와 주는 일이 국가의 기본적인 책임이다.

욕망을 지나치게 억압하는 것은 문제가 되지만 오늘날 사람들의 지나친 욕망 추구도 심각한 문제이다. 인간은 지금 이 지구상에서 가장 왕성하게 자원을 소비하고 있는 존재이다. 먹기도 많이 먹고 에너지도 엄청나게 소비하고 있으며 또한 엄청난 쓰레기를 배출하고 있다. 그래서 지금 지구는 굉장한 속도로 황폐화가 진행되고 있는데 이것을 막는 방법은 모두 덜 먹고 덜 쓰며 사는 방법밖에 없다.

대진은 욕망과 감정을 긍정할 뿐만 아니라 모든 윤리적인 덕목과 그가 그렇게 비판한 리까지도 감정과 욕망으로써 설명하고 있다. 그래서 그는 "리란 감정이 어그러지거나 잘못되지 않은 것이다. 감정이 바르지 않은데 리를 얻는다는 것은 있을 수 없다 : 『맹자자의소증』권상(卷上)"라고 말하기도 하고, "무릇 모든 일과 행위는 욕망에서 생기며 욕망이 없으면 아무런 행위도 없다. 욕망이 있은 후에 행위가 있고 행위가 있고 나서 지극히 마땅함에 이르러 바꿀 수 없는 것을 리라고 한다. 욕망이 없고 행위가 없으면 어떻게 리가 있겠는가 : 『맹자자의소증』권중(卷中),「성」(性)"라고 말하기도 하였다. 그는 욕망이 모든 활동의 원동력이기 때문에 욕망을 완전히 없애려는 노력은 의미가 없다고 생각하였다. 그리고 유학의 가장 핵심이 되는 인(仁)의 해석도 특이하다.

맹자는 말하기를 "마음의 수양은 욕망을 적게 하는 것보다 좋은 것이 없다"라고 하였으니, 욕망은 없앨 수 없고 줄일 수 있을 뿐이라는 것을 밝혔다. 사람이 자기의 삶을 이루지 못하는 것보다 더 큰 병폐는 없다. 자기의 삶을 이루고 남의 삶도 이루게 하려는 욕망이 인(仁)이다. 자기의 삶을 이루려고 남의 삶을 해치고 고려하지 않는 것이 불인(不仁)이다. 어질지 못함[不仁]은 사실 자기의 삶을 이루려는 욕망에서 생긴다. 그러므로 그러한 욕망이 없으면 어질지 못함도 없을 것이다. 그러나 그런 욕망을 없애면 천하의 사람들은 삶의 길이 궁박하여도 막연하게 보고만 있을 것이다. 자신의 삶을 이루려고 하지 않으면서 남의 삶을 이루려는 그런 경우는 없다. (『맹자자의소증』권상)

만일 어떤 사람이 삶의 욕구를 전혀 가지고 있지 않다면 남에 대한 배려도 가질 수 없다. 남을 생각하고 돕는 사랑도 먼저 자기의 경우를 생각할 수 있어야 가능하다. 한편으로 사람들은 굉장히 열심히 살려고 노력을 하지만 모든 것을 포기하고 살고자 하는 의욕마저 가지지 못한 사람도 있다. 사실 우리는 그들에게 기대할 것이 하나도 없다.

  지나치게 삶에 집착하여 남들을 생각하지 않는 사람도 문제지만 삶에 대한 욕망이 전혀 없는 사람 역시 문제가 된다. 예컨대 옛날에는 사람들이 고생을 하면서도 자식에 대한 욕심이 있어서 하나라도 많이 낳아 기르려고 하였다.

  그러나 지금의 추세는 그렇지 않다. 고생하면서 자식을 키우는 일에 의미를 찾지 못하는 사람들이 많아졌다. 이상하게도 이러한 현상은 선진국으로 갈수록 뚜렷하게 나타나고 있다. 자기 자식도 키우기를 거부하는 사람들에게 다른 사람의 자식을 사랑하라는 요구를 할 수 있을까?

  현대사회는 한편으로 살기가 좋아진 것 같으면서도 또 다른 한편으로는 삶에 대한 의욕을 포기한 사람들이 의외로 많아지고 있다. 이러한 사람이 더욱 많아진다면 인류는 오히려 여러 가지 문제를 해결할 수 있는 실마리를 찾을 수도 있다.

다시 말하면 인구가 폭발적으로 증가하는 문제를 이러한 삶에 대한 욕구의 포기가 해결할지도 모른다. 어떻게 생각하면 지금 인류가 벌이는 지나친 경쟁은 마침내 그것을 완전히 의미 없는 것으로 만들어 버릴 수도 있다. 왜냐하면 많은 사람이 삶에 대한 애착을 버리게 되면 경쟁은 아무런 의미를 가지지 못하게 되기 때문이다.

여기서 우리는 지나친 경쟁도 좋지 않고 지나친 욕망의 억압도 좋지 않다는 결론에 도달하게 된다. 지나친 경쟁이란 인간의 욕망을 완전히 풀어줌으로써 개인들이 자신의 욕망을 최대로 충족시키기 위하여 노력하는 상태를 말한다. 이러한 사회는 개인들을 극도로 긴장하게 만들고 지나치면 삶의 의욕을 상실하게 만들 수 있다. 마찬가지로 너무 개인적인 욕망을 지나치게 억압해도 삶의 의지가 활성화될 수 없다.

대진은 당시 사회가 너무 개인적인 욕망을 억압한다고 진단하고 그것을 비판하고 대안을 제시하였다. 그 대안 가운데 하나가 바로 본래의 유학 정신을 회복하는 방법이다. 그는 원시유학으로 돌아가자고 역설하였는데 그것을 위해 사용한 방법이 바로 고증학이다.

그래서 그는 "경전의 지극한 것은 도(道)이다. 도를 밝힐 수 있는 것은 그 문장이 있기 때문이고 문장을 이루게 하는 것은 문자이다. 문자로부터 문장에 통하고 문장으로부터 고대 성현들의 뜻에 통한다. 이를 전당(殿堂)이나 제단(祭壇)을 오르는 것에 비유하면 꼭 한 층계씩 밟고 올라가야지 단번에 뛰어오를 수 없는 것과 같다 : 『대동원선생전집』(戴東原先生全集)「고경해구침서」(古經解鉤沈序)"라고 말하였다.

경전에 담겨 있는 진리를 밝히는 방법은 글을 통해 가능하고 문장을 이해하기 위해서는 글자의 의미를 정확히 알아야 한다. 글자의 의미를 정확히 아는 방법이 성현의 가르침을 이해하는 길이기 때문에 고증이 그만큼 중요하다.

그는 고증학의 방법으로 육서(六書)를 중요하게 생각하여 이것을 문자 연구의 기준으로 생각하였다. 그래서 말하기를 "육서는 문자의 강령이고 경(經)을 연구하는 요진(要津)이다. 책에 기재된 내용이 극히 풍부하지만 총체적으로 문자를 벗어나지 않았고, 문자의 범위가 넓지만 총체적으로 육서를 벗어나지 않았다. 강령을 위반하면 가짜와 오류가 갈수록 많아지게 된다 : 『동원집』(東原集)권3, 「육서론서」(六書論序)"라고 하였다.

육서란 한자의 구성과 사용방식을 6종류로 나눈 분류법으로 지사(指事)・상형(象形)・형성(形聲)・회의(會意)・전주(轉注)・가차(假借)가 그것이다. 이것은 간단히 말하면 여섯 종류의 한자라는 의미로 옛날 사람들이 한자의 구조를 분석하여 귀납한 결과이다.

지사(指事)란 보면 알 수 있고 살펴서 그 뜻이 드러나는 글자로 上・下가 그것이다. 보면 알 수 있다는 말은 사람들이 보아서 직각적으로 알 수 있다는 뜻이다. 육서 가운데 지사문자의 수가 가장 적어서 그 수는 전체 한자의 약 0.5% 정도 된다.

상형(象形)이란 글자가 실제 사물의 형상을 본떴음을 말한다.

여기에 해당하는 글자로는 山・日・月이 있다. 상형문자는 사물의 특징을 가장 잘 보여 주는 모양을 기호화한 결과이다. 상형문자는 전체 한자의 약 2.5% 정도 차지한다.

형성(形聲)이란 모양과 소리라는 뜻으로 한 글자가 의미를 나타내는 부분과 소리를 나타내는 부분으로 구성되는 문자이다. 예를 들면 江・河가 여기에 속하는 글자이다. 형성문자는 후대로 갈수록 더욱 많아져 육서 가운데 가장 수가 많다. 형성문자는 전체 한자의 약 90%를 차지한다.

회의(會意)란 두세 개의 상형자나 지사자를 합쳐 하나의 새로운 의미를 가진 문자를 만들어 내는 방법으로 武・信이 그러한 글자이다. 武라는 글자는 戈라는 글자와 止라는 글자를 합쳐 만들었고, 信이라는 글자는 人과 言을 합쳐 만든 글자이다. 자수(字數)는 전체 한자의 약 3% 정도이다.

전주(轉注)란 같은 부수에 속하면서 같은 뜻을 서로 주고받는 글자를 말하는데 考・老가 그것이다. 『설문해자』에서 老 자를 해설하여 考라 하였고, 考 자를 해설하여 老라 하였다.

가차(假借)란 빌린다는 뜻인데 다른 방법으로 새로운 한자를 만들 수 없는 경우 이미 존재하는 한자 가운데 음이 같거나 비슷한 글자를 빌려 쓰는 방법이다. 여기에 속하는 글자로는 東・北・汝・亦 등이 그 예이다.

대진에 따르면 육서는 고대의 문자 창제에 관한 이론이므로 이것에서 출발하면 문자의 자형(字形)을 똑똑히 밝힐 수 있으며 겸하여 자음(字音)과 자의(字意)까지 똑똑히 밝힐 수 있다. 그는

"아무 데도 의거하지 않는다"라고 주장하면서 주(朱)·육(陸)에도 의존하지 않고 한(漢)·송(宋)에도 의존하지 않았는데, 그가 그렇게 할 수 있었던 이유는 자신의 능력을 믿어서가 아니라 육서라는 기준을 가지고 있었기 때문이다.

그래서 그는 말하기를 "진실로 육서의 뜻을 해치게 된다면 비록 한나라 사람의 것이라도 반드시 고쳐야 하는데 하물며 위(魏)·진(晉)·육조(六朝)의 것은 더 말할 것도 없다 :『동원집』권3「여로시강소궁서」(與盧侍講召弓書)"라고 하며 육서에 대한 믿음을 보여 주었다.

고증학의 특색으로는 그 연구방법이 귀납적·과학적이고 독창성을 가지며 연구하여 얻은 결과를 실제에 사용하는 치용(致用)의 정신 등을 들 수 있다. 고증학은 유학 경전과 다른 고전들을 연구하는 방법으로 크게 훈고(訓詁)와 교감(校勘)이라는 방법을 사용한다.

훈고는 책 속 글자의 의미를 정리하여 뜻이 통하도록 하는 일이고 교감은 책의 판본을 정리하는 일이다. 교감은 옛날에 만든 잘된 판본을 여러 종류 모아 그 같고 다름과 틀린 글자, 틀린 문구를 고치는 일이다.

훈고의 방법에도 여러 가지가 있지만 대표적인 것으로는 문자에 의한 연구, 음운(音韻)을 근거로 한 연구, 문법에 의한 연구 등이 있다. 문자에 의한 연구방법은 글자의 옛 의미를 근거로 하는데 옛날 옥편이나 옛날의 전주(箋注) 및 옛날 책 가운데 같은 종류의 사항을 비교하여 글자의 뜻을 찾는 방법이다. 예를 들면 고형(高亨)의『주역고경금주』(周易古經今注)에서는 대축괘(大畜卦)에 나오는 한(閑) 자를 다음과 같이 풀이하고 있다.

『석문』(釋文)에 "한(閑)은 마융(馬融)과 정현(鄭玄)이 익숙하다는 뜻의 습(習)이라 썼다"라고 하였는데 매우 맞는 말이다. 『이아』(爾雅)와 『석고』(釋詁)에도 "한(閑)은 익숙하다는 뜻의 습(習)"이라고 하였다. 『시경』의 「사철」(駟驖)에 "네 필의 말은 길도 잘 들었다"[四牡旣閑]라고 하였고, 「거공」(車攻)에 "네 필의 말은 건장하고 또 길도 잘 들었네"[四牡旣佶, 旣佶且閑]라고 하였으며, 「권아」(卷阿)에 "군자들의 말은 익숙하게 달리고 있네"[君子之馬, 旣閑且馳]라고 하였는데, 여기서는 모두 한(閑)을 말이 수레를 모는 데 익숙한 것으로 표현한 것이다.

음운을 근거로 한 연구는 옛 글자의 통용이 음운과 서로 크게 어긋나지 않는다는 점에 착안한 방법이다. 그러므로 옛 글자의 뜻을 밝히려고 한다면 어쩔 수 없이 옛날부터 있었던 음운 변천의 이치를 밝혀야 한다. 예를 들면 고형(高亨)의 『주역고경금주』에서는 이괘(頤卦)에 나오는 유(由) 자를 다음과 같이 풀이하였다.

유(由)는 퍼내다는 뜻의 요(舀)를 빌려 쓴 것이 아닌가 한다. 옛날에 이 글자들은 통용되었다. 『시경』의 「청인」(淸人)에 "왼손으로 기를 돌렸다 오른손으로 칼을 뺐다 한다"[左旋右抽]라고 한 것을 두고 『설문』(說文)에서 추(抽) 자를 인용하여 도(搯)로 쓴 것이 그 증거이다. 『맹자』의 「만장하」(萬章下)에

"너그럽게 굴고 차마 그들을 떠나지 못해 하였다"[由由然不忍去也]라고 하였는데, 『한시외전』(韓詩外傳)에서는 유유(由由)를 인용하여 유유(愉愉)로 쓰고, 『시경』의 「생민」(生民)에서 "찧고 빻고 한다"[或舂或揄]라고 한 것을 두고 『설문』에서 유(揄)를 인용하여 요(舀)로 썼는데, 이 또한 유(由), 유(揄), 요(舀) 세 글자의 성음이 서로 통한다는 증거이다.

문법에 의한 연구는 조자(助字), 개자(介字), 연자(連字), 상자(狀字) 등을 모두 명자(名字), 대자(代字) 등의 실자(實字)로 해석하여 그 의미를 바로잡는 방법을 말한다. 왕염손(王念孫, 1744~1832)이 지은 『독서잡지』(讀書雜誌)에서는 『노자』 31장의 "부가병자불상지기"(夫佳兵者不祥之器)라는 문장에 나오는 가(佳) 자를 이렇게 풀이하였다.

『석문』(釋文)에서 가(佳)를 선(善)이라 하였고 하상공(河上公)은 식(飾)이라고 말하였다. 내가 생각할 때 선(善)과 식(飾)은 모두 그 뜻이 제대로 된 것이 아니다. 옛날에는 병(兵)이라는 글자는 모두 다섯 가지 무기를 가리키는 말로 쓰였다. 그러므로 무기는 상서롭지 못한 기구라고 말하였다. 만약 무기를 사용하는 사람이 하는 말이라면 상서롭지 못한 것이라고만 말하면 되고 상서롭지 못한 기구라고 말할 필요는 없다. 지금 생각해 보면 가(佳)는 당연히 추(隹) 자이고 글자를 잘못 쓴 것이 틀림없다. 추(隹)는 옛날에는 유(唯) 자로 썼으며 오직 무기는 상서롭지 못한 기구가 되므로 도(道)를 터득한 사람은 무기를 사용하지 않는 것이다. 위에서는 부유(夫唯)라고 말하고 아래에서는 고(故)라고 말함으로써 문장의 의미도 바로 이어진다.

고증학은 신유학에 대한 비판에서 시작되는데, 신유학이 경전에 의존하지 않고 주관적인 생각을 너무 앞세우고 형이상학적인 공리공담에 몰두했기 때문이다. 고증학자들은 신유학이 순수한 유학이 아니라는 점에 대해서도 비판하였다.

실제로 신유학은 불교와 노장사상을 유학에 종합한 철학체계라 할 수 있다. 이것을 좋게 해석하면 유학의 발전이라 할 수 있지만 나쁘게 말하면 순수한 유학의 정신과는 거리가 있는 학문이라고 흠을 잡을 수도 있다.

이러한 비판은 신유학자들이 불교의 스님들처럼 명상을 생활화하고 있다든지 주로 형이상학적인 문제에 몰두하는 모습을 보면 납득이 간다. 신유학자들이 경전의 참다운 의미보다는 그들이 새로 만들어 낸 리(理)와 기(氣) 그리고 성(性) 등의 개념으로써 모든 것을 다 설명하려 하기 때문에 전통적인 유학과 거리가 있다. 그래서 고증학자들은 순수한 유학을 회복하는 일과 고전의 참다운 의미를 밝히자는 기치를 내세웠다.

결국 경전의 정확한 의미를 파악하는 일이 고증학자들의 최대 목표라고 할 수 있었다. 이것은 청나라 조정이 학자들의 자유로운 연구와 발표를 억압했던 시대 상황과 맞물려 고증학은 더욱 발전하였다.

사실 철학자들이 사회문제라든지 정치문제에 관심을 가지게 되면 정치를 하는 통치계급은 피곤하다. 그런데 청대 학자들이 책 속에 묻혀 세상사에 무관심하였으니 정치하는 사람들에게는 다행스러운 일이었을 것이다.

그러나 문제는 학자들이 경전에 파묻혀 있으면서 현실적인 일에 관심을 가지지 않았기 때문에 결과적으로 중국이 서양에 뒤지게 되었다고 볼 수도 있다. 2,000년 전에 나온 경전의 의미를 정확하게 아는 것은 좋지만 그것에 너무 몰두하여 다른 분야를 소홀히 한다면 더 큰 문제가 발생할 수 있다.

설령 거기서 정확한 의미를 알아 냈다 하더라도 그것이 현실문제를 해결하는 데 별로 도움이 되지 않는다면 헛수고가 아닐까? 말하자면 투자한 노력에 비해 얻는 이득이 너무 적을 수 있다. 시대는 계속해서 변하는데 경전에 빠져 세월을 보내는 모습도 결코 좋게 보이지는 않는다.

제12장
역행파(力行派)

· · ·

안원

이공

역행파(力行派)

안원

　안원(顔元, 1635~1704)의 호는 습재(習齋)이고, 하북성(河北省)의 박야(博野)에서 명나라 숭정 8년에 태어나 청나라 강희 43년에 세상을 떠났다. 고증학파도 정주의 이학(理學)과 육왕의 심학(心學)을 비판하였지만 행동과 실천을 강조한 안원이 특히 더 정주의 이학을 신랄하게 비판하였다. 그러면서 그도 공자로 돌아가야 한다고 역설하였다.

　그런데 그가 볼 때 당시의 학풍은 이미 여러 가지 다른 이단의 학설에 의해 오염되어 있었다. 그래서 그러한 이단의 학설을 제거하고 순수한 유학을 회복하는 일이 무엇보다도 시급하다고 생각하였다. 그가 배척했던 학문으로는 훈고(訓詁)·청담(淸談)·선종(禪宗)·향원(鄕愿) 등인데, 송대의 유학은 이러한 네 종류의 나쁜

학문을 다 합쳐 놓았다고 비판하였다. 그래서 그는 다음과 같이
말하였다.

> 송(宋)·명(明)시대의 훈고는 근거가 없고 공허한 것이 한나라
> 때보다 더 심하지 않은가? 송·명시대의 청담은 꾸며대고
> 꾀를 내는 것이 진(晉)나라 때보다 더 심하지 않은가? 송·
> 명시대의 선종은 견강부회하여 경서로써 유교의 종지를 뒤바
> 꾸는 것이 불교보다 더 심하지 않은가? 송·명시대의 향원들이
> 여러 사람의 환심을 사고, 자기만 옳다고 하여 요순의 도에
> 들어갈 수 없는 것이 공맹시대보다 더 심하지 않은가? [『습재
> 기여』(習齋記餘)권9]

안원이 훈고를 반대하는 이유는 그것이 실행을 강조하지 않고
단지 책을 읽고 그것을 해석하며 글자에 매달리는 학문이었기
때문이다. 물론 책을 해석하고 글자를 교정하는 사람들도 있어야
하겠지만 모든 학자가 그 일에 집착하고 그것의 중요성만을 강조하
게 되면 문제가 생긴다.

학자들의 임무는 경전에 들어 있는 내용을 실천하여 국가가
잘되고 백성을 잘살게 하는 데 있지 경전의 올바른 의미가 무엇인지
를 따지는 데 있지 않다. 공자의 가르침이 무엇인지 모르는 사람은
없다. 그런데 그것을 실천하는 데 힘을 쏟지 않고 공자의 몇 마디
말에 집착하여 그것을 따진다고 해서 더 좋아질 것은 없다.

청담도 실생활의 효용성과는 거리가 멀다. 이것은 실생활과
별로 관계가 없는 고상한 철학적인 말이나 하는 풍조를 의미하니

사회의 발전이나 백성의 복지와는 거리가 멀다. 모든 학자가 국가의 발전과 백성의 삶을 걱정하지 않고 공리공담만 한다면 그 사회는 분명히 경쟁에서 뒤지게 되고 결국은 망하고 만다.

선종의 사상도 사회의 발전과는 거리가 멀다. 이 사상은 또한 너무 주관적인 면을 강조한다는 비난을 받을 수 있다. 향원이란 엉터리 유학자들을 말하는데 유학자가 비판을 받는 이유가 바로 이러한 사이비 유학자들 때문이라 할 수 있다. 이러한 엉터리 유학자들은 사회를 발전시키기보다는 좀먹는 사람이니 비난을 면하기 어렵다. 이제 안원은 송명대의 유학자들이 이러한 사람들과 다를 것이 없고 오히려 사회에 해악을 끼친 잘못이 그들보다도 더하다고 비판하고 있다.

> 나는 일찍이 훈고·청담·선종·향원 네 가지 가운데 하나만 있어도 혹세무민할 만하다고 말하였다. 그런데 송나라 유학자들은 이 네 가지를 모두 가지고 있으니, 성인의 도를 어둡게 하고 백성을 잘못 이끄는 것이 어찌 이 지경에 이르지 않을 수 있겠는가? 내가 생각컨대 그 재앙은 양주(楊朱)와 묵적(墨翟)보다 심하고 진시황보다 더 맵다고 할 수 있다. 생각이 여기에 이를 때마다 번번이 크게 한숨짓고 눈물을 흘리며 심하면 통곡까지 한다. (『습재기여』권3)

송의 유학자들과 명의 유학자들은 이러한 욕을 먹어도 할 말이 없는 것이 송대는 문약(文弱)하여 몽고에게 나라를 넘겨 주었으며, 명대에 와서도 아직 정신을 차리지 못하다가 마침내 만주족에게 나라를 빼앗기고 말았기 때문이다.

안원이 거론하고 있는 훈고·청담·선종·향원은 모두 국가의 힘을 약화시키기에 충분한 사상이라 할 수 있다. 어떠한 사상이나 철학이든 그것이 너무 지나치면 좋을 게 없다. 이것을 보면 다양한 사상이 어느 정도 균형을 유지하면서 발전하는 상태가 그 사회를 위해서도 좋다.

송대의 이학과 명대의 심학도 그 자체로는 좋은 학문일지 모르지만 그것이 너무 지나치게 되면 사회에 오히려 해악이 될 수 있다. 안원은 주희의 무능함을 이렇게 설명하고 있다.

> 주자(朱子)는 글귀의 독강(讀講)에 미혹됨이 한(漢)나라의 유학자들보다 더 심하였고, 공적(空寂)한 선종에 마음을 기울임이 육상산보다 더 심하다. 육상산은 집안을 다스림에 허다한 법례(法例)가 있어 정식(定式)으로 삼을 수 있었다. 형주를 지킬 때 부임하자 곧 수비에 관한 전법을 가르쳤다. ······ 주자는 조정에서 아무런 건의도 제기하지 못하고 다만 정심(正心)과 성의(誠意)란 말로 그 무능함을 장식할 뿐이다. 장주(漳州)를 다스릴 때 아무런 시설도 해 놓지 않고 반날 정좌(靜坐)하고 반날 독서할 뿐이었다. 금나라 군대가 송나라를 침범했다는 소식을 듣고는 끝없이 통곡할 뿐이었다. [『주자어류평』(朱子語類評)]

안원은 주자를 비판하였지만 우리는 안원의 말을 통해 송나라 학자나 관료들의 분위기를 어느 정도 짐작할 수 있다. 실제적인 일에 대한 연구나 주장보다 형이상학적인 논쟁을 일삼는 학자들이 많으면 국가는 당연히 힘을 잃게 된다. 그리고 현실은 제대로 모르면서 그저 좋은 문장을 쓰는 능력을 자랑하는 관리들이 어떻게 국가의 위기를 극복할 수 있겠는가?

안원이 주희의 학문방법을 비판하는 이유는 주희가 책에 너무 치중하기 때문이다. 책에 너무 치중한다는 말은 실천보다 이론에 치중하고 활동하기보다는 가만히 앉아서 하는 공부가 중심이라는 의미이다. 그러나 가만히 앉아서 되는 일은 아무것도 없다.

그러므로 이러한 학문의 방법이 사회에 널리 유행하게 되면 그 사회는 침체하고 발전하지 못한다. 그리고 그런 사람들이 많아 질수록 그들을 먹여 살리기 위해 다른 사람들이 더 많은 고생을 해야 한다. 책으로 농사를 지을 수도 없고 책으로 적을 막을 수도 없다. 몸으로 실천하지 않는 이학의 공부방법을 그는 다음과 같이 비판하였다.

> 주문(朱門) 일파는 입으로는 "사물을 궁리 한다"라고 말하지만 마음속으로 생각하고 낮에 하는 일이란 오직 독서와 강론(講論)뿐이다. …… 실제로 궁리한 적이 없는 것은 말할 필요도 없고 사물을 만질 수도 없다. 반날 동안 정좌하고 반날 동안 독서하니 어느 겨를에 물건을 다루겠는가? 천하 사물은 말할 것도 없고 몸을 떠나서는 안 되는 예악(禮樂)만 하더라도 다룰 수가 없다. (『습재기여』권6)

안원이 말하는 궁리란 어떤 일을 직접 경험하거나 물건을 다루는 활동이다. 그것을 통해 사물의 이치를 깨달을 수 있기 때문에 방안에 가만히 앉아 책만 보고 있어서는 아무것도 궁리할 수 없다. 사물의 이치를 궁구하는 일은 머리로 되지 않고 직접 사물을 다루어야 한다.

주희가 말하는 사물은 도덕적인 일들인데 안원이 말하는 사물은 그런 도덕적인 일이 아니라 실생활에 필요한 일들이다. 그래서 그는 말하기를 "널리 배우려면 병(兵)·농(農)·전(錢)·곡(穀)·수(水)·화(火)·공(工)·우(虞)·천문(天文)·지리(地理) 그 어느 것이나 다 배워야 한다 :『사서정오』(四書正誤)권2"라고 말하였다.

이러한 사상은 약방을 열어 의술을 행하며 생계를 꾸려 갔던 그의 경력과도 관련이 있다. 의술은 말로 다 배울 수도 없고, 생각으로 익힐 수 있는 기술도 아니다. 반드시 질병을 앓고 있는 환자를 직접 다루고 침도 놓고 약제도 직접 지어 보아야 비로소 의술을 익힐 수 있다. 이것을 그는 다음과 같이 설명하고 있다.

> 의학으로 비유하면 황제(黃帝)의『소문』(素問)·『금궤』(金匱)·『옥함』(玉函)은 의학의 이치를 밝혔다. 병을 치료하여 세상 사람을 구하려면 반드시 진맥·제약·침구·안마 등의 힘을 얻어야 한다. 오늘 한 망령된 사람이 의서(醫書) 수천 권을 다 숙독하고 자신을 명의(名醫)라고 자칭하면서 진맥·제약·침구·안마 등은 술가(術家)들의 조잡한 일이므로 배울 필요가 없다고 생각하고 있다고 하자. 그의 말을 듣고 천하 사람들이 다 그를 본받는다면 어떻게 되겠는가? 의술의 비조(鼻祖)인

기백(岐伯)이나 황제(黃帝)가 천하에 널렸어도 앓아 죽는 사람 역시 온 천하에 널릴 것이니 이런 의사를 의사라고 할 수 있는가? 망령된 사람은 기백이나 황제가 아닐 뿐만 아니라 의사 자격도 없다. 어느 한 분과나 어느 한 처방을 잘 습득하여 환자를 치료하기보다도 못하다. [『존학편』(存學篇)권1, 「학변일」(學辨一)]

의서를 아무리 많이 읽어도 그것만으로는 한 사람의 병자도 치료할 수 없다는 사실을 예로 들어 책읽기의 무용함을 잘 설명하였다. 이러한 안원의 사상은 우연히 나온 결과가 아니라 자신의 오랜 경험을 통해 나왔다. 그래서 그는 주희의 공부방법에 대해 자신 있게 비판하였고 나아가 실천과 실행을 강조하는 학문방법을 제시하였다.

사회발전 역시 힘써 일하는 사람이 많아야 가능하기 때문에 학문을 하는 사람들도 이러한 기본원리를 항상 강조해야 한다. 그러나 아쉽게도 책만 읽는 사람이 육체노동 하는 사람을 오히려 무시하고 나아가 국방을 담당하는 군인까지도 중요하게 생각하지 않았던 때가 있었다. 중국 역사에서 송나라가 몽고에게 망했던 것이나 명나라가 만주족에게 나라를 빼앗겼던 것은 이러한 사회적인 분위기와 무관하지 않다.

안원이 고대의 공부방법을 다시 회복해야 한다고 주장한 이유는 고대가 오히려 실천과 실행을 중요시하였으며 실용성 있는 학문을 가르치고 배웠다고 확신했기 때문이다. 여기에 대해 그는 이렇게 설명하였다.

요순시대에 학자들은 모두 육부(六府)와 삼사(三事)를 배웠다. 육부와 삼사 이외에 따로 학술이 있으면 이를 곧 이단이라 하였다. 주공과 공자시대에 학자들은 삼물(三物)만 배웠다. 삼물 이외에 따로 학술이 있으면 이를 곧 외도(外道)라 하였다.
[『언행록』(言行錄)권하(卷下)「세정」(世情)제17]

육부란 수(水)·화(火)·목(木)·금(金)·토(土)·곡(穀)을 말하고, 삼사란 요임금과 순임금의 도(道)를 말하는데 정덕(正德)·이용(利用)·후생(厚生)을 가리킨다.
수(水)란 물과 관련된 일로 수로, 수상운수, 수리시설, 해상방어, 수상작전, 주류전매(酒類專賣) 따위를 말한다. 화(火)는 불과 관련된 일로 산의 소각, 황무지의 소각, 무기의 제조와 화력에 의한 싸움, 불의 금지, 개조에 관한 법을 통틀어 이르는 말이다. 금(金)은 제련, 주조, 화폐주조, 병기제조, 강무(講武), 대사마의 법을 통틀어 일컫는 말이다. 목(木)은 동관(冬官)의 직책, 우인(虞人)의 임무, 차(茶)의 전매, 무역의 세금 등에 관한 일을 말한다. 토(土)는 국토와 지리에 관한 일을 가리킨다. 곡(穀)은 농사에 관한 일을 가리킨다. 안원은 육부도 삼사의 조목에 속하기 때문에 삼사만 말해도 된다고 하였다.
삼물이란 『주례』(周禮)「대사도」(大司徒) 중의 향삼물(鄕三物), 즉 육덕(六德)·육행(六行)·육예(六藝)를 말한다. 육덕은 지(知)·인(仁)·성(聖)·의(義)·충(忠)·화(和)를 말하고, 육행은 효(孝)·우(友)·목(睦)·인(姻)·임(任)·휼(卹)을 말하며, 육예는 예(禮)·악(樂)·사(射)·어(御)·서(書)·수(數)를 말한다.

안원에 따르면 육덕은 육행에서 표현되며 육행을 행하려면 육예가 먼저 실현되어야 한다. 그러므로 먼저 배워야 할 과목은 육예이고 육예가 정밀해야 여섯 행위가 실속 있고 행위가 실속 있어야 육덕이 이루어진다.

공자는 학생들에게 육예를 가르쳤다고 하는데 그 가운데 활쏘기와 말타기는 체육이나 무예에 속한다고 볼 수 있다. 안원에 따르면 공자가 강조한 이러한 과목을 송·명대의 학자들은 별로 중요하게 생각하지 않았을 뿐만 아니라 무시하였다.

안원은 주희가 후세에 끼친 해독이 육상산보다 더 심하다고 보았는데, 그 이유는 주희가 너무 독서에 치중하였기 때문이다. 일찍이 주희는 육상산이 경전을 경시하였다고 비판하였는데 이제 안원은 오히려 주희를 비판하여 "주희는 육상산이 사람들에게 독서하지 말라고 가르쳐 남의 일생을 그르쳤다고 하였는데, 선생 자신이 독서만 하여 자신의 일생을 그르치고 더욱이 오백 년 동안 천하 사람들의 일생을 그르친 점은 모르고 있었다 : 『주자어류평』"라고 말하였다.

독서를 강조하지 않았다는 점에서는 육상산이나 왕양명이 더 훌륭하지만 그렇다고 안원이 그들의 학문인 심학을 옹호한 적은 없다. 그들의 학문은 모두 불교의 선학과 마찬가지라고 하여 배척하였다. 여기에 대해 안원은 말하기를 "글귀에 미혹됨은 육상산이 주희보다 덜하고 좌선의 망령됨은 주희가 육상산보다 덜하다 : 『습재기여』권6"라고 하여 두 사람의 학문이 모두 바람직하지 못하다고 평가하였다.

왕양명의 학문에 대하여도 그는 "내가 장렬(張烈, 1622~1685)

의 『왕학질의』(王學質疑)를 평함을 보고 주희의 학설을 따르는 사람들은 화를 내며 내가 왕양명의 편에 서서 그를 수호한다고 말할 수 있다. 그러나 나는 왕양명을 위해 변호하려는 생각은 추호도 없다. 왕양명의 학문은 확실히 선학(禪學)에 가깝고 나 역시 이것을 변호하려는 게 아니다 :『습재기여』권6"라고 하여 이학과 심학을 모두 부정하였다.

안원은 이학과 심학 모두 사람을 죽이는 학문이라 혹평하였다. 그래서 그는 말하기를 "왕양명의 학문을 폐기하고 주희의 학문만을 실행한다고 하여 사람을 죽이지 않겠는가? 또 주희의 학문을 폐기하고 왕양명의 학문만을 실행한다고 하여 사람을 죽이지 않겠는가? 오늘날 천하에 백리를 가도 선비가 보이지 않고 천리를 가도 현자가 보이지 않으며, 조정에 정치가 없고 민간에 훌륭한 풍속이 없이 백성이 도탄 속에 빠져 있으니 누가 그 책임을 져야 하는가? :『습재기여』권6"라고 하여 당시의 사회문제들은 이학과 심학 때문이라고 결론을 내렸다.

그러면 학문을 어떻게 하는 것이 바람직할까? 여기에 대해 안원은 실행을 역설하고 나섰다. 그의 이러한 태도는『대학』의 격물(格物)을 해석하는 데도 분명하게 나타난다. 주희는 격(格) 자를 이르다[至]로 해석하여 사물에 나아가 직접 연구해야 한다고 말하였고, 왕양명은 격 자를 바르게 하다[正]로 해석하여 마음을 바르게 하라고 하였다.

안원은 격 자를『사기』「은본기」(殷本記)에 나오는 "손으로 맹수를 붙든다"[手格猛獸]의 '붙든다'나 "손으로 쳐서 죽인다"[手格殺之]의 '치다'와 같은 의미로 해석하였다. 여기서 격 자는 손으로

잡고 두드리고 쓰다듬는다는 의미로 쓰였다. 안원의 이러한 격자 해석은 주희의 격 자 해석보다 실습과 실행을 더욱 강조한 것이라 할 수 있다.

이러한 관점에서 그는 실천의 중요성에 대해 "예(禮)를 알려는 경우, 예서(禮書)를 수백 번 읽고 강의와 문답을 수십 번 하고 사변을 수십 번 한다 하여도 앎에 이르렀다고 말할 수 없다. 반드시 무릎을 꿇고 절을 하고 예에 맞추어 나아가고 물러서며 옥술잔을 올리며 폐백을 주고받는 일을 직접 한번 해 보아야만 비로소 예가 어떠한 것인지를 알 수 있다 : 『사서정오』(四書正誤)권1"라고 설명하였다.

예뿐만 아니라 음악도 이론을 아무리 공부해 봐야 소용 없고 실습이 중요하다. 그래서 그는 말하기를 "음악을 예로 들면 악보를 수백 번 읽고 강의·문답·사변을 수십 번 하여도 안다고 할 수 없다. 반드시 불고 두드리고 입으로 노래하고 몸으로 춤을 추면서 직접 해 봐야만 음악이 어떤 것인지를 알게 된다 : 『사서정오』권1"라고 하였다.

안원은 또한 당시의 사회를 위해 네 분야의 개혁책을 제시하였다. 첫째는 토지제도의 개혁이고, 둘째는 봉건제도의 회복이고, 셋째는 과거제도의 개혁이고, 넷째는 군사제도의 개혁이다.

먼저 토지제도에 대해 그는 정전제(井田制)에 의거한 토지의 균등한 분배를 주장하였다. 가진 자와 가지지 못한 자의 차이에서 오는 갈등은 어느 시대를 막론하고 항상 존재하였다. 그리고 이것은 여러 가지 사회문제를 불러일으키기 때문에 이 문제의 해결방안에 대해 많은 사람이 고민하기도 하였다. 부의 집중현상은 결국 다수의 빈곤을 의미하고 다수의 빈곤은 사회의 혼란으로 나타날 수 있다.

안원은 당시 토지 소유의 집중현상에 주목하고 이 문제를 해결해야 한다고 역설하였다. 여기에 대해 그는 "한 사람이 수십 경(頃), 수백 경의 토지를 소유하고 수십, 수백 명의 사람이 1경의 토지도 가지지 못했을 때 그들의 부모라면 한 아들이 부유하고 기타 모든 아들이 빈궁함을 가만 놔둘 수 있겠는가? : 『존치편』(存治編) 「정전제」"라고 말하여 불공평한 토지 소유에 대해 강한 불만을 표시하였다.

『맹자』의 「등문공상」에서는 "사방 같은 거리로 900무(畝)의 땅을 정(井) 자와 같이 나누되, 가운데 부분은 공전(公田)으로 하고 여덟 집에서 100무씩 가지며 공전은 공동으로 경작한다"라고 정전제를 설명하고 있다.

이 정전제는 고대부터 이상적인 형태의 토지제도로 여겨졌으나 주나라 이후 실제로 시행된 적은 없었다. 안원은 다시 이것을 들고 나와 토지의 균등한 분배를 주장하였다. 그의 의도는 매우 좋았지만 현실적으로 토지를 공평하게 분배하는 일은 쉽지가 않다.

다음으로 안원이 주장한 개혁책은 봉건제의 부활이다. 그래서 그는 "봉건이 아니고서는 천하의 백성을 모두 다스릴 수 없고 천하의 인재를 모두 사용할 수 없다 : 『존치편』「봉건」"라고 하였다.

그는 두 가지 면에서 봉건제가 유리하다고 생각하였다. 먼저 여러 제후국으로 나누어 놓으면 그 제후국들 하나하나가 군주를 위한 방패가 될 수 있다. 그래서 봉건제를 시행한 국가가 그렇지 않은 국가보다 더 오래 지속된다.

봉건제를 시행하면 제후들이 반란을 일으켜 나라를 전복할 가능성도 적어진다. 여기에 대해 안원은 "군주가 걸(桀)·주(紂)가 아닌 이상 누가 감히 천하의 공동 주인을 침범하여 천하의 군사를 일으키겠는가? 제후가 탕(湯)·무(武)가 아닌 이상 누가 능히 천 팔백 나라를 합쳐 그 왕이 되겠는가? 군주가 걸과 주가 아니므로 그 멸망이 어려운 일이고 제후가 탕과 무가 아니므로 그 왕업 역시 어려운 일이다. 그러므로 오랜 세월이 흘러서야 천하를 잃게 되었다 : 『존치편』「봉건」"라고 설명하였다.

세 번째로 안원이 내놓은 개혁론은 인재 등용에 관한 내용이다. 당시의 인재 선발방식은 물론 과거이다. 안원은 과거제도의 폐단을 지적하고 천거제의 부활을 주장하였다. 과거의 폐단을 그는 이렇게 설명하였다.

사람들이 어려서부터 다만 파제(破題)와 팔고(八股)11)에만 종사하게 된다. 부모·형제·스승·친우들이 바라는 것이란 입학(入學)12)·거인(擧人)·회시(會試)·관직에 불과하다. 부모·형제·스승·친우들을 기쁘게 하고 인재(人材)가 되려는 뜻을 세운 자들이 생각하는 것 역시 입학·거인·회시(會試)·관직에 불과하다. 만 권의 시서(詩書)는 다만 명리(名利)의

---

11) 파제(破題)는 과거의 시험문제를 해설하는 일을 말하고, 팔고(八股)는 과거를 볼 때 사용하는 특별한 글의 형식이다.
12) 입학(入學)은 과거를 보기 위해 학교에 들어가는 일을 말한다.

서언에 불과하니 그 누가 도(道)란 무엇인가를 안 적이 있었는가? [『존인편』(存人編)권2]

공부의 목적이 성인의 도를 배우고자 하는 데 있지 않고 과거시험에 있으니, 공부는 오로지 부귀와 명예를 얻기 위한 수단으로 전락하고 말았다. 이것을 안원은 "집집마다 정자(程子)의 주해와 주자(朱子)의 주해를 받들고 사람마다 상투적인 문장을 외우고 과거 문제를 베끼며, 자과(子科)니 오과(午科)니 묘과(卯科)니 유과(酉科) 등만 말하니, 천하는 이렇듯 쓸모없는 것으로 잘못되고 있다 : 『습재기여』권9"라고 비판하였다.

안원은 여기에 대한 대안으로 천거제를 제시하였다. 그는 천거의 방법을 설명하기를 "나는 일찍이 무엇으로 대체할 것인가를 궁리해 보았는데 고대의 향리 천거제보다 더 나은 방법은 없었다. 명나라의 옛 제도를 모방하여 향에 세 노인, 즉 권농(勸農)·평사(平事)·정풍(正風)을 두고 6년에 한 번씩, 현마다 1명씩 천거한다. 천거시에 그 덕이 풍속을 인도할 수 있는가, 그 재능이 정사를 처리할 수 있는가를 논의한 뒤 누구누구에 대해 그 재능과 덕을 깊이 안다고 천거장을 쓰되 그 사실도 함께 쓴다 : 『중징거(重徵擧)』"라고 하였다.

다음으로 안원이 제시한 개혁안은 병역제인데 "인개병, 관개장"(人皆兵, 官皆將)을 주장하였다. 이 말은 일반인들은 모두 군인이 되고 관리들은 모두 장수가 된다는 의미이다. 그가 제안한 병역제는 군대와 농민을 구분하지 않는 방법으로 평소에는 농업에 종사하다가 전시에는 군인이 되는 제도이다.

중국에서는 당나라 때부터 모병제(募兵制)를 실시하고 있었는데 그 폐단이 심각하였다. 모병제는 능력이 없는 자들이 군인이 됨으로써 군대의 질이 떨어지고 충성심이 없기 때문에 전시에는 전투의욕이 떨어지는 문제점이 있었다.

안원은 모병제보다 농민과 군인을 구분하지 않는 병역제의 좋은 점을 열거하기도 하였다. 첫째는 평소에 훈련을 할 수 있고, 둘째는 병졸들의 친목을 확보할 수 있다. 셋째는 상급자에게 충성할 수 있고, 넷째는 군대 비용이 절감된다. 다섯째는 급박한 상황에 신속히 대처할 수 있고, 여섯째는 자신의 직업에 안심한다. 안원은 이 밖에도 여러 가지 장점이 있다고 하였다.

안원은 또한 고대와 달리 후대에 이르러 더욱 문(文)을 중시하고 무(武)를 경시하게 되었다고 개탄하였다. 실제로 송대에 이르면 말타기와 활쏘기를 익히는 사람은 천시를 당했고 그 결과 사람들은 백면서생으로 바뀌어 여자처럼 유약해졌다.

이러한 풍조는 명대에도 계속되어 의관을 쓴 선비가 무사와 이야기하는 것을 부끄러이 여겼고, 뛰어난 선비가 활과 화살을 들고 나가면 마을사람들이 모두 놀랐으며, 심지어 자제가 말 타고 활 쏘며 무술을 익히면 부형은 훌륭한 인재가 될 수 없다고 보았다. 더욱이 범죄자를 군인으로 충원하는 일을 형벌의 수단으로 삼기도 하였다. 안원은 이것이 결국 명나라를 망하게 한 중요한 원인이었다고 생각하였다.

이렇게 혁신적인 생각을 한 안원은 역사상의 인물을 평가하는 데에도 기존의 학자들과 전혀 다른 견해를 내놓았다. 그는 왕안석이 시행한 신법(新法)이 대부분 부국강병을 추구하는 훌륭한 법령이고, 그가 등용한 인재 가운데 많은 사람이 나라를 다스리고 안정시키는 데 훌륭한 역할을 했다고 평가하였다.

그는 왕안석을 반대했던 신유학자들을 오히려 비판하였다. 그래서 안원은 "왕안석이 근심했던 것을 사마광(司馬光)·한기(韓琦)의 무리는 미처 근심해야 되는 것인 줄 몰랐고, 왕안석이 보았던 것을 주돈이·이정·장재·소옹의 무리는 미처 보지 못하였다. 왕안석이 하고자 한 것은 당시에는 분명하게 드러나지 않는 것이어서 하찮은 서생들이 기꺼이 하려고도 하지 않았고 감히 하지도 못했으며 감히 할 수도 없었다 : 『습재기여』권6"라고 말하였다.

그리고 안원은 송대의 유학자들을 비판하여 "송나라 유학자에게 변방을 지키는 대책을 내놓으면 일이 번거롭다고만 떠들어대고, 부국책을 내놓으면 세금을 많이 거두어들인다고 떠들어대며, 마음속의 깊은 생각이나 뛰어난 무재(武才)를 내보이면 증오하면서 소인이라 배척한다. 이러한 기풍이 변하지 않았으니 천하가 하룬들 안녕할 수 있겠는가! : 『연보』(年譜)"라고 탄식하였다.

이공

이공(李塨, 1659~1733)은 호가 서곡(恕谷)이며, 직예(直隷)의 여현(蠡縣) 사람으로 청나라 순치(順治) 16년에 태어나 옹정 11년에 75세를 일기로 세상을 떠났다.

그는 21세 때 아버지의 말에 따라 안원을 스승으로 모시고 삼물·육행·육예를 학문의 근본으로 삼고 응용에 힘썼으며 수학(數學)·활쏘기와 말타기 그리고 글을 배웠다. 또한 장이소(張

而素)에게서 거문고를 배우고 조척지(趙惕之)와 곽금성(郭金城)에게서 활쏘기와 말타기를 배웠으며 왕여우(王餘佑)로부터는 병법을 배웠다.

이공은 많은 사람과 사귀었으며 스승의 가르침을 세상에 널리 전파하였다. 그의 선생과 마찬가지로 그도 평생을 정주의 이학과 육왕의 심학을 비판하고 실습과 실행을 강조하면서 유학의 본모습으로 돌아갈 것을 역설하였다.

그래서 말하기를 "고대의 학문은 일관되고 오늘의 학문은 난잡하다. 고대의 학문은 내용이 있고 오늘의 학문은 공허하다. 고대의 학문은 유용하고 오늘의 학문은 무용하다. 옛날과 지금의 다름이 어찌하여 이다지도 심한가? :『연보』권2"라고 하여 고대의 학문이 지금의 학문보다 더 좋다고 확신하였다.

학문이 이렇게 퇴보한 이유를 이공은 진시황의 분서갱유에서 찾았다. 이것을 그는 "진(秦)의 분서 이후로 학술은 완전히 변하였다. 고대 성인들이 구두로 전수하고 친히 보여 준 실적을 배울 길이 없게 되었다. 이리하여 이른바 경서와 같이 도를 기록한 책에서 찾을 수밖에 없었다. 경서에서 찾았으므로 실습·실행이 적어지고 강의하고 설명하는 것이 많아졌다 :『여방령고서』(與方靈皐書)"라고 설명하였다. 학자들이 이렇게 책에 매달리다보니 자연 현실을 멀리하게 되고 실제적인 일을 하는 데는 무능할 수밖에 없다. 여기에 대해 이공은 다음과 같이 말하였다.

오로지 글씨를 쓰는 것과 저술하는 것을 제일가는 학문으로 삼으니, 비록 가슴에 품은 것은 많고 붓을 들면 거침없이

써 내려가지만 세상에 나서면 책벌레에 불과하여 어린이나 부녀자와 마찬가지이다. 양왕(梁王)이었던 역(繹)은 적병이 성 밖에 닥쳤음에도 군신이 의연히 시를 읊고 화답하곤 하였다. 패하여 위(魏)에 투항하게 되자 고금의 도서 14만 권을 불사르고 검으로 기둥을 찍으면서 "문무(文武)의 도(道)가 끝장났구나! 만 권의 책을 읽었어도 오늘이 닥쳤구나!"라고 한탄하였다. 오호! 책만을 문무의 도로 삼았으니 바로 그 문무의 도에 망한 것이다. [『평서정』(平書訂)권6]

독서를 많이 하고 시 짓는 실력을 자랑하는 사람들은 겁이 많고, 일상의 일에 전혀 능력이 없기 때문에 국가가 위급할 때 전혀 도움이 되지 않는다. 그러면서도 직접 활동하는 직업을 가진 사람들이나 군인들을 무식하다고 노골적으로 무시한다. 이런 유학자들은 국가의 발전과 국가를 지키는 데 별로 도움을 주지 못한다. 이러한 사람이 많아지고 사회 분위기가 이들에 의해 압도되면 결국 참담한 결과를 초래하게 된다.

이공은 정주의 이학이 독서를 위주로 함으로써 여러 가지 폐단을 초래하였다는 안원의 주장을 그대로 인정하였다. 그래서 이공은 "안원 선생님은 독서하는 이들이 모두 부녀자와 같아 그 견식은 문틈으로 사람을 보는 듯하고 그 힘은 한 마리의 병아리도 이기지 못한다고 하였다 :『서곡후집』(恕谷後集)권13"라고 말하여 힘도 없고 소견도 좁은 학자들의 단점을 잘 지적하였다.

사회 전체가 이러한 분위기에 휩싸였을 때 그 국가는 약해져 결국 패망의 길을 가게 된다. 이것을 그는 "이리하여 조정에는 믿음직한 대신도 하나 없고 천하에는 일을 처리할 만한 관리가 더 이상 없게 되었다. 대사마(大司馬)의 공당에 앉아 『좌전』(左傳)을 교정하고 적병이 성 밖에 닥쳤음에도 시를 읊거나 임금에게 경서를 강의하다가, 그 관습이 장군과 재상에게 퍼져 군공과 정사를 다 하찮은 일로 보고 밤과 낮을 저서로 소일하면서 '이것이 세상에 전해질 대업이다'고 하니 천하는 지리(支離)·붕괴되고 백성은 도탄에 빠졌다 :『여방령고서』"라고 설명하고 있다.

이공은 정주와 육왕 두 학파는 그 학설이 다르지만 결국은 같다고 보았다. 그것들은 모두 순수한 유학에서 나온 학문이 아니라 선종에서 나온 학문이다. 송유(宋儒)가 말하는 경(敬)도 정(靜)일 뿐이니 불교의 방법과 같다. 여기에 대해 이공은 "정자는 유작(游酢)·양시(楊時) 등에게 강의할 때 갑자기 눈을 감고 정좌하여 문인들이 한 자 깊이로 눈이 쌓일 때까지 기다려서야 깨어났다. 생각해 보라. 자고로 성현들에게 이런 일이 있었단 말인가? :『논어전주문』(論語傳注問)"라고 말하였다.

정좌의 방법은 유학에는 없을 뿐만 아니라 또한 실제 생활에 도움을 주지 못한다. 그것은 허무한 공부일 뿐이다. 유학에서 말하는 경(敬)은 직접 일을 할 때의 태도이지 일을 떠난 경이 아니라고 주장하였다.

이공이 생각한 학문은 안원이 제기한 삼사삼물(三事三物)이 그 내용을 이룬다. 이것을 이공은 "고대에는 학문을 배움에 있어 명덕(明德)·친민(親民)·지선(至善)을 도(道)로 하고 육덕(六德)·육행(六行)·육예(六藝)를 물(物)로 한다 :『연보』권2"라고 설명하였다.

이공은 삼사삼물 가운데 특히 육예 그리고 백성을 구제할 수 있고 실용성 있는 지식의 중요성을 강조하였다. 그래서 말하기를 "옛 사람들의 학문은 예악농병(禮樂農兵)으로 몸을 수양할 수 있거니와 실제에 응용할 수도 있다. 경세제민(經世濟民)은 모두 여기에 달렸으니 이것이 바로 소위 학문이다 : 『존학편』(存學編)「곽서」(郭序)"라고 하였다.

실용성이 없는 학문은 모두 헛된 학문이다. 이공은 이학과 심학을 비판하고 실용 가치가 있는 육예와 병(兵)·농(農)·전(錢)·곡(穀)·수(水)·화(火)·공(工)·우(虞)를 학문 내용으로 하는 안원의 사상을 계승하고 전파하는 데 노력하였다.

하지만 안원과 이공의 학문은 잠깐 동안 빛을 발하였으나 오래가지 못하고 끝내 고증학으로 흡수되고 말았다. 이공 자신도 말년에는 고증학적인 작업에 몰두함으로써 스승의 뜻을 그대로 따르지 못하였다.

그들은 실학을 말하면서도 다시 고대의 학문으로 돌아가자고 함으로써 현실성을 결여했다. 그리고 청(淸)은 한족(漢族)이 세운 나라가 아니기 때문에 실학의 내용에 대해 정부에서는 의심을 할 수밖에 없었다. 왜냐하면 사실 실학의 내용이 한족의 부흥에 있지 청의 부흥에 있지 않기 때문이다.

책에만 매달리는 학문을 경계하고 직접 실천하고 활동하자는 주장이 역행파의 가장 큰 특색이다. 특히 이들은 주자의 학문방법을 비판하였는데 책을 읽는 일에만 몰두하지 말고 직접 실행하고 실천하라고 역설하였다.

실제로 요즘도 공부하는 사람들을 보면 실천과 활동에서 여러 가지로 남들에게 뒤떨어진다. 공부하느라 직접 다른 일을 해 볼 기회가 없어 그렇다. 그런데 우리 사회를 이끌고 가는 사람들은 소위 공부 잘하고 또 공부를 많이 한 사람들이 대부분이다.

그런데 문제는 이들이 사회에 대해 그리고 어떤 일에 대해 얼마나 많이 알고 있으며 그것을 경험해 봤느냐 하는 점이다. 예컨대 농업정책을 세우는 사람들이 농업을 얼마나 구체적으로 많이 알고 있는가? 농사를 한 번도 지어 보지 못한 사람이 농업정책을 세우고 그것을 추진한다면 그것이 잘될 수 있을까 의문이다.

어업의 경우도 마찬가지이고 다른 모든 분야 역시 그렇다. 책을 통해 아무리 농업을 많이 공부했어도 농사를 직접 지어 보지 않으면 제대로 알 수 없다. 중국이나 우리나라에서는 대부분 과거를 통해 관리를 선발하였는데, 그러한 선발방식은 문제가 많다.

경전을 잘 외우고 글을 잘 짓는 능력이 백성들을 다스리는 능력과 대체 무슨 상관이 있겠는가? 농사 한 번 지어 보지 않은 사람 그리고 고기 한 번 잡아 보지 못한 사람, 장사 한 번 안 해 본 사람이 백성의 살림살이와 그들의 생각, 그들의 고통을 어떻게 알고 그것을 해결해 줄 수 있겠는가?

우리나라에는 지금도 많은 사람이 고시를 준비하고 있다. 이들이 공부하는 내용도 실제로 그들이 공무원이 되었을 때 국민들을 위해 얼마만큼 일할 수 있느냐와는 별로 상관이 없다. 책의 내용을 잘 이해하고 외우는 능력은 그들이 국민을 위하여 일할 수 있는 능력과는 전혀 다르다.

다시 말해 시험에서 높은 점수를 받은 사람이 반드시 훌륭한 공무원이 된다는 보장은 없다. 공부는 공부일 뿐이고 실제의 일은 그것과 완전히 다르다. 이렇게 되면 달리기 잘하는 사람을 공무원으로 뽑거나 수영을 잘하는 사람을 공무원으로 뽑아도 똑같은 결과가 나올 수 있다.

특히 지금과 같이 보편적인 교육이 이루어져 글을 읽거나 쓸 줄 모르는 사람이 거의 없는 상황에서는 더욱 그렇다. 아마 옛날 사람들이 과거에서 글을 주로 본 이유는 관리를 하려면 기본적으로 글을 읽고 쓸 줄 알아야 하기 때문이었을 것이다.

최소한 글을 알아야만 관리가 될 수 있다는 것이 시작이었는데, 나중에 경쟁이 심해지다보니 엄청나게 공부를 해도 과거에 합격될 수 있는 확률은 점점 낮아지게 되었다. 그러다보니 젊음을 다 바쳐 책을 읽어도 과거에 합격하기가 어렵게 되었다.

그리고 출세할 수 있는 방법은 과거에 합격하는 것밖에 없다보니 모든 젊은이가 과거 준비를 한 것이다. 그러니 다른 분야는 다 가치가 없는 것이 되어 관심을 두지 않으니 국가 발전에 엄청난 손해가 되고 말았다. 책을 읽는 일이 돈을 벌고 출세하는 데 전혀 도움이 되지 않는다면 누가 그렇게 하겠는가?

그래도 지금은 세상이 많이 좋아졌다. 사람들이 돈을 벌 수 있는 길이 다양해졌고 사회적으로 출세할 수 있는 길도 많아졌다. 그래서 많은 젊은이가 다양한 방면에서 그들의 재능을 키우고 있다.

그런데 요즘 세상은 돈이 모든 것 위에 군림하는 절대적인 존재가 되어 버렸다. 따라서 돈이 되는 일에는 많은 사람이 몰리지만 그렇지 못한 분야는 사람들의 관심을 얻을 수 없어 발전을 못하게 된다. 이것은 옛날에 사람들이 과거에만 모든 관심을 쏟음으로써 다른 분야의 발전이 늦어졌던 경우와 똑같은데, 결국 국가적으로 막대한 손실을 입게 될 것이다.

제13장
공양학파(公羊學派)

.
.
.

강유위

담사동

양계초

공양학파(公羊學派)

강유위

 강유위(康有爲, 1858~1927)의 호는 장소(長素)인데, 광동(廣東)의 남해(南海) 사람이다. 그는 청나라 함풍(咸豊) 8년에 태어나 민국(民國) 16년에 세상을 떠났다. 강유위가 살았던 때는 청나라 말기였고 세계적으로도 매우 혼란한 시기였다.

 청나라는 이미 18세기 말부터 내우외환으로 혼란하였는데, 1786년에는 백련교도(白蓮敎徒)가 반란을 일으켰고, 1813년에는 천리교도(天理敎徒)가 반란을 일으켰다. 그리고 1840년에는 영국과 제1차 아편전쟁을 하였으나 패배하여 중국은 점차 서구열강의 침략 대상이 되기에 이르렀다.

 1851년에는 홍수전(洪秀全)이 반란을 일으켜 태평천국(太平天國)을 건설하였고, 청나라와 이들의 전쟁은 1864년에 가서야 끝이났다. 1894년에는 중일전쟁(中日戰爭)이 일어나 중국은 또다시 패배의 아픔을 겪어야만 했다. 그 결과 1895년에 청나라는 일본과 시모노세키조약을 체결하여 영토 할양, 배상금 지불, 통상 항구 개방, 일본의 자본 투자 허가 등을 인정해야 했다.

1888년 강유위는 북경(北京)에서 과거를 보았는데, 그때 이미 수재(秀才)의 자격으로 황제에게 글을 올려 변법(變法)을 요구하였다. 그는 1892년에도 국자감(國子監) 태학생(太學生)으로 상서(上書)를 올려 일본을 막아야 한다면서 변법을 청하였다.

1895년 강유위는 1,300여 명의 과거 응시생과 연합하여 황제에게 글을 올려 매국·투항적인 조약을 반대하였다. 이것이 유명한 공거상서(公車上書)인데 이것이 무술변법(戊戌變法)의 전주곡이라 할 수 있는 지식인들의 집단행동이었다. 공거(公車)란 거인(擧人)들이 북경에 과거를 보러갈 때 이용하는 수레를 의미한다.

상서의 내용을 보면, 첫째로 주화파(主和派)와 군대 해산을 주장하는 사람을 처벌하고 아울러 과감하게 신인을 등용할 것, 둘째로 마땅히 관중(關中)으로 천도하여 일본과 싸울 준비를 할 것, 셋째로 새로운 군대를 훈련시키고 새로운 장군을 선발하여 정예 무기를 사용할 것, 넷째로 철도·기계·선박·광산개발·주물(鑄物)·우정(郵政)에 힘쓸 것, 다섯째로 농사에 힘쓰고 공업을 장려하고 상업을 일으키고 빈민을 구출할 것, 여섯째로 과거를 폐지하고 학교를 세울 것, 신문사를 설립할 것, 무과(武科)를 폐지하고 예학(藝學)으로 할 것, 일곱째로 국회의원을 선출할 것 따위가 포함되어 있다.

이후 그는 자기가 돈을 내어 만국공보(萬國公報)를 창설하고 학술단체인 강학회(強學會)를 조직하였다. 강유위는 이후에도 모두 여섯 차례에 걸쳐 황제에게 글을 올려 개혁의 단행을 건의하였다.

그는 경제적으로는 신식 민족공업을 발전시키고 보호하며 대대적으로 기계적 생산을 추진하자고 요구하였으며, 정치적으로는 봉건적 전제정치체제를 고쳐 입헌군주제를 실행하여 일본의 메이지 유신(明治維新)과 같은 길을 가자고 주장하였다. 문화적으로는 봉건적 교육제도를 폐지하고 학교를 세워 서구의 자연과학과 민주주의 문화를 배우자는 요구를 하였다.

광서제(光緒帝)가 마침내 그의 건의를 수용하여 1898년 일련의 변법 혁신 조치를 선포하였다. 그러나 보수파의 저항에 부딪쳐 황제는 유폐되고 강유위는 일본으로 도망가고 말았다.

강유위는 금문학파의 학설을 계승하고 있는데, 그의 사상도 바로 이들의 경전 해석에서 나왔다. 그에 따르면 동한의 고문학은 유흠(劉歆)이 왕망(王莽)을 섬기기 위해 아첨하여 위조한 학문으로 공자가 전한 참된 의미를 무시하였다. 그래서 그는 고문학을 부정하고 서한의 금문학을 진정한 경전으로 인정하였다. 여기에 대해 강유위는 이렇게 말하였다.

대체로 고문학이라는 이름이 생긴 까닭은 여러 경전이 공자의 옛날 집 벽에서 나왔는데 그것들이 고문으로 쓰여 있었기 때문이다. 무릇 공자의 옛날 집 벽이라는 것이 허구이니 고문이라는 것 역시 위조된 것일 따름이다. 어떻게 그것을 옛것이라고 할 수 있겠는가? 후한 때에 학문이 고문과 금문으로 나뉘었는데 공자 옛 집의 벽에 의탁함으로써 고문이 존경을 받았다. 이것은 유흠이 거짓으로 경전을 만들었기 때문이다. 이제 죄인은 죄를 받고 옛날 일은 깨끗이 청산되어야 하며 반드시 이름을 바르게 하여 사실을 어지럽게 하지 말아야 한다. 유흠은 경전을 날조해서 왕망의 찬탈을 도왔고 그 자신은 신(新)왕조의 신하가 되었으니 그 경전은 신왕조의 학문에 불과하다. 이것이 정확한 말이니 다시 말할 것이 없다. [『위경고』(僞經考)권1]

강유위는 고문경이 모두 위서이기 때문에 후한 이래의 한학(漢學)은 유흠학설의 독소가 어느 정도 남아 있으며, 송대의 이학이 존중하는 경전들도 대부분 위조된 책이라고 주장하였다. 이러한 이유로 그는 한학과 송학은 모두 공자의 학설이 아니고 진리도 아니라고 하였다.

그에 따르면 육경은 모두 공자가 직접 지었으며, 공자가 육경을 지은 까닭은 고대 성인의 이름을 빌려 자신의 개혁사상을 선전하기 위해서였다. 이것이 그가 주장하는 공자의 탁고개제(託古改制)이다. 공자가 고대의 요임금이나 순임금에 의지하여 제도를 개혁하려 하였고 그 내용이 들어 있는 곳이 바로 육경이다.

강유위의 이러한 주장이야말로 공자에게 의존하여 당시의 제도를 개혁하려 하는 그의 의도를 잘 보여 주고 있다. 공자를 개혁가로 내세웠지만 실제로 강유위 자신이 개혁을 주장하고 싶었던 것이다. 마치 유흠이 고문학으로 왕망이 새로운 나라를 세우는 일을 도왔듯이 강유위는 금문학을 이용하여 새로운 시대의 도래를 돕고

자 하였다.

또한 강유위는 공양삼세설(公羊三世說)을 이용하여 자신의 역사 발전론을 전개하기도 하였다. 역사는 가만히 있지 않고 점진적으로 발전한다는 서양의 역사관을 중국적인 것으로 고쳤다. 그것이 바로 그의 공양삼세설이다. 이 말은 원래 『공양전』에 나오는 공양고(公羊高)의 해석에서 나왔다.

거기에는 "본 것이 말이 다르고 들은 것도 말이 다르며 전해 들은 것도 말이 다르다"[所見異辭, 所聞異辭, 所傳異辭]라는 문구가 있다. 이것을 근거로 전한의 동중서는 『춘추』에 나오는 노나라 242년의 역사를 소견세(所見世)·소문세(所聞世)·소전문세(所傳聞世)로 나누었다.

그리고 후한의 하휴(何休)는 이것을 다시 해석하기를 "듣기만 한 것을 다시 전해 들은 시대는 혼란하고 쇠약한 가운데 정치가 생겨나기 시작했음을 보았으며, 직접 경험한 사람들로부터 들은 시대에서는 나라가 잘 다스려진 것을 보았고, 직접 경험한 시대는 태평시대였다"[于所傳聞之世, 見起治于衰亂之中. 于所聞之世, 見治升平. 于所見之世, 著治太平.]라고 하여 세상이 점점 좋아진다고 설명하였다.

이것을 강유위는 다시 지극히 혼란스러운 시대[據亂世], 태평세로 상승하는 시대[升平世], 태평스러운 시대[太平世]로 나누었다. 그는 또 『예기』「예운」(禮運)에 나오는 소강(小康)과 대동(大同)을 삼세설과 결합하여 소강을 승평세, 대동을 태평세와 같다고 하였다.

강유위에 따르면 세계의 역사는 봉건사회인 거란세[據亂世]로부터 자본주의사회인 승평세[升平世]로 발전하고, 여기서 다시 태평세[太平世]인 대동사회로 나아간다. 이것을 그는 다음과 같이 설명하고 있다

> 거란세에서 승평세로 나아가고 승평세에서 태평세로 나아가는 진화는 점진적이고, 답습과 혁신에는 길이 있다. 모든 나라를 살펴보아도 모두 그런 경향이 있으니 아이를 보면 그가 자라 어른과 노인이 되었을 때를 알 수 있고, 싹을 보면 그것이 자라 아름드리 나무가 되어 하늘을 덮을 때를 알 수 있듯이, 하·은·주 삼대의 변화를 고찰하면 백 세대 뒤의 변화도 미루어 알 수 있다.
> 　공자는 『춘추』를 지어 삼세를 펼쳐 거란세에서는 자기 나라를 중심으로 삼고 중국의 다른 나라는 제외했고, 승평세에서는 중국의 모든 나라를 중심으로 삼고 오랑캐의 나라는 제외했고, 태평세에서는 멀고 가까움과 크고 작음을 막론하고 하나로 여겼는데 대개 진화의 이치를 추론하여 그것을 지은 것이다. 공자는 거란세에 살았으나 지금은 지구가 소통되고 유럽과 미국이 크게 변화하여 승평세로 진입했고, 미래에는 땅의 대소원근을 막론하고 하나같이 되며 국경은 없어지고 인종도 분리되지 않고 풍속과 교화가 똑같아져 하나같이 태평해질 것임을 공자는 이미 알고 있었다. [『논어주』(論語注)]

강유위는 『공양전』의 삼세설을 바탕으로 서양의 역사진화론을 수용하였다고 할 수 있다. 특히 강유위의 대동사회나 태평세는 마르크스(Karl Marx, 1818~1883)13)가 말한 공산주의가 실현되

었을 때의 모습과 매우 비슷하다. 그리고 서양에서 한때 유행한 여러 가지 유토피아사상14)과도 연관이 있다.

중국이 서양을 따라가기 위해 여러 가지 변화와 개혁이 필요한데 그러한 변화의 필요성을 강유위는 공자를 빌어 잘 설명하였다. 그는 또한 정치형태는 대표군주제에서 입헌군주제로 다음으로 민주공화제로 발전한다고 주장하였다.

그런데 이러한 진보는 분명히 단계가 있어서 반드시 한 단계 한 단계 나아가고 갑자기 다음 단계로 건너뛸 수는 없다. 그래서 강유위는 당시 중국이 대표군주제의 단계에 있었으므로 앞으로

---

13) 마르크스 : 독일 출신의 공산주의자로 사회적으로는 프랑스혁명(1789)의 영향을 많이 받았고, 철학적으로는 헤겔과 포이에르바하의 영향을 받았다. 그는 평생 사유재산제도를 극복한 새로운 사회를 만들기 위해 노력하였고 또한 그것을 이론적으로 체계화한 사람이다. 물질이 정신보다 더 근본적이라는 유물론을 주장하였고, 역사도 물질적인 생산양식의 변화에 따라 원시공산사회, 노예제사회, 봉건제사회, 자본주의사회, 공산주의사회로 발전한다고 하였다. 또 공산주의사회에서는 개인이 분업(分業)에 노예처럼 예속되는 상태가 소멸되며, 육체노동과 정신노동의 차이가 없어지고, 개인은 능력에 따라 일하고 필요에 따라 분배를 받는다고 하였다.
14) 유토피아사상 : 유토피아는 영국의 정치가 토마스 모어(1477~1535)의 소설 『유토피아』에서 나온 것으로 이상향을 뜻한다. 서양에서 유토피아의 역사는 보통 플라톤의 『국가』에 나오는 이상국으로 거슬러 올라간다. 그 이후 모어의 저서 『유토피아』(1516)를 시초로 하여 캄파넬라의 『태양의 나라』(1623), 베이컨의 『뉴아틀란티스』(1627) 등의 책에 유토피아사상이 연이어 출현하였다. 기독교에서 예수가 재림한 뒤에 천년왕국이 이루어진다고 한 것이나 생시몽(1760~1825), 푸리에(1722~1837), 오언(1771~1858) 등의 공상적 사회주의사상도 같은 종류의 유토피아사상이라 할 수 있다.

나아가야 할 정치형태는 입헌군주제라고 주장하였다. 거란세에서 바로 태평세로 갈 수 없듯이 군주제에서 갑자기 민주공화제로 갈 수는 없다.

세상이 점차 좋은 방향으로 발전하고 있다는 강유위의 낙관적인 역사관이 그의 대동사회론에 잘 나타나 있다. 이러한 그의 사상은 그 시대가 그만큼 살기 어려웠음을 보여 주는 증거이기도 하다. 불안한 사람들에게 이상사회를 제시하여 희망을 가지게 하는 일은 중요하다.

그러나 당시에 이미 홍수전 같은 사람이 이상사회를 제시하면서 농민들을 모아 새로운 세계를 건설하려고 반란을 일으키기도 했으니, 강유위의 이러한 사상이 완전히 새로운 것은 아니었음을 알 수 있다.

강유위에 따르면 대동사회에서는 나라가 나라를 압박하고 인간이 인간을 압박하는 일이 없다. 귀천의 구분이 없고 빈부의 차이가 없으며 남녀의 차등도 없다. 군주제도가 없어지고 국가는 사회성원이 함께 공유하여 다시는 한 사람이나 한 가족의 사유물이 되지 않는다. 사람들이 서로 사랑하며 모두 자신의 재산 일부를 떼내어 공유재산으로 삼아 사회적으로 노동능력을 상실하고 양육할 사람이 없는 사람들을 부양하고 교육시킬 수 있다. 사람들이 공유재산에 의해 양육되기 때문에 사유재산은 쓸모가 없다.

대동사회에서는 모든 사람이 노동에 종사해야 한다. 그리고 풍속 교화와 인종 개량을 통해 사사로움을 없애고 공공을 위해 자신을 버리고 다른 사람을 돕는 고귀한 성품을 기를 수 있다. 또 모든 것은 공공의 도리를 근본으로 삼으며 국가간의 경계,

가족간의 경계가 없고 모든 압박과 멸시가 소멸된다.

　이러한 대동사회를 만들기 위해 그는 여러 개혁안을 제시하였다. ① 국가를 없애고 전세계를 몇 개의 구역으로 나누며 하나의 전체 정부만 설치한다. ② 전체 정부와 각 구역 정부는 모두 민간인의 선거에 의해 만들어져야 한다. ③ 가족제도를 없애고 남녀가 함께 살되 1년을 넘지 않도록 하여 기간이 되면 사람을 바꾸도록 한다. ④ 부녀자가 임신하면 태아교육원에 들어가게 하고, 아이는 젖을 뗀 다음 육영원에 들어가게 한다. ⑤ 어린이들은 나이에 따라 유치원이나 각급 학교에 들어가게 한다. ⑥ 성년이 된 다음에는 정부가 지정하는 분야에서 농업이나 공업 등의 생산업에 종사해야 한다. ⑦ 병이 나면 병원에 들어가고 나이가 많아지면 양로원에 들어가게 한다. ⑧ 각 구역에 있는 태교원, 육영원, 유치원, 병원, 양로원은 가장 완전하게 모든 설비를 하고 거기에 들어가는 사람은 최고의 오락을 즐기도록 한다. ⑨ 성년 남녀는 반드시 몇 년씩 이들 기관에 근무해야 한다. ⑩ 공공숙사, 공공식당을 짓고 그 가운데서 또 등급을 정해 각각 일하는 것에 맞추어 들어가게 하여 자유롭게 사용할 수 있게 한다. ⑪ 가장 엄한 형벌을 사용하여 게을러지는 것을 경계해야 한다. ⑫ 학술상의 새로운 발명이나 위의 다섯 기관에서 특별한 공적이 있는 사람에게는 특별한 상을 주도록 한다. ⑬ 사람이 죽으면 화장하고 화장터 부근에는 비료공장을 세운다.

　지금 들어도 거의 현실성 없는 이런 주장을 당시에 했다는 사실이 믿기 어려울 정도이다. 강유위와 같은 사상가가 이미 중국에 있었기 때문에 중국이 공산주의로 나아가게 되었을 것이다. 그리고 청나라 말기의 혼란을 이러한 강유위의 사상에서 추측할 수 있다. 그가 공자의 이름을 빌려 개혁을 하려 하였지만 가족제도까지 부정하였으니 이미 진정한 유학을 넘어서고 말았다.

그러면서도 강유위는 공자를 교주로 만들려고 노력하였고 신성화하였다. 전한 말기에 만들어진 『춘추위』(春秋緯) 「연공도」(演孔圖)에서는 공자의 모친 안징재(顔徵在)가 꿈 속에서 흑제(黑帝)와 교합하여 공자를 낳았다고 한다. 강유위는 이 설을 받아들여 공자를 흑제의 아들이라 주장하였다.

그리하여 공자는 상제(上帝)의 뜻을 받고 후세를 위해 민주제도를 창건하였고, 공자는 성왕(聖王)이며 만대의 본보기일 뿐만 아니라 이 땅의 교주이다. 강유위는 또 공자는 3,000년 뒤에 반드시 성인이 나타나 자신의 학설을 발전시킬 일을 예견하였다고 생각하였다. 그는 자신이야말로 공자학설의 진정한 계승자요 당대의 성인이며, 중국 역사는 장차 자신에 의해 창조될 수 있다고 믿었다.

여기까지 오면 그는 홍수전과 다를 바 없는 사람임을 알 수 있다. 혁명을 꿈꿨던 사람들은 대부분 홍수전이나 강유위 같은 생각을 가지고 있었던 것 같다. 혁명을 생각한 사람뿐만 아니라 위대한 사상가들 모두 이와 같이 엉뚱하고 허황된 면이 있는 사람들이었는지도 모른다.

담사동

담사동(譚嗣同, 1865~1898)의 자(字)는 복생(復生)이고 호는 장비(壯飛)이다. 호남(湖南)의 유양(瀏陽)에서 목종(穆宗) 동치(同

治) 4년에 태어나 1898년 무술정변(戊戌政變)의 실패로 체포되어 희생되었다.

1895년 청일전쟁(淸日戰爭)이 일어나자 그는 구국과 민족 생존을 도모하고 법규와 제도를 혁신할 것을 호소하였다. 그는 1897년 호남에서 양계초 등과 함께 시무학당(時務學堂)·남학회(南學會)·상보(湘報) 등을 운영하면서 변법개혁운동을 적극적으로 전개하였다. 그는 변법에 대한 강한 믿음이 있었다.

> 지금은 백성들을 어리석게 만들고 있는데 변법을 하면 백성들이 지혜롭게 될 것이고, 지금은 백성들을 빈궁하게 만들고 있는데 변법을 하면 백성들이 부유해질 것이고, 지금은 백성들을 약하게 만들고 있는데 변법을 하면 백성들이 강해질 것이고, 지금은 백성들을 사지(死地)로 몰아놓고 있는데 변법을 하면 백성들이 살아날 것이라고 어찌 생각하지 않는가? [『인학』(仁學)]

그의 가장 대표적인 저서『인학』(仁學)에 나오는 내용이다. 당시 중국은 매우 혼란하였으며 외세의 침입이 더욱 노골적으로 드러나고 있었다. 그는 이러한 급박한 상황에서 나라와 백성을 구하는 방법이 바로 변법유신(變法維新)이라고 생각하였다.

청일전쟁 이후 대만(臺灣)은 일본의 판도가 되었고 여순(旅順)과 대련(大連)은 러시아의 영역으로 편입되었으며 광서(廣西)는 프랑스가 침투하고 운남(雲南)은 영국이 넘보고 있었다. 그리고 교주만(膠州灣)과 산동(山東)의 도로 건축권은 독일이 강점하였다.

변법유신에서 핵심이 되는 부분은 전제군주제를 버리고 입헌군주제를 실시해야 한다는 주장이다. 입헌군주제를 시행하기 위해 유신파들은 전제군주제와 이러한 제도를 옹호하는 기존의 강상명교(綱常名敎=유교 윤리)를 비판하였다. 담사동은 청조(淸朝)의 잔혹한 통치를 비판하는 데서 출발하여 수천 년 동안의 중국 전제군주제 전체를 비판하였다.

그의 전제군주제에 대한 비판과 주장을 크게 세 가지로 요약할 수 있다. 첫째는 공거론(共擧論)으로 백성들이 군주를 선택해야 한다는 이론이다. 그는 백성이 군주를 선택해야 하고 군주가 백성을 선택하지 못하며 백성이 있은 뒤에 군주가 있고 군주가 있은 뒤에 백성이 있는 게 아니라고 주장하였다. 둘째는 민권론으로 백성이 근본이고 군주가 말단이라는 이론이다. 셋째는 군권가변론(君權可變論)으로 군주의 권한은 절대적이지 않고 변할 수 있다는 이론이다. 군주도 백성들 가운데 한 사람일 뿐만 아니라 보통사람보다 오히려 아래에 있으며, 군주의 권한이 결국 백성에게서 나오기 때문에 백성들의 마음이나 선택이 바뀌면 거기에 따라 권한도 변할 수밖에 없으니 권력을 세습하는 일은 있을 수 없다는 것이다.

담사동은 이와 함께 봉건적 신분제도와 신분제도를 옹호하는 삼강오륜(三綱五倫)과 명교(名敎)도 부정하였다. 명교란 천명도 아니고 천리도 아니며 인간에 의해 만들어진 규범이고 위에 있는 사람이 아랫사람을 억압하는 도구이며, 삼강은 봉건 제왕이 백성들을 노예화하는 데 사용하는 족쇄요, 폭군이 모든 형법제도를 제정하는 준칙이며, 사람의 신체를 박해할 뿐만 아니라 사람의 사상을 속박한다고 하였다. 오륜도 비판하여서 군신유의(君臣有

義), 부자유친(父子有親), 부부유별(夫婦有別), 장유유서(長幼有序) 등의 사륜(四倫)이 불평등을 조장한다고 하였다. 그래서 그는 다음과 같이 말하였다.

> 군주는 명분을 가지고 신하를 구속하고, 관리는 명분을 가지고 백성에게 멍에를 씌우고, 아버지는 명분을 가지고 아들을 억누르고, 남편은 명분을 가지고 아내를 괴롭히고, 형제와 친구들은 각기 명분을 가지고 서로 대항하니 인(仁)이 아직도 조금이나마 남아 있는 사람이 있을 수 있겠는가? (『인학』)

이러한 주장을 하면서도 그는 공자를 민권론의 창시자라 말하고, 공자학설의 정신이 군주 통치를 없애고 민주주의를 제창하여 불평등을 평등으로 바꾸어 놓았다고 공자를 적극 옹호하였다. 그래서 그는 공자교(孔子敎)의 건립을 역설하면서 중국에도 마틴 루터와 같은 인물이 나타나 공자교로 세상 사람을 구원할 것이라고 주장하였다.

담사동은 반봉건주의 투쟁에서 자유·평등과 박애를 적극 제창하고 민주주의와 인도주의를 고취하였다. 그리고 자유·평등과 박애를 총칭해서 인(仁)이라 하였으며, 변법유신을 선전하는 자신의 철학적 저작을 인학(仁學)이라 불렀다.

그는 자신이 말하는 인(仁)은 공자의 인애(仁愛), 묵자의 겸애(兼愛), 불교의 자비(慈悲), 기독교의 사랑과 같다고 설명하였다. 결국 그는 기존에 있던 모든 종교적인 최고의 덕(德)을 인으로써 종합하려고 하였다.

또한 담사동은 자신의 인을 서양에서 들어온 에테르라는 개념과
결합하기도 하였다. 에테르는 분명히 물질적인 개념인데 이것을
정신적인 인과 종합하려고 하였으니 독특한 발상이라 하겠다.
에테르는 눈으로 색을 볼 수 없고 귀로 소리를 들을 수 없으며
입이나 코로 맛이나 냄새를 알 수 없다. 이것을 그는 이렇게 설명하
고 있다.

> 물질적 현상계, 허공의 세계, 중생의 세계에 지극히 크고 극히
> 미세하여, 모든 곳에 붙고 모든 곳을 관통하고 모든 곳에
> 연결되어 충만한 하나의 사물이 있다. 눈은 그 색을 볼 수
> 없고 귀는 그 소리를 들을 수 없고 입과 코는 그것을 맛보고
> 냄새 맡을 수 없어서 호칭할 방법이 없는 그것을 에테르라고
> 한다. 그것이 작용으로 드러난 것을 공자는 인(仁) · 원(元)
> · 성(性)이라 불렀고, 묵자는 겸애라 불렀고, 부처는 성해(性海)
> · 자비(慈悲)라 불렀고, 예수는 영혼이라 불렀으며 남을 자기
> 몸처럼 사랑하라고 했고 원수를 사랑하라고 했다. 과학자들은
> 흡인력 또는 인력이라 불렀는데 이 모두가 에테르를 지칭한다.
> 물질의 세계도 그것에서 생겼고 허공도 그것에서 성립했고
> 중생도 그것에서 출생했다. (『인학』)

담사동은 당시에 서양에서 일부 과학자들이 가설로 내세웠던
에테르를 정신과 물질 전체를 설명하는 개념으로 사용하였다.
이것은 중국의 전통적인 개념 기(氣)와 유사하다. 서양의 에테르는
정신적인 존재가 아니라 가상(假想)의 물질적인 존재일 뿐이다.

어쨌든 그는 정신과 물질의 근원이 될 수 있는 무엇을 찾았고 그것을 서양에서 나온 에테르라고 생각하였다.

이것은 그가 서양과학을 상당히 많이 공부했고 또 높이 평가하였음을 보여 준다. 이러한 태도는 공양학파의 기본적인 태도이기도 한데 그들의 모델이 바로 서양이다. 정치 쪽에서도 그렇고 과학과 기술도 서양에서 배워야 한다고 믿었다.

담사동은 인(仁)을 통(通)으로 풀이하기도 하였다. 통함에는 크게 네 가지 종류가 있으니 첫째는 위와 아래의 통함이다. 이것은 위에 있는 사람과 아래에 있는 사람 사이의 경계를 타파하는 것이다. 둘째는 중국과 외국의 통함인데 중국과 외국 사이의 경계를 타파하고 서방국가와 종교·학문·정치·무역을 자유롭게 한다. 셋째는 남녀와 내외의 통함이다. 이것은 남녀 사이의 경계와 가문 사이의 경계를 타파하는 일이다. 넷째는 다른 사람과 나의 통함이다. 다른 사람과 자기와의 경계를 타파하고 사람들이 서로 친하고 서로 사랑한다. 이러한 경계들을 타파하면 자유와 평등이 실현될 수 있다. 인의 통함은 전기의 통함과 같다.

> 인(仁)과 불인(不仁)의 차이는 통하느냐 막혔느냐에 있다. 통하고 막힘의 근본은 오직 그것이 인이냐 불인이냐에 있다. 통함은 마치 전선이 사방으로 통하여 아무리 멀어도 도달하고 다른 모든 지역도 마치 한 몸처럼 여기는 것과 같다. 따라서 『주역』의 첫머리에서 원(元)을 논했고 계속해서 형(亨)을 말했는데, 원은 인(仁)의 뜻이고 형은 통함의 뜻이다. 인은 자연히 통하지 못하는 바가 없고 또 오직 통해야만 인의 역량은 완성될

수 있다. 그로부터 자신을 이롭게 하고[利] 남을 이롭게 하여 영원히 바르고[貞] 곧게 된다. (『인학』)

서로 잘 통함이 인(仁)이라고 주장한 담사동의 생각은 참신하다. 정명도는 인의 정신을 세상의 모든 사물을 내 몸과 같이 생각하는 경지라고 말했는데, 담사동은 그것을 이어서 전기처럼 사방으로 잘 통함이 인의 근본이라 생각하였다. 이것은 이 세상의 모든 사물에 침투하여 서로 연결시키고 있는 에테르와도 같다.

이러한 인의 원칙에 따라 건립된 사회는 바로 강유위가 말한 대동사회와 같다. 이런 사회는 모든 사람이 자유롭고 국경도 없고 전쟁도 없으며 너와 나의 구별도 없이 평등하다. 그리고 군주가 없어져 귀천이 평등해지고 잘사는 사람과 못사는 사람의 차이도 사라진다. 담사동은 대동사회를 다음과 같이 묘사하였다.

지구의 정치에는 천하가 있을 뿐이고 국가는 없다. 장자(莊子)는 말하기를 "천하를 재유(在宥)한다는 말은 들었어도 천하를 다스린다는 말은 못 들었다"라고 했는데, 다스림은 국가에 해당하고 재유는 국가가 없다는 의미이다. "재유는 자유(自由)의 변한 음(音)이다"라는 말은 그 의미가 깊다. 사람마다 자유로울 수 있으려면 반드시 국가가 없는 백성이어야 된다. 국가가 없으면 국경이 사라지고 전쟁이 종식되고 시기가 없어지고 권모술수가 폐기되어 남과 나의 구별도 없어져 평등이 출현하니 천하가 있어도 없는 것과 같아진다. 그리하여 군신관계는 폐기되고 귀천은 평등해지고 공리(公理)가 천명(闡明)되고 빈부가 균등해져 천리만리의 사람들이 한 집안 사람처럼 되어 자기 집은 잠시 머무는 여관으로 여기고 남을 동포로 여긴다. 그래서 자기 자식에 대한 아버지의 자애를 쓸 데가 없어지고 부모에 대한 아들의 효도도 사용할 데가 없어진다. 형과 아우는 우애와 공경의 관념을 잊고 부부는 부창부수(夫唱婦隨)의 관념을 잊게 된다. 서양 책에서 말하는 천년왕국이 아마「예운」의 대동의 형상과 흡사한 것 같다. (『인학』)

담사동은 기독교에서 말하는 천년왕국을 알고 있었다. 이것은 그가 기독교의 영향을 받았음을 보여 준다. 홍수전의 태평천국, 강유위의 태평세 그리고 담사동의 천년왕국은 모두 같은 근원에서 나온 사상이다. 홍수전도 이미 태평천국을 공자의 대동사회와 같다고 주장하였는데 담사동도 같은 말을 하였다. 담사동의 대동사회에 대한 희망은 당시 절박하고 암담한 시대를 잘 반영하고 있지만 공자의 현실적인 태도와는 거리가 있다.

송대와 명대에 유학이 불교의 영향을 받아 형이상학적인 논쟁으로 빠졌다면 강유위와 담사동은 당시 사회의 혼란함과 서양 기독교와 사회주의사상의 영향을 받아 이상사회에 대한 그들의 희망을 공자에 의지하여 표출하였다. 그러나 실현 가능성도 크지 않은 꿈을 크게 선전하는 것은 일반 민중을 속이는 행위이다.

양계초

양계초(梁啓超, 1873~1929)는 광동성(廣東省) 신회(新會) 사람으로, 17세에 광동향시(廣東鄕試)에 합격하여 거인이 되었다. 그는

18세에 강유위가 강의하는 만목초당(萬木草堂)에 들어가 여러 가지 학문을 배웠고 나중에 그를 따라 북경으로 가서 담사동과 함께 변법유신운동에 적극 참여하였다. 그러나 그는 강유위와 함께 참가하였던 신정(新政)이 실패로 끝나자 강유위와 함께 일본으로 망명하였다.

1989년 무술정변에서 실패한 이후 양계초가 주장하고 나선 사상이 바로 신민설(新民說)이었다. 신민은 『서경』과 『대학』에 나오는 말로 백성을 새롭게 한다는 의미이다. 양계초에 따르면 국가의 정치체제를 개혁하는 일도 중요하지만 그것이 가능하려면 먼저 국민들의 의식을 개혁하는 일이 더 중요하다.

이러한 그의 사상은 물론 서양의 시민혁명을 통한 정치개혁에서 많은 영향을 받았다. 국민들의 의식 수준이 아직 민주주의를 실시할 정도로 개화되지 못했는데 정치제도를 바꾼다고 바로 민주주의가 성공적으로 실현된다는 보장은 없다. 말하자면 위로부터의 개혁이 아니라 밑으로부터의 개혁이 이루어져야만 참다운 개혁이 이루어질 수 있고 또 다른 여러 나라로부터 나라를 지킬 수 있다.

양계초가 신민설에서 우선적으로 강조한 점은 바로 개인의 자유와 독립성이었다. 그는 자유를 사람들의 천부적인 권리로 인정하였다. 개인이 자유를 가지고 있기 때문에 자치(自治)가 가능하고 자립(自立)이 가능하며 자애(自愛)가 가능하다고 생각하였다.

그러므로 중국인들은 과거의 봉건제도에서 길들여진 노예사상으로부터 탈피하고 마찬가지로 외국의 힘으로부터도 자유로워야 한다. 이러한 그의 주장은 봉건사상에서 벗어나야 하고 외국의 세력으로부터도 자주권을 확보해야 하는 중국의 처지를 잘 보여 주고 있다.

그는 신민설에서 스스로 가지고 있는 능력은 담금질해서 새롭게 하고 스스로 가지고 있지 못한 것은 보충하여 새롭게 해야 한다고 하였다. 그러면서 그는 중국사람들에게 부족한 점은 바로 공중도덕에 해당하는 공덕(公德)이라고 지적하였다.

그래서 그는 "우리 국민에게 가장 부족한 것이 공덕이다. 공덕은 무엇인가? 사람들이 단체생활을 할 수 있는 것과 국가가 나라가 되는 원인도 이 공덕에 의존하여 성립한다 : 『신민설』(新民說)「논공덕」(論公德)"라고 말하였다.

양계초에 따르면 중국의 도덕 발달은 그 연원이 어느 민족보다 앞서 있다. 그러나 그 도덕은 개인도덕에만 치우쳐 있고 공중도덕이란 거의 찾아볼 수 없다. 여기에 대해 그는 "예를 들어 『논어』와 『맹자』를 보면 이 책들은 우리 민족의 목탁이요 도덕이 나온 곳이지만, 거기서 가르치는 것은 개인도덕이 열 가운데 아홉이나 되고 공중도덕에 대한 언급은 없다 : 『신민설』「논공덕」"라고 비판하였다.

양계초는 중국의 전통적인 윤리는 군신·부자·형제·붕우가 중심이고, 새로운 윤리는 가족윤리·사회윤리·국가윤리로 분류된다고 하였다. 다시 말해 옛날 윤리는 개인의 일에 대한 것이며 새로운 윤리는 한 개인으로부터 사회·국가로 지향한다는 점에 차이가 있다. 그는 전통윤리에서 말한 붕우와 군신의 윤리는 새로운 윤리인 사회윤리와 국가윤리가 될 수 없다고 하였다. 그 이유를 양계초는 이렇게 설명한다.

새로운 윤리의 분류로써 옛날의 윤리를 정리해 보면 가족윤리에는 부자·형제·부부의 윤리가 있다. 사회윤리에 관한 것의 하나로 붕우가 있다. 국가윤리에 관한 것도 하나로 군신이 있다. 그러나 붕우의 윤리는 결코 사회윤리를 다하기에 부족하다. 군신의 윤리는 국가윤리를 다하기에 더욱 부족하다. 무엇 때문인가? 모든 사람이 사회에 지는 의무는 서로 아는 붕우에만 있는 것이 결코 아니다. 곧 발걸음을 끊고 남과 더불어 사귀지 않는 사람도 여전히 사회에 다하지 않을 수 없는 책임이 있다. 국가에 이르러서는 더욱 군신의 관계로 끝나는 것이 아니다. 만약 군신의 의리만 말한다면 예(禮)로써 부리고 충(忠)으로써 섬기는 것이니, 모두 두 사람의 개인이 은혜에 감격하고 힘을 다하는 일에 속하는 것이고 전체와는 무관하다. 또한 이른바 속세를 버리고 은거하는 사람은 왕후(王侯)를 섬기지 않아도 된다는 것은 어찌 이 윤리 범위 밖에 있는 것이 아니겠는가? 무릇 사람은 반드시 이 세 윤리의 의무를 구비한 다음에 인격이 완성된다. 중국의 오륜은 다만 가족윤리가 조금 완비되었고 국가윤리에 이르러서는 갖추어지지 않은 것이 더욱 많으니 이런 결핍은 반드시 보완되어야 한다. (『신민설』「논공덕」)

그는 이렇게 신도덕(新道德)의 필요성을 역설하면서 국가사상의 고취, 진취와 모험사상의 배양, 권리사상의 쟁취, 의무감의 투철 등을 바탕으로 자유·자치·진보·자존과 상무(尙武)정신을 길러야 한다고 주장하였다. 그리고 양계초에 따르면 두 가지 종류의 자유가 있는데 하나는 야만적인 자유이고 다른 하나는 문명적인 자유이다.

 중국은 이미 전국시대 이래 계급이 소멸되어 모든 사람이 개인의 자유를 누리고 있다. 그러니 다시 개인의 자유를 추구하는 행동은 바로 야만시대로 돌아가려는 노력과 같다. 중국사람이 필요로 하는 자유는 바로 문명적 자유, 단체의 자유이다. 자유를 추구할 때는 마땅히 다른 사람의 자유를 침범하지 않아야 하고 국가 법률에 복종해야 하며 사회질서를 준수해야 한다.

 강유위와 마찬가지로 양계초는 입헌군주제를 지지하고 있었는데 이것은 혁명을 주장한 손문과는 다른 견해이다. 무술정변이 실패한 뒤 그들은 일본에서 보황당(保皇黨)을 조직하고, 청의보(淸議報)와 신민총보(新民叢報)를 발간하여 계속해서 그들의 주장을 펼쳐 나갔다.

 보황당이란 황제인 광서(光緖)를 보호하고 자희태후(慈禧太后)를 반대하는 단체라 할 수 있다. 무술정변으로 광서는 유금(幽禁)되고 모든 교지는 자희태후가 서명하였다. 자희태후는 광서를 폐하고 재의(載漪)의 아들인 부준(溥儁)을 새로운 황제로 세울 계획이었다. 이것을 보황당에서는 반대하였고 외국에 있던 많은 화교가 이에 동조하였다.

 양계초는 폭력 혁명에 대해서는 반대의 입장을 보였다. 그 이유를 그는 "폭동주의는 중국을 망하게 할 수 있다고 생각하고 내가 또 매우 두려워하는 까닭은 전적으로 그것은 파괴를 한 후에 건설을 결코 할 수 없기 때문이다 :『폭동여외국간섭』(暴動與外國干涉)"라고 말하였다.

 그는 급진적인 변화보다 점진적인 변화를 통해 중국이 발전하기를 원하였다. 그러므로 그는 청나라가 갑자기 망하는 쪽보다 군주제의 변형을 통해 새로운 시대에 대처하기를 원하였다. 그래서 그는 "권고하는 것은 계몽전제군주제에 있고 요구하는 것은 입헌군주제에 있다 : 『답모보제사호대본보지반론』(答某報第四號對本報之反論)"라고 말하기도 하였고, 또 "공화제보다는 차라리 입헌군주제가 낫고, 입헌군주제보다는 계몽전제군주제가 낫다 : 『계몽전제론』(啓蒙專制論)"라고 말하기도 하였다.

이러한 주장은 그의 사회발전에 대한 이론으로부터 나왔다. 양계초는 『춘추』의 공양삼세설을 해석하여 "난세에는 힘으로 승리하고 승평세에는 지략과 힘으로 승리하고 태평세에는 지혜로 승리하는 것이다"라고 말하였다. 이것을 그는 다시 정치 형태와 연결하여, 여러 군주가 정치하는 세상, 한 사람의 군주가 정치하는 세상, 백성이 다스리는 세상으로 구분하였다.

그리고 한 사람의 군주가 다스리는 세상을 다시 군주가 다스리는 세상과 군주와 백성이 함께 다스리는 세상으로 나누었다. 백성이 다스리는 세상도 다시 총통이 다스리는 세상과 총통 없이 다스리는 세상으로 나누었다.

양계초는 이러한 단계가 점진적이어서 도약이 불가능하다고 생각하였다. 그에 따르면 이런 이유로 중국은 군주가 다스리는 세상에서 군주와 백성이 함께 다스리는 세상으로 진보할 수 있을 뿐이다. 다시 말하면 중국은 입헌군주제를 실시할 수는 있지만 민주공화제는 시행할 수는 없다는 것이다.

양계초는 1918년 12월 말에서 1920년 초까지 유럽 여행의 기회가 있었다. 이때 그는 제1차세계대전을 겪은 유럽의 참상을 직접 목격하고 그때까지 가졌던 서구문명에 대한 동경을 수정하지 않을 수 없었다. 그래서 경쟁만 강조하는 진화론을 버리고 크로포트킨(Peter Alekseevich Kropotkin)이 세운 호조론(互助論, Mutual Aid)을 옹호하기도 하였다.

그는 유럽의 자본주의는 희망이 없다고 생각하고 그것을 대신할 수 있는 것은 중국의 정신이라는 결론에 도달하였다. 양계초가 세상을 떠나고 나서 바로 제2차세계대전이 일어났으니 그가 걱정했던 일이 정말 현실로 나타난 것이다.

양계초는 특히 공자를 숭상해야 한다고 역설하였으나 강유위처럼 공자교를 종교의 대열에 놓는 방법에 찬성하지는 않았다. 그는 공자교 보호와 공자 숭상론을 구별하였고 공자에게 대철학자·대교육가라는 칭호를 부여하였다. 그는 공자의 학설을 절대적 진리라고 보았으며 "공자의 가르침은 해와 달에 걸려 있고 하늘과 땅에 충만해 있으며 영원히 없어지지 않는 것이다 : 『보교비소이존공론』(保敎非所以尊孔論)"라고 선언하였다.

그는 공자교의 종교화에 대해서는 반대하였으나 종교의 역할에 대해서는 매우 긍정적인 평가를 하였다. 종교는 영혼불사를 말해서 사람들에게 희망을 주고 안심입명(安身立命)할 수 있게 해 준다. 종교는 물질세계를 허구로 봄으로써 사람들로 하여금 개인의 명예와 이익에서 벗어나게 한다. 종교는 천당과 지옥 및 인과응보를 말해서 일반사람들로 하여금 규범을 잘 지켜 감히 나쁜 짓을 못하게 만든다. 이러한 종교관을 보면 그가 말하는 종교는 바로 불교임을 알 수 있다.

중국이 공산화된 이후 공자와 유학이 심한 비판을 받았는데 그 이유는 유학이 봉건주의사상이기 때문이다. 그러나 지금 중국에서는 공자의 유적지를 대대적으로 정비하고 있으며 공자의 고향인 곡부(曲阜)를 국제적인 관광지로 개발하고 있다. 지금은 관광객을 유치하기 위해 공자를 이용하고 있지만 그것은 곧 유학의 부흥으로 이어질 가능성이 높다.

중국사람들은 공자나 맹자를 이용하면 돈이 된다는 것을 알고 그들을 최대한 이용하려 한다. 공자와 맹자의 이름을 붙인 술과 담배를 만들고 있으며 다른 여러 가지 상품도 부지런히 만들어 팔고 있다.

중국은 그동안 자본주의적인 경제활동을 비판하였기 때문에 유교의 문화유산이 엄청난 잠재적인 가치를 가지고 있는데도 제대로 이용하지 못하였다. 이제 그들은 개방이라는 이름으로 자본주의를 빠르게 받아들이면서 문화가 돈과 힘이 된다는 사실을 깨달은 것 같다. 세계 각국에 공자아카데미를 세우고 적극적으로 중국문화를 알리고 있는 활동을 보면 그것을 잘 알 수 있다.

• 지은이 **안종수**(安宗守)는 연세대학교 철학과(1980)와 동대학원(1983)을 졸업했으며, 독일 콘스탄츠(Konstanz)대학교 철학과에서 박사학위를 받았다(1990). 현재 인제대학교 인문학부 교수로 재직하고 있다.

동양철학의 흐름
지은이 / 안종수

펴낸곳 / 도서출판 ♣ 강
펴낸이 / 김병성
펴낸날 / 초판 1쇄 2002. 2. 18
      / 재판 1쇄 2009. 2. 18
등록번호 / 카2-47
등록일 / 1995. 2. 9.
주소 / 부산광역시 서구 동대신동 2가 289-6번지
전화 / 051)247-9106   팩스 / 051)248-2176

값13,000원
ISBN 978-89-86733-34-1 03150
※잘못된 책은 바꿔드립니다.